The Path Choice of the Rise
of the Central Region

中部地区崛起
的路径选择

陈计旺 / 著

ZHEJIANG UNIVERSITY PRESS
浙江大学出版社

目　　录

第一章　导论

第一节　中部地区崛起战略的提出

改革开放初期,中国政府选择了优先发展东部地区的区域发展战略,使东部地区经济迅速崛起,并拉大了其与其他地区的发展差距。20 世纪末,中国政府放弃了优先发展东部地区的发展战略,提出了区域经济协调发展这一新的区域经济发展观。为此,先后出台了西部大开发战略、振兴东北老工业基地战略和促进中部地区崛起战略。中部地区崛起战略的实施,使中部地区经济发展进入新的历史阶段。

一、中国四大区域的发展差距

改革开放以来,东部、中部、西部和东北地区四大区域的经济增长差异显著,并导致四大区域的发展格局出现明显变化。东部地区在 2005 年之前经济增长明显快于其他地区,GDP 占全国的比重持续增加;2005 年之后经济增长速度低于全国平均水平,GDP 占全国的比重降低。中部和西部地区在 2005 年之前经济增长速度低于全国平均水平,GDP 占全国的比重持续下降;2005 年之后经济增长速度高于全国平均水平,GDP 占全国的比重上升。改革开放初期,东北地区是四大区域中人均 GDP 最高的地区,但改革开放以来,经济增长率一直低于全国平均水平,GDP 占全国比重持续下降。

(一)区域发展差距的演变

改革开放以来,中国经济发展取得了举世瞩目的成就,年均经济增长率超过 9%,为世界经济发展史所罕见。经济的快速增长,显著增强了中国经济的综合实力,并持续提高了人民的生活水平。然而,中国的快速经济增长,产生了严重的区域差距问题,过大的区域发展差距成为影响我国经济健康运行的主要问题之一。

自 20 世纪 90 年代以来,国内外学术界就一直关注我国的地区差距问题,使用各种方法测算我国地区发展差距的变化,积累了丰富的研究成果。从研究方法看,主要采用基尼系数、变异系数和泰尔指数等国际通用的方法研究地区差距变化趋势;从研究的地域单元看,主要是省级行政单位和东部、中部、西部、东北四大地区。综合十几年来的研究结果,关于各省的地区差异存在较大的分歧。杨开忠(1994)运用变差系数测算了1952—1990年我国各地区的人均国民收入变动情况,得出的结论是,各地区经济差距呈现先减后增的 U 形趋势,其中拐点就在1978年。魏后凯(1997)使用 Barro 回归得出了1978—1995年我国人均 GDP 大致以每年2%的速度在收敛的结论。覃成林(2002)使用加权变异系数测算了1978—2000年我国地区差异变动趋势,得出的结论也是地区差距呈现缩小趋势,只是在1993—1995年有所扩大。林毅夫(2003)使用基尼系数测算了1978年后我国地区差距的变动趋势,基本结论是各地区差距呈现出 U 形趋势,其中差距在1990年后开始扩大。许召元等人(2006)使用基尼系数分析1978—2004年我国地区差距变动趋势,结论是1990年前基尼系数基本保持不变,1990—2000年地区差距呈现持续较快增长趋势,2000年后基尼系数的增长速度有所放缓。潘文卿(2010)将省区市间的关联效应纳入模型后发现,中国在改革开放的30年里存在着在全域范围内的 β-绝对收敛特征。1990年前,不仅全国范围内的 β-绝对收敛特征显著,而且存在着东部与中西部两大收敛"俱乐部";1990年后,全国范围内的 β-绝对收敛已不复存在,过去的两大收敛"俱乐部"也分化成了东部、中部、西部三大收敛"俱乐部"。

20世纪80年代中期,为了优先发展东部沿海地区,我国政府提出优先开放和发展东部沿海地区,"七五"计划进一步将全国分为东中西三大经济地带。进入21世纪后,为了实施区域经济协调发展战略,把东中西三大经济地带调整为东部、中部、西部和东北四大地区。东部地区从改革开放初期到2005年,一直是经济增长速度最快的地区,从而使其 GDP 占全国比重持续增加,2005—2015年经济增长速度下降,GDP 占全国比重也随之下降。中部和西部地区的经济变动趋势正好与东部地区相反,在改革开放初期到2005年,GDP 占比持续下降,而在2005—2015年,GDP 占全国比重上升。东北地区在改革开放初期是四大地区中经济最发达地区,然而改革开放以来,GDP 增速一直较缓慢,GDP 占全国比重也一直在下降。表1-1分别以1978年、2000年、2005年、2015年四大区域的 GDP 和人均 GDP 占全国比重为指标,反映改革开放以来这四大区域在我国经济结构中地位的变化。

从表1-1中可以明显看出,在1978—2000年,东部地区经济的快速增长使得 GDP 占全国的比重由43.75%提高到52.49%,与此同时中部、西部和东北地区 GDP 占全国比重都有下降,其中,西部和东北地区下降幅度最大,分别下降了3.52和3.85百分点。

表 1-1　1978、2000、2005、2015 年四大区域 GDP 占全国 GDP 比重和人均 GDP 占全国人均 GDP 比重

单位：%

地区	1978 年		2000 年		2005 年		2015 年	
	GDP	人均 GDP	GDP	人均 GDP	GDP	人均 GDP	GDP	人均 GDP
东部	43.75	130	52.49	154	55.58	157	51.61	135
东北	13.87	156	10.02	118	8.67	106	7.99	100
中部	21.73	77	20.36	71	18.82	70	20.33	76
西部	20.65	72	17.13	59	16.93	62	20.07	73

资料来源：国家统计局. 新中国五十年统计资料汇编[M]. 北京：中国统计出版社，1999.

国家统计局. 中国统计年鉴 2006[M]. 北京：中国统计出版社，2006.

国家统计局. 中国统计年鉴 2016[M]. 北京：中国统计出版社，2016.

GDP 占比的变化，也带来人均 GDP 的变化，1978 年东北是四大地区中人均 GDP 最高的地区，人均 GDP 占全国均值的 156%，到 2000 年已下降至 118%。东部地区的人均 GDP，在 1978 年占全国均值的 130%，到 2000 年则上升到 154%，并成为全国人均 GDP 最高的地区。1978 年中部地区人均 GDP 是全国均值的 77%，2000 年进一步下降到 71%。与中部地区相比，西部地区的人均 GDP 占全国人均 GDP 比重下降幅度较大，由 1978 年的 72% 下降到 2000 年的 59%。由此可以判断，1978—2000 年，四大地区经济变动的基本特征是，东部地区的崛起和西部、东北地区的衰落。

在 2000—2005 年，延续了东部和其他三个地区经济占全国比重的变动趋势。东部地区 GDP 占全国比重继续上升，由 2000 年的 52.49% 提高到 2005 年的 55.58%，而中部、西部和东北地区占比继续下降，分别由 2000 年的 20.36%、17.13% 和 10.02%，下降到 2005 年的 18.82%、16.93% 和 8.67%，下降幅度最大的是中部和东北地区。从人均 GDP 看，东部和西部地区占比都有所上升，其中，东部地区人均 GDP 仅由 2000 年的 154% 提高到 2005 年的 157%；西部人均 GDP 也由 2000 年的 59% 上升到 2005 年的 62%；中部和东北地区则有所下降，分别由 2000 年的 71% 和 118% 倍下降到 2005 年的 70% 和 106%。

2005—2015 年，四大地区的变动特征是，中部、西部地区 GDP 占全国的比重相对上升，而东部和东北地区 GDP 下降。到 2015 年，中部、西部地区占比已恢复到接近改革开放初期的水平，分别为 20.33% 和 20.07%，但东北地区经济占全国的比重还在下降，又进一步降低到 7.99%。从人均 GDP 占全国人均 GDP 比重的变动看，2015 年中部地区人均 GDP 占全国人均 GDP 比重为 76%，仅比 1978 年低 1 百分点；西部地区人均 GDP 占全国人均 GDP 比重为 73%，比 1978 年还高出 1 百分点；东北地区人均 GDP 占全国人均 GDP 比重为 100%，比 1978 年降低了 56 百分点；东部地区人均 GDP 占全国人均 GDP 比重

为 135%，仅比 1978 年高出 5 百分点。

（二）四大区域发展差距现状

从整体上讲，我国还处于工业化进程中。在此背景下，工业的增长速度，特别是规模，在一定程度上代表了各地区的发展水平。表 1-2 的数据显示，2015 年东部地区工业创造的 GDP 占全国的 52.0%，而中部、西部和东北地区分别只占全国的 21.4%、18.8% 和 7.8%，由此可见，我国工业生产能力在东部地区的集中程度很高，同时也表明东部地区的工业化水平明显高于全国的其他地区。

表 1-2　2015 年四大区域主要经济指标比较

主要经济指标	东部地区	中部地区	西部地区	东北地区
人口占全国的比重/%	38.2	26.5	27.3	8.0
工业 GDP 占全国的比重/%	52.0	21.4	18.8	7.8
全社会固定资产投资占全国的比重/%	41.7	25.7	25.2	7.3
地方财政收入占全国的比重/%	56.0	17.8	20.7	5.5
地方财政支出占全国的比重/%	42.2	21.1	28.9	7.8
出口贸易占全国的比重/%	81.5	7.3	8.4	2.8
进口贸易占全国的比重/%	84.5	5.3	5.9	4.3
社会消费品零售总额占全国的比重/%	51.8	20.9	18.4	9.0
城镇人均可支配收入/元	36691	26810	26473	27400
农村人均可支配收入/元	14297	10919	9093	11490

资料来源：国家统计局. 中国统计年鉴 2016[M]. 北京：中国统计出版社,2016.

与地区经济发展规模和经济增长速度相关联的另一个重要指标是全社会固定资产投资，表 1-2 中的数据显示，2015 年东部地区的投资占全国的 41.7%，表明我国投资在东部地区的集中程度也很高。在其他三大地区中，中部、西部地区固定资产投资所占比重明显超过其工业创造的 GDP 在全国的比重，有助于提升中部、西部地区未来经济增长速度。

从地方财政收支看，东部地区的地方财政收入占全国的比重达 56.0%，明显高于经济占全国的比重，这反映了东部地区企业的经济效益较好，企业的税收能力较强，而且繁荣的经济也使得东部地区地方政府能从更多的渠道获得财政收入。从地方财政支出看，东部地区所占比重为 42.2%，其他三大地区的财政支出都高于财政收入所占比重，意味着中央的财政转移支付制度在一定程度上抑制了财政能力差异导致的财政支出差异。但需要指出的是，在中央的财政转移支付中，中部地区获得的相对比重最低，因而中部地区的人均财政支出也是最低的。

对外开放是30多年来我国经济发展最显著的特征之一,而且进入21世纪后,对外贸易和境外直接投资愈益成为推动我国经济快速增长的重要因素。然而,如表1-2所示,东部地区在对外贸易中占绝对优势地位,出口、进口贸易分别占全国的81.5%和84.5%,其他三大地区出口、进口贸易合计均不到全国的20%。对外贸易高度集中于东部地区,表明我国对外开放的利益主要由东部地区获得。

改革开放以来我国经济向东部地区集聚,也使得东部地区城乡居民获得的收益明显大于其他地区。表1-2中的数据显示,2015年,东部地区城镇居民的人均可支配收入达到36691元,而中部、西部和东北地区的城镇居民可支配收入水平较为接近,分别为26810元、26473元和27400元,只有东部地区的74%左右。从农村居民的人均可支配收入看,这种差异也是很明显的,东部地区为14297元,几乎是西部地区的1.6倍。城乡居民收入的差异,毫无疑问将影响到居民的生活水平和消费水平,2015年东部地区的社会消费品零售总额占到全国的51.8%,比其他三个地区的总和还要多。

二、中部地区崛起战略的提出

(一)区域经济发展战略及其转变

1.优先发展东部地区

改革开放初期,我国实行了优先发展东部地区的区域发展战略。1978年年底,邓小平指出:"要允许一部分地区、一部分企业、一部分工人农民,由于辛勤努力成绩大而收入先多一些,生活好起来。一部分人先好起来,就必然产生极大的示范力量,影响左邻右舍,带动其他地区、其他单位的人们向他们学习。这样,就会使整个国民经济不断地波浪式地向前发展,使全国各族人民都能比较快地富裕起来。"邓小平同志这种先富带后富,最终实现共同富裕的思想是指导中央制定各项政策的主要依据。根据邓小平这一思想,中央在制定"六五"计划时明确提出,要积极利用沿海地区的现有基础,并通过发挥它们的优势,带动内地经济进一步发展。为实施向东部地区倾斜的战略决策,中央在全国基本建设投资的地区分配中向东部地区倾斜,"六五"时期达47.7%,超过"五五"时期约5百分点。同时,在沿海地区以特区建设为特征,拉开了我国对外开放的序幕。

中央在"七五"计划中接受了学术界关于三个地带的划分,并以此作为制定区域发展战略和顺序的依据。按照当时流行的梯度推移理论,在"七五"计划中提出"要加速东部沿海地带的发展,同时把能源、原材料建设的重点放到中部,并积极做好进一步开发西部地带的准备"。为实施这一区域发展战略,我国的基本建设投资进一步向东部沿海地区倾斜。1985—1988年，东部地区的基本建设投资占全国的比重由48.4%上升到53.2%。同时继续实施沿海地区的对外开放政策，1986—1988年，我国陆续扩大沿海地区的对外开放范围。一方面，扩大原有的三个沿海经济开放区的范围，进一步向周围市县延伸；另一方面，开放辽东半岛和胶东半岛，使沿海地区形成全面对外开放的基本态势。1990年，中央批准上海市开发开放浦东新区，并给予经济特区优惠政策，使上海市乃至长江三角洲的对外开放进入新的阶段。

2.区域经济协调发展战略

改革开放以来，中国区域发展差距的迅速扩大，以及由此引起的一系列问题，引起了决策层的高度关注。从"九五"开始，中央调整了向东部倾斜的发展战略，提出了区域经济协调发展这一新的区域经济发展观。1995年9月，在党的十四届五中全会通过的《中共中央关于制定国民经济和社会发展的"九五"计划和2010年远景目标的建议》中指出："坚持区域经济协调发展，逐步缩小地区发展差距。"明确提出："从'九五'开始，要更加重视支持内地的发展，实施有利于缓解差距扩大趋势的政策，并逐步加大工作力度，积极朝着缩小差距的方向努力。"江泽民同志在会议闭幕式的讲话中又指出："应当把缩小地区差距作为一条长期坚持的重要方针。"这次会议关于区域经济发展的基本精神在第八届全国人大四次会议通过的《中华人民共和国国民经济和社会发展"九五"计划和2010年远景目标纲要》中得到具体体现，提出了实现区域经济协调发展的具体政策措施。

(二)中部地区崛起战略的提出

在我国区域经济协调发展战略实施中，优先实施西部大开发战略。党的十五大报告指出，要从多方面努力，逐步缩小地区发展差距。1999年6月，江泽民在陕西考察时提出："必须不失时机地加快中西部地区的发展，特别是抓紧研究西部地区大开发。"同年9月，江泽民在中央民族工作会议上进一步指出："加快中西部地区的发展，特别是实施西部大开发战略，条件已基本具备。实施西部大开发是中国下个世纪发展的一项重大战略任务。"据此，中共中央在《关于制定国民经济和社会发展第十个五年计划的建议》(以下简称《建议》)中提出，要不失时机地实施西部大开发战略，促进东部、中部、西部地区协调发展。为贯彻《建议》关于区域经济发展的精神，第九届全国人大四次会议通过的《中华人民共和国国民经济和社会发展第十个五年计划纲要》中明确提出要"实施西部大开发战略，加快中西部地区发展，合理调整地区经济布局，促进地区经济协调发展"，并按照西部、中部、东部的先后次序，对各地区的发展进行总体安排。这标志着中央的区域经济发展战略，由支持东部地区转变为支持经济欠发达的中西部地区,尤其是西部地区。

进入新世纪后,我国政府进一步完善区域经济战略,为新世纪确立的全面建设小康社会提供支持。在加快实施西部大开发的同时,先后又提出振兴东北老工业基地和促进中部地区崛起等战略,从而形成了比较完整的区域发展战略。2003 年 10 月,党中央、国务院发布《关于实施东北地区等老工业基地振兴战略的若干意见》,从而拉开振兴东北老工业基地的序幕。

2004 年,温家宝在第十届全国人大二次会议的政府工作报告中首次提出了中部地区崛起战略,报告指出"促进区域协调发展,是我国现代化建设中的一个重大战略问题。要坚持推进西部大开发,振兴东北地区等老工业基地,促进中部地区崛起,鼓励东部地区加快发展,形成东中西互动、优势互补、相互促进、共同发展的新格局"。

三、实施中部崛起战略的主要制度安排及发展规划

自第十届全国人大二次会议提出中部崛起战略以来,中央做出了一系列制度安排,它对中部地区经济快速发展起到十分重要的作用。2006 年 4 月 15日,中共中央国务院发布了《中共中央国务院关于促进中部地区崛起的若干意见》(中发〔2006〕10 号)。这是国家最高层对实施中部崛起战略发布的第一份重要文件,中央从全局和中部地区经济社会发展面临的实际出发,提出了中部崛起的主要任务:一是加快建设全国重要粮食生产基地,扎实稳步推进社会主义新农村建设;二是加强能源原材料基地和现代装备制造及高技术产业基地建设,推进工业结构优化升级;三是提升交通运输枢纽地位,促进商贸流通旅游业发展;四是增强中心城市辐射功能,促进城市群和县域发展;五是扩大对内对外开放,加快体制机制创新;六是加快社会事业发展,提高公共服务水平;七是加强资源节约、生态建设和环境保护,实现可持续发展。

2010 年 1 月,国家发改委结合当时正在制定的全国"十二五"发展规划,专门制定了《促进中部地区崛起规划》(以下简称《规划》)。在《规划》中提出,要加快中部地区"三个基地、一个枢纽"建设,把中部地区建成我国重要的粮食生产基地、能源原材料基地、现代装备制造及高技术产业基地和综合交通运输枢纽。《规划》提出了 2015 年中部地区经济发展的量化目标:人均生产总值达到 36000 元,城镇化率达到 48%,城镇居民人均可支配收入和农村居民人均纯收入分别达到 24000 元和 8200 元。《规划》还提出了中部地区 2020 年的规划目标,到 2020 年,中部地区要"全面实现小康社会建设目标,成为现代产业体系基本建立、创新能力显著增强、体制机制更加完善、区域内部发展更加协调、与东西部合作更加紧密、人与自然和谐发展、基本公共服务趋于均等化、城乡一体化发展格局基本形成、支撑全国发展的重要人口和产业承载地区"。

为促进中部地区承接产业转移,2010年8月31日国务院办公厅发布了《国务院关于中西部地区承接产业转移的指导意见》(国发〔2010〕28号)。在中部地区还先后规划建设了皖江城市带承接产业转移示范区、湘南承接产业转移示范区、湖北荆州承接产业转移示范区、江西赣南承接产业转移示范区等国家级承接产业转移的示范区。

2012年8月27日国务院办公厅发布了《国务院关于大力实施促进中部地区崛起战略的若干意见》(国发〔2012〕43号),进一步提出了促进中部地区崛起的支持政策,主要包括:一是扶持粮食主产区经济发展;二是落实节约集约用地政策;三是加大财税金融政策支持力度,加强投资、产业政策支持与引导;四是完善生态补偿相关政策;五是完善并落实好"两个比照"政策。进一步加大中部地区"两个比照"(中部六省中26个城市比照实施振兴东北地区等老工业基地有关政策,243个县市区比照实施西部大开发有关政策)政策实施力度,完善实施细则。

国家发改委根据我国"十三五"发展规划的整体安排制定了《促进中部地区崛起"十三五"规划》(发改地区〔2016〕2664号),在规划中提出了新时期中部地区的战略定位,即全国重要先进制造业中心、全国新型城镇化重点区、全国现代农业发展核心区、全国生态文明建设示范区、全方位开放重要支撑区。规划要求,到2020年,中部地区要全面建成小康社会,并且要实现以下目标:一是经济保持中高速增长,总体经济实力稳步提升,发展质量和效益明显提高。二是产业整体迈向中高端水平。先进制造业和战略性新兴产业加快发展,全要素生产率明显提高。三是现代农业发展走在全国前列。粮食生产基地地位进一步巩固和提升,农产品供给质量和效率显著提高,物质技术装备条件显著改善。四是生态环境质量总体改善。主要污染物排放总量大幅减少,形成健全的城镇水污染防治体系,区域大气环境质量、流域水环境质量得到阶段性改善。五是人民生活水平和质量普遍提高。城乡居民收入稳步增长,公共服务体系更加健全,基本公共服务均等化水平进一步提高。

第二节　中部地区崛起战略实施取得的主要成就

自中部崛起战略实施以来,在中央一系列政策支持下,中部地区经济发展取得巨大成就。2015年,中部地区实现生产总值14.7万亿元,2005—2015年这十年来年均增长11.6%,比全国平均水平高2.1百分点。经济总量占全国的比重由18.8%提高到20.3%,位居四大板块第2位。十年来,中部地区固定资产投资、社会消费品零售总额、地方财政收入分别增长7.7倍、3.7倍和7

倍。中部地区快速经济增长,不仅有效遏制了中部与东部地区发展差距持续扩大的态势,而且还使既有的发展差距呈现出不断缩小的趋势,表明中部崛起战略实施取得了明显成效。

一、工业化进程加快

(一)工业增长速度较快

中部崛起战略的实施,在很大程度上释放了中部地区工业增长的潜在优势,工业增长速度较快。通过 2015 年中国统计年鉴和 2015 年中部地区各省统计年鉴提供的相关数据计算,中部地区各省在 2005—2014 年的工业增长速度分别为山西 10.23%、安徽 17.33%、江西 16.89%、河南 13.43%、湖北 15.45%、湖南 16.12%,而在此期间全国工业的增长速度为 10.23%,中部地区各省工业的增长速度都高于全国的平均水平。较快的工业增长速度,使中部地区的工业增加值占全国的比重由 2005 年的 17.5% 提高到 2014 年的 21.4%。

(二)工业占 GDP 的比重上升

从全国角度看,在 2005—2014 年工业占 GDP 的比重由 41.81% 下降到 35.97%,表明在此期间工业对 GDP 增长的贡献在逐步降低。而中部地区工业占 GDP 的比重则由 2005 年的 40.06% 提高到 2014 年的 42.78%,意味着中部地区工业增长是这一时期经济增长的主要推动力。

(三)工业结构发生明显变化

在工业快速成长的同时,工业结构也发生显著变化。最突出的变化特征是,采掘业和原材料工业在工业结构中所占比重下降,而轻纺工业和装备制造业所占比重明显上升。根据 2006 年中部地区各省统计年鉴和 2015 年中部地区各省统计年鉴提供的相关数据计算,中部地区的采掘业占比由 2005 年的 15.03% 下降到 2014 年的 11.71%,原材料工业则由 2005 年的 42.15% 下降到 2014 年的 34.46%。而轻纺工业所占比重由 2005 年的 25.46% 上升到 2014 年的 27.05%,装备制造业则由 2005 年的 17.13% 大幅提高到 26.27%。装备制造业占比的大幅上升,意味着中部地区工业化水平的显著提高。

二、农业的基础地位进一步夯实

对于中国这样的人口大国来讲,农业在经济中的基础地位始终都不能动摇。而中部地区在我国农业生产和重要农产品供给中具有十分重要的地位,特别是在稳定我国粮食安全中具有不可替代的作用。基于此,在《中共中央国务院关于促进中部地区崛起的若干意见》(中发〔2006〕10 号)中提出,中部地区要加快建设全国重要粮食生产基地,加大农业基础设施投入,改善农业生产条件。国家发改委在《促进中部地区崛起规划》(发改地区〔2010〕1827 号)中提出,要着力把中部地区打造成为高产稳产的粮食生产基地。到 2020 年,力争使中部地区粮食产量达到全国粮食总产量的三分之一,切实保障国家粮食安全。中部地区在实施中部地区崛起战略中,按照中发〔2006〕10 号文件精神,落实发改委在促进中部地区崛起规划中关于农业和粮食生产的具体要求,进一步夯实了农业的基础,农业发展取得重要成果。

(一)农业总产出稳定增长

虽然在促进经济崛起中,中部地区各省在发展非农产业发展中取得巨大成就,农业在 GDP 中的比重明显下降,但农业总产出仍然获得稳定增长。根据 2006 年中部地区各省统计年鉴和 2015 年中部地区各省统计年鉴提供的数字计算,中部地区农业占 GDP 的比重由 2005 年的 16.6% 下降到 2014 年的11.1%。但农业总产出由 2005 年的 10434.5 亿元增加到 2014 年的 26787.5亿元,按现价计算,2014 年农业的增加值是 2005 年的 2.6 倍。农业内部各部门都获得稳定增长,按现价计算,2014 年的种植业产值是 2005 年的 2.7 倍,林、牧、渔业的产值分别是 2005 年的 3.1 倍、2.1 倍和 2.9 倍。农业产出的稳定增长,既满足了本地区城乡居民生活水平日益提高对农产品的需求,也对全国农业生产稳定发展做出重要贡献。

(二)主要农产品产量增幅明显

中部地区的粮食和油料作物一直是具有优势的农产品,在 2005—2015 年这两种农产品的产量依然获得较大幅度增长。其中粮食产量由 2005 年的14778.3 万吨增加到 2015 年的 18719.7 万吨,增幅为 26.67%;油料作物产量由 2005 年的 1252.6 万吨增加到 2015 年的 1549.4 万吨,增幅为 23.69%;水果由 2005 年的 4279.9 万吨增加到 2015 年的 7148.2 万吨,增幅高达67.02%;肉类由 2005 年的 2246.4 万吨增加到 2015 年的 2556.0 万吨,增幅为 13.78%;水产品由 2005 年的 909.3 万吨增加到 2015 年的 1317.5 万吨,增幅为 44.89%。

(三)农业生产条件明显改善

大规模水库建设、引水渠道建设,以及其他灌溉设施的修建,一直是确保我国农业稳定发展的主要措施。中部地区在 2005—2014 年继续修建水库,增加水库库容,水库总数由 2005 年的 34364 座增加到 2014 年的 40545 座,共增加了 6181 座；水库库容由 2005 年的 1871 亿米³ 增加到 2014 年的 2865 亿米³，共增加了 994 亿米³；有效灌溉面积由 2005 年的 1587.00 万公顷增加到 2015 年的 1911.13 万公顷。农业的现代化水平进一步提高，农机总动力由 2005 年的 21235.3 万千瓦大幅提高到 34265.8 万千瓦，化肥使用量由 2005 年的 1514.6 万吨增加到 2015 年的 1897.3 万吨。

三、城乡居民生活水平大幅度提高

（一）城乡居民收入水平大幅度增加

中部崛起以来，经济快速增长带来城乡居民可支配收入大幅度提高。中部城镇居民人均可支配收入 2005 年为 8809 元，到 2015 年，则迅速增加到 26810 元，按当年价计算，2015 年城镇居民人均可支配收入是 2005 年的 3.04 倍。中部地区农村居民人均可支配收入 2005 年为 2957 元，到 2015 年则迅速增加到 10919 元，按当年价计算，2015 年中部地区农村居民人均可支配收入是 2005 年的 3.69 倍。更为重要的是，在此期间农村居民可支配收入的增幅高于城镇居民，城乡居民收入差距有所缩小，城乡居民收入比 2005 年为 2.98，到 2015 年，城乡居民收入比降低为 2.46。

（二）城乡居民消费水平大幅度提高

在居民收入水平大幅提高的支持下，中部地区各省城乡居民的消费水平也随之大幅提高。从农村居民看，2005 年，山西、安徽、江西、河南、湖北和湖南各省的消费支出分别是 1878 元、2196 元、2484 元、1892 元、2430 元和 2756 元，到 2015 年，各省消费支出分别增加到 7421 元、8975 元、8486 元、7887 元、9803 元和 9691 元，2015 年，农村居民消费支出分别是 2005 年的 3.95 倍、4.09 倍、3.42 倍、4.17 倍、4.03 倍和 3.52 倍。从城镇居民看，2005 年，山西、安徽、江西、河南、湖北和湖南各省的消费支出分别是 6343 元、6368 元、6109 元、6038 元、6737 元和 7505 元，到 2015 年，分别增加到 15817 元、17234 元、16732 元、17154 元、18192 元和 19501 元，2015 年，城镇居民消费支出分别是 2005 年的 2.49 倍、2.71 倍、2.74 倍、2.84 倍、2.70 倍和 2.60 倍。以上数据还显示，在此期间中部地区各省农村居民的消费支出的增长幅度比城镇居民消费支出的增长幅度大，城乡消费水平差距有所缩小。

四、缩小了与东部地区的发展差距

中部崛起战略实施的最重要成效是，不仅遏制了中部与东部发达地区发展差距持续扩大的趋势，而且使既有的发展差距开始缩小。从 GDP 总量看，

2005 年,中部地区为 37230.3 亿元,而东部地区是 109924.6 亿元,中部是东部地区的 33.87%;2015 年中部地区为 146950 亿元,而东部地区是 372983 亿元,中部是东部地区的 39.40%。在此期间,中部占东部地区 GDP 的比重上升了 5.5 百分点,表明这一时期中部地区的经济增长速度高于东部地区。再从人均 GDP 看,2005 年,中部地区人均 GDP 为 10608 元,而东部地区人均 GDP 是 23768 元,中部地区人均 GDP 是东部地区人均 GDP 的 44.63%;2015 年,中部地区人均 GDP 为 40274 元,而东部地区人均 GDP 是 71019 元,中部地区人均 GDP 是东部地区的 56.71%。在此期间,中部人均 GDP 占东部地区的比重上升了 12.1 百分点。

从人均可支配收入看,2005 年中部地区城镇居民人均可支配收入为 8808 元,而东部地区是 13375 元,中部地区是东部地区的 65.85%;2015 年中部地区城镇居民人均可支配收入为 26810 元,而东部地区是 36691 元,中部地区是东部地区的 73.07%。2005 年中部地区农村居民人均可支配收入为 2957 元,而东部地区是 4720 元,中部地区是东部地区的 62.65%;2015 年中部地区农村居民人均可支配收入为 10919 元,而东部地区是 14297 元,中部地区是东部地区的 76.37%。在此期间,中部地区城乡居民人均可支配收入占东部地区的比重分别上升了 7.22 和 13.72 百分点,表明中部与东部地区城乡居民收入差距明显缩小。

第三节　中部地区经济发展的综合优势

一、独特的区位和交通优势

中部地区地处我国内陆腹地,是我国经济地理的中心。其东部与京津冀、山东半岛、长三角地区连接,南部与珠三角地区相连,北靠内蒙古自治区,西部与贵州、重庆、陕西接壤。在我国区域经济发展中起着承东启西、贯通南北的作用。

独特的地理位置和长期的发展,为中部地区崛起构建了连接区域内主要城镇且对外通达的交通运输网络。中部地区六省已经建成由铁路、公路、水运、航空等多种运输方式组成的综合性运输体系,路网密度是全国平均水平的一倍。境内的主要干线运输通道,不仅连接着区域内各省主要经济中心,而且连接着我国主要经济核心区。流经本地区湖北、湖南、安徽的长江,连接着西部经济中心重庆和东部的长三角地区。途经本地区安徽、河南的陇海铁路,其东部的连云港是本地区陆路的重要出海口,其西部通过西部重要城市西安、兰州、乌鲁木齐,进入中亚和欧洲地区。京广铁路和京九铁路是我国南北向的重要通道,分别经过中部地区的河南、湖北、湖南,河南、安徽和江西,并通过陇海线、长江、浙赣线将东部和西部连接,从而使本地区的更大地域范围的产品便利地进入其他地区。中部各省都形成了公路运输网络,高速公路的快速发展,使各省省内的主要经济中心的经济联系更为密切和便利,而且主要高速公路都纳入全国高速公路网,从而大大降低了本地区的主要城市与国内其他地区联系的时间成本,并更加凸显出本地区的区位优势。

二、良好的自然条件和丰富的矿产资源

中部地区地处温带和亚热带,气候温和、光照充足、降水丰富,拥有宜农的江汉平原、鄱阳湖平原、洞庭湖平原,宜林和宜牧的山地和高原,宜渔的河流和内陆水域。这种资源优势使本地区成为全国重要的粮棉油生产基地和淡水养殖基地。

中部地区矿产资源丰富,且矿种齐全。在我国所使用的各种矿产资源中,除了石油和天然气以外,中部地区的其他资源都在全国占有重要地位。在四大区域中位居第一的主要矿产资源有煤炭、铜矿、铝土矿。从各省看,山西省储量居全国第一的主要矿产资源有煤炭、煤层气、耐火黏土、铝土矿、铁矾土、镓、铂等,江西省储量居全国第一的资源有铜、金、银、铷、铯、铀、钍等,河南省储量居全国第一的矿产资源有钼、蓝石棉、天然碱、珍珠岩等,湖南省储量居全国第一的有钨、铋等。中部地区相对丰富的矿产资源,加上比邻东部地区的经济区位使其在我国煤炭、有色金属、非金属矿等相关产业的发展中占有突出的地位。

三、丰富的旅游资源和人力资源

中部地区是中华文明的主要发祥地之一和革命圣地,积累了丰富的人文资源,加上独特的自然地理环境,形成了丰富的旅游资源。截至 2012 年 12 月,国务院共公布了八批 225 个国家级风景名胜区,中部地区共有 65 个。截至 2013 年 5 月,国务院共公布了七批 4296 处全国重点文物保护单位,中部地区共有 1473 处。截至 2015 年,国务院共公布了 129 座历史文化名城,中部地区拥有 31 座。这些丰富的旅游资源,使中部地区的旅游业发展独具优势。

中部地区各省素有尊师重教的传统,在各省共同努力下,形成了培养质量较高的基础教育体系和高等教育,劳动者受教育程度较高。中部地区丰富而较高素质的劳动力资源,不仅为本区经济发展提供了支持,而且为东部地区经济的快速发展做出了巨大贡献。

四、全国重要的能源、原材料、装备制造业和粮油生产基地

中部地区及其各省在长期的工业化过程中形成了诸多具有比较优势的产业。山西省的煤炭采选业,黑色金属冶炼和压延加工业、电力热力生产和供应业、石油加工炼焦和核燃料加工业,安徽省的电气机械和器材制造业、印刷和记录媒介复制业、有色金属冶炼和压延加工业,江西省的仪器仪表制造业、有色金属冶炼和压延加工业,有色金属矿开采选业,纺织服装、服饰业,印刷和记录媒介复制业,医药制造业,非金属矿物制品业,河南省的有色金属矿开采选业,非金属矿物制品业,食品制造业,皮革、毛皮、羽毛及其制品和制鞋业,有色金属冶炼和压延加工业,专用设备制造业,湖北省的酒、饮料和精制茶制造业,汽车制造业,农副产品加工业,烟草制品业,湖南省的烟草制品业,有色金属矿开采选业,专用设备制造业,有色金属冶炼和压延加工业,铁路、船舶、航空航天和其他运输设备制造业,印刷和记录媒介复制业,木材加工及木竹藤棕草制品业,造纸及纸制品业。各省的这些产业都是参与全国地区分工甚至参与国际贸易的主要产业,在国内外市场具有较强的竞争优势。

综合中部地区各省的比较优势产业,中部地区的煤炭采选业、炼焦业、有色金属采选和冶炼、非金属矿开采和制品业,以及一些重要的装备制造业在全国的地位尤为突出。2014 年中部地区的煤炭工业产值占全国的 39.57%,焦炭产量占全国的 31.37%,有色金属矿采选和冶炼工业产值分别占全国的 42.97% 和 35.74%,非金属矿开采和制品业的产值分别占全国的 33.687% 和 31.45%。装备制造业在中部地区具有潜在的优势,目前各省形成了一些以骨干企业为基础,在全国具有显著影响的产品,如山西省的矿山设备、锻压和起重设备、纺织机械等,安徽省的内燃机、变电设备等;湖北省的载重汽车、矿山设备、石油钻采设备、化工设备、发电设备、数控和大型机床等,湖南省的矿山设备、起重设备、锻压机械、内燃机和铁路机车等。在我国经济持续高速增长,特别是中央支持装备制造业发展的背景下,中部地区装备制造业的优势将得到进一步发挥。

中部地区一直是我国种植业,特别是粮棉油等主要农产品的重要生产地区。多年来,中部地区的粮食产量一直占全国的 30% 左右,且中部地区人口众多,人口占全国的 27%,因此是我国粮食的主要输出地区。中部地区在我国粮食生产中的地位,不仅在于产量,更主要是粮食生产结构。在粮食结构中,作为基本口粮的稻谷和小麦最为重要,而中部地区,特别是除山西以外的其他五省分别是我国最重要的稻谷和小麦生产基地。2015 年,中部地区的稻谷产量占全国的 40.7%,小麦占全国的 43.1%,稻谷和小麦总产量达 14089.9 万吨。中部地区稻谷和小麦总产量占全国比重远超其人口占全国比重,意味

着中部地区是我国口粮主要输出地区,对我国粮食安全起到十分重要的作用。

　　油料作物的播种面积仅次于粮食,是我国第二大农作物。尽管油料作物占我国农作物播种面积一直保持在 9% 左右,而且各种油料作物产量持续增加,2015 年,产量达 3537.0 万吨,但随着人民生活水平的提高,人均食用油消费量显著增加,大豆和食用植物油的进口量持续增加。2015 年,我国大豆净进口 8169 万吨,食用植物油净进口 676 万吨,由此可以看出,我国食用植物油对国际市场的依赖性已处于较高水平。中部地区是我国各种油料作物的重要产区,多年来产量占全国的比重一直保持在 30% 左右。自 1995 年以来,中部地区油料作物产量持续快速增长,产量占全国的比重一直高于 40%,2015 年,高达 43.8%。在我国食用植物油对外依赖越来越大的背景下,中部地区油料作物产量的增长对于稳定国内市场价格将起到十分重要的作用。

第二章　中部地区的发展历程

第一节　1949年以前中部地区经济发展

中部地区作为中华民族的主要发祥地之一,在农耕时代曾长期处于领先地位。由于地理位置等原因,我国工业发展主要集中在东北和沿海地区,中部地区的一些核心城市,以及资源富集地区也优先得到发展。

一、中部的中原地区是中华民族的主要发祥地之一

黄河中下游地区,即古称的中原地区,是中华民族的主要发祥地之一,在中华文化和文明的形成、演化和发展中占有十分突出的地位。在中国这块古老的大地上,已在各地多处发现了古人类的活动痕迹,其中中原地区率先进入古代文明社会。在中原地区的地理构成中,中部地区的河南、山西南部和湖北北部是其核心组成部分。中原地区和世界上其他文明古国的发祥地一样,气候温和、降水适中,地势平坦,而且又有黄河流经该地区,具备最早进入农业社会的自然环境。优越的自然地理条件使生活在这一地区的人们在长期与自然界的斗争中积累了利用和改造自然环境的经验和知识,并率先掌握自然环境运动的基本规律,在此基础上建立起以农业为主的生产结构。

从夏王朝建立到春秋战国,中国经历了大约1600年的奴隶社会。在这一漫长的历史阶段,中国的政治、经济和文化活动中心始终位于黄河中下游地区。周朝起源于关中平原,并先后向黄河上游和东部扩展势力范围。虽然这一时期中国的经济中心仍在黄河中下游平原,但从巴蜀到吴越的长江流域,以及幽、燕、锦、辽等辽阔的北方地区都得到进一步开发。西周灭亡后,中国进入诸侯争霸的春秋时期。这时主要大国虽然多位于黄河中下游地区,如齐、晋、秦、郑、卫、宋等,但长江流域也出现了具有相当实力的楚、吴、越等国。这表明,黄河中下游地区作为中国经济中心的地位已开始发生变化。

从公元前475年的战国初期开始,中国的主要地区陆续进入封建社会,这一制度一直延续到1840年鸦片战争爆发。黄河中下游地区是我国最早进入封建社会的地区,在战国七雄中,除楚国位于淮河以南外,其余六国都位于黄

河中下游地区,中原地区人口合计占七国人口的 80% 以上,这足以说明中原地区在当时全国经济体系中的地位。秦灭六国后,为稳定和开发边疆地区,进行了有组织的人口迁移,主要是由中原地区向四周外迁。从西汉到隋朝,中原地区作为全国主要政治中心,同时也是改朝换代时战争的主要策源地。由于长江"天堑"的屏障,江南地区受到战争破坏程度较小,而且没有受到北方地区游牧民族的干扰,因此在这一时期获得了相对安定繁荣的发展局面。同时,中原地区的战乱,造成大量人口南迁,这些从中原地区迁移的人口把先进的生产方式带到了江南,使南方广大地区在更大程度上得到开发,为我国经济重心南移奠定了基础。

在唐朝前期,中原地区的经济得到较大程度的恢复和发展,但"安史之乱"又使黄河中下游地区几乎变成荒原。北宋建都于开封,使中原地区经济得到一定程度的恢复和发展。但到了南宋,中原地区又一次成为金和南宋争夺的主要地区之一,尤其是金兵的烧杀抢掠,给这一地区的经济造成严重的破坏。相对而言,长江以南地区遭受的影响和破坏程度较小,因而从南宋开始就已取代中原地区成为中国的经济中心。

13 世纪初,蒙古族日益强盛,通过战争相继灭西夏、金和南宋后,在中国建立起包括西藏、台湾在内的统一的多民族国家。在经济上,由于蒙古族长期过着游牧生活,平定中原后,蒙古族在占领的农区建立草场,以落后的游牧业取代先进的耕作业,使大批农民失去赖以生存的土地,对经济发展产生很大的干扰和阻碍作用。由于元朝的战乱,以及这种生产方式的变更主要发生在北方地区,南方受到的影响相对较小,因此中原地区进一步衰落,长江流域及其以南地区在我国经济中的地位更加重要。

元末明初,中原地区依然是战乱集中的地区,使本来就萧条的经济又一次遭受严重的破坏。虽然明朝建立后,中原地区的经济得到一定程度的恢复和发展,但在明朝后期,黄河中下游地区自然灾害频繁,如从崇祯七年(1634 年)起,河南连续三年大旱,造成"野无青草,十室九空"的景象。崇祯末年,又遭虫灾,"草根木皮皆尽"。明末清初,中原地区经济不仅继续受到自然灾害的影响,而且作为主要战场,受到战争的残酷蹂躏,至 1840 年后,中原地区经济才获得了较长时期的恢复和发展。

通过对我国古代地区经济发展的简单分析,可以得出如下几点结论:一是中华民族的形成和发展过程,事实上就是以中原地区为核心不断向周围地区的扩张过程。在这种扩张过程中,人口迁移和统治者强制性推行中原地区的文化和先进的生产方式使外围地区逐渐和中原地区融为一体。正是这种以中原地区为主导的文化融合,最终使中华民族结为不可分割的统一体。二是中原地区历来作为我国改朝换代的兵家必争之地,在我国的经济地位经历了由盛而衰的发展过程。自南宋起，长江流域及其以南地区就取代了中原地区成为我国的经济中心。三是在长江流域及其以南地区的崛起中，安徽、湖北、湖南和江西四省的发展发挥了重要作用。如果把中部地区作为整体来考察，以人口作为地区经济在我国经济总体中的地位，那么中部地区自南宋以来在我国经济中的地位并没有发生太大的变化。虽然以河南为中心的中原地区在我国经济中的地位一直处于下降趋势，但长江流域的安徽、湖北、湖南、江西又处于上升趋势。这种上升和下降相抵后，中部地区作为一个整体，其人口占全国的比重只是略有下降。如在宋徽宗崇宁元年(1102年)，中部地区人口占全国比重为40.50%。到1820年，山西、河南、安徽、江西、湖南、湖北的人口合计占全国的比重大约为36.81%。这表明，即使中部地区在我国已经丧失其经济中心地位，但中部地区在我国经济总量中所占比重仍然超过三分之一。

二、1840—1949 年中部地区的经济发展

(一)1840—1894 年中部地区的经济发展

这一时期是中国近代工业发展的启蒙阶段。由于清政府不允许外资在中国开发矿产资源和建设铁路，因此外资活动仅仅局限在《南京条约》和《天津条约》规定的少数通商口岸。而民族资本和官僚资本在机器设备和市场上依赖于国外或者外资集中的地区，这就决定了它们的地区布局不可能脱离外资而单独存在，也主要集中在沿海和沿江少数通商口岸。这一时期，在中国形成了三个工业布局比较集中的城市，其中上海和广州位于东部沿海地区，武汉位于中部的沿江地区。这三个城市所拥有的工业企业总数占全国的64%。需要指出的是，武汉是清政府"洋务运动"的重点投资地区，其在武汉先后发展钢铁工业、纺织工业、食品工业和机械工业，并在距武汉较近的大冶发展了铁矿开采业。江西的九江作为《天津条约》的开放口岸之一，在这一时期也成为中部地区少有的几个工业点。

(二)1895—1913 年中部地区的经济发展

甲午战争后，《马关条约》确立了外资在中国开办工厂和修筑铁路的权利，从而使帝国主义列强对我国的经济侵略由以商品输出为主转变为以资本输出为主。虽然这一时期东部沿海地区仍然是外资和国内民族资本及官僚资本投资集中的地区，但东部地区，尤其是东南沿海地区缺乏能源和其他矿产资源，因此中部的能源矿产资源富集地区随着铁路、公路的修建得到一定程度的开发。北京—郑州、郑州—武汉，以及武汉—长沙铁路的建成，加快了山西、河南、湖北和湖南现代工业的发展。武汉作为前一时期的工业中心，在这一时期

得到进一步加强,太原、长沙和南昌分别成为地区性工业中心。另外,河南、山西的煤炭工业,湖南的煤炭、有色金属工业通过这一时期的发展,在全国工业生产领域占有重要的地位。

(三)1914—1936年中部地区的经济发展

第一次世界大战及战后几年,欧洲列强忙于战争和战后本国经济的恢复,为中国民族工业的发展提供了机会,但日本乘机在中国扩大势力范围。日本不仅蚕食其他列强的在华利益,在东南沿海地区进行投资,而且在九一八事变后,重点在东北大规模修建铁路,以及建设主要服务于军事的煤炭、钢铁、化学和机械等部门。随着全国工业的发展,对煤炭等能源的需求与日俱增,山西、河南等中部地区的煤炭工业在这一时期得到迅速发展。太原成为重要的重工业基地,郑州的纺织工业开始起步,并成为地区性生产中心;淮南的煤炭资源得到开发,并成为供应长江三角洲的重要生产基地;武汉虽然丧失了以前的发展势头,相对于东部沿海的上海、天津、青岛等地而言,总体工业实力在全国的地位在下降,但仍然是中部地区最主要的工业生产基地。

(四)1937—1949年中部地区的经济发展

1931年,日军发动九一八事变,抗日战争开始。1937年,日军侵占华北地区。在占领华北地区后,日本开始加强对华北地区各种矿产资源的开发和掠夺,除煤、铁矿外,还包括有色金属和非金属资源。山西、河南的煤炭和钢铁工业在这一时期得到更大规模的开发和发展,太原已成为规模较大的工业中心。武汉的工业和上海等沿海地区一样,在这一时期受到很大破坏,原有的500家工业企业,内迁和受到战争破坏的占五分之三。抗战结束后,在国民经济长期受战争破坏迫切需要恢复的情况下,国民党出于独裁统治的目的,不顾全国人民的反对,又发动了内战。在解放战争时期,本来就受到严重破坏的国民经济,继续遭受严重摧残。我国的整体工业布局态势在这一时期没有发生明显的变化,中部地区各省的工业,和其他省区一样,普遍衰退。

回顾中部地区近代工业的发展不难看出,虽然没有形成像辽中南、京津唐和长江三角洲那样的综合实力较强的工业基地,但大多数省都形成了具有地方意义的工业中心,如山西的太原、河南的郑州、湖北的武汉、湖南的长沙、江西的南昌等。尤其是武汉和太原,其影响力已远远超出本地区的范围。更为重要的是,中部地区丰富的能源矿产资源得到了一定程度的开发和利用,并形成了许多以矿产资源开发为支撑的工业城镇。如以煤炭资源开发为主的有山西的大同、阳泉,河南的焦作,安徽的淮南,湖南的萍乡等;以铁矿开采为主的有湖北的大冶;以有色金属开采为主的有湖南的水口山、锡矿山等。应当说,中部地区近代工业这种地区和产业的布局特征,对1949年后中部地区经济的发展和布局一直产生着重要影响。

第二节　1949—1978年中部地区经济发展

1949—1978年是中部地区经济发展,特别是工业发展最重要的时期。这一时期,中国政府为调整工业和其他现代经济集中布局在东部地区的不合理状况,在工业项目安排和重要基础设施建设中,更多地向基础较为薄弱的中部地区倾斜,特别是"三线建设"阶段,倾斜力度更大。通过近30年的发展,中部地区初步奠定了工业和现代经济发展的基础。

一、我国区域经济发展战略及其决策依据

1949—1978年这一发展阶段,我国政府按照社会主义经济的生产力布局原则,实行区域平衡发展战略。据此,生产力布局的重点转向经济发展水平较为落后的中西部地区。区域经济发展重点转向中西部地区的原因还有当时我国经济发展所处的外部环境,以及中西部地区具有的丰富的矿产资源等。

(一)区域平衡发展战略

1949年后至改革开放前的近30年中,我国政府在非常艰难的环境和条件下进行社会主义经济建设,并推进具有中国特色的工业化进程。在进行国民经济发展规划中,我国政府必须面对的一个现实问题是,如何把稀缺的资本合理投向各个地区。从这近30年中,各地区获得的实际投资在全国投资中所占比重,以及各地区实际经济增长看,学术界普遍认为,在这一时期我国实行的是区域平衡发展战略。从东中西三大经济地带看,中西部地区获得了较多的投资和较快的经济增长,并缩小了与东部地区的发展差距。从各省区市看,原来经济基础和工业化程度高的地区获得的投资比重在下降,而原来工业基础薄弱的地区获得的投资所占比重在上升。问题的关键是,为什么我国要实行区域平衡发展战略?

(二)区域经济发展战略的决策依据

1. 旧中国工业地区布局的基础

从中国近代工业地区分布的演变来看,沿海地区始终发挥着主导作用。到1949年,沿海地区的辽宁、河北、天津、山东、江苏、上海、浙江、福建和广东

等省市,工业总产值占全国的比重超过 70%。在沿海地区,工业又高度集中在辽中南地区、长江三角洲地区和环渤海地区。广大内地,尤其是西部的广西、贵州、云南、甘肃、宁夏、青海、内蒙古、新疆和西藏等省区几乎没有什么工业。工业高度集中在沿海地区,在当时的国际环境下,极易受到战争的破坏和威胁,同时也脱离市场和原料产地。

2.中国所处的国际环境

中华人民共和国的成立,是中国共产党率领人民群众经过长时间武装斗争实现的。战争对经济,尤其是现代工业的破坏作用是显而易见的。在抗日战争中,位于沿海地区的企业为了避免战争的破坏,不得不迁移至内地。第二次世界大战结束后,美国与军事工业相关的企业主要布局在相对安全的西部地区;苏联工业发展的重点也转移到亚洲地区。在这种背景下,经过长时期战争洗礼的新中国第一代领导人,进行工业的地区布局决策时,不能不考虑国防安全和经济安全问题。

更重要的是,1949 年后,中国所处的国际环境及其变化使决策层认为,中国已经受到战争的威胁,而且潜在的威胁更大。中华人民共和国成立后不久,美国占领朝鲜,并把战火烧到中朝边界,迫使中国"抗美援朝,保家卫国"。与此同时,美国悍然出兵进入中国的台湾地区,对东南沿海地区的安全构成一定威胁。在经济上,以美国为首的西方国家开始对中国实行经济封锁,并一直持续到 20 世纪 70 年代初期。在此背景下,中华人民共和国成立后,在外交上实行"一边倒"的政策,即与以苏联为首的社会主义国家首先建立友好关系,并在经济上得到这些国家的援助和支持。然而,在 20 世纪 50 年代末,中苏关系破裂并逐渐恶化,之后苏联成为威胁中国安全的主要因素。

这种国际环境,加大了安全因素对中国地区经济布局和发展的影响。为了尽可能使战争对经济的直接破坏程度降到最低,在中西部地区进行更多的投资是合理的。当时中国所处的国际环境,不仅直接影响到政府的地区发展战略,而且使中国不得不在"封闭"的条件下进行经济建设和推进工业化进程。这就意味着中国在工业化初期阶段,不能把更多的资源集中在消费品工业,而要超越发展阶段,为整个国民经济发展和国家安全提供能源、原材料,以及各种装备。这种发展战略,在一定程度上也间接地影响了工业的地区布局。

3.能矿资源的地区分布

中国的能源和矿产资源主要分布在中西部地区,诸多农业资源也集中在内地。在东部沿海地区,除环渤海地区外,其他地区的能源和矿产资源都非常缺乏,尤其是工业集中的长江三角洲和珠江三角洲地区。在中国被迫选择重化工业优先发展的背景下,工业投资的重点向内地转移,尤其是能源和重化工项目主要分布在内地,是符合工业布局基本原则的,因而具有一定的合理性。

4. 区域平衡发展的理论基础

我国在经济基础,特别是工业基础比较薄弱的条件下,实行区域平衡发展战略,既有其客观原因,同时也有其理论基础。恩格斯曾说过:"大工业在全国尽可能平衡地分布,是消灭城市和乡村分离的条件。"列宁也说过:"政治经济发展的不平衡是资本主义的绝对规律"。苏联的一些经济地理专家和区域经济专家在马克思主义经典论述的指导下,对社会主义地区布局规律进行了探索,提出了"在全国平衡配置生产"是社会主义地区发展的基本原则。在 20 世纪 50 年代我国全面学习苏联理论的背景下,这一地区发展和布局原则被机械地应用于我国的实践。

二、中部地区发展轨迹

1949 年后至改革开放前,中国区域经济发展经历了两次"西进"。第一次是 20 世纪 50 年代,这次区域发展重点向内地转移主要是苏联的援建项目,以及围绕这些项目的国内配套项目。同时,内地丰富的矿产资源和经济作物的生产能力,也是促使国家把发展重点转向内地的重要原因。由于中部地区已探明的资源丰富,而且是我国重要的产棉区,因而获得了较多的投资,这在一定程度上开启了中部地区的工业化。第二次是 20 世纪 60 年代至 70 年代初期的"三线建设",这次西进的重点是西部地区,但也包含山西、河南、湖北、湖南各省的部分地区。通过这两次"西进",中部地区经济发展取得显著成就,交通运输条件明显改善,工业生产能力、工业结构发生显著变化,整体经济能力在全国有一定程度增强。本书以"五年计划"和重大政策变化为脉络,分阶段阐述中部地区经济发展及其在全国经济地位中的变化。

(一)经济恢复时期和"一五"时期(1949—1957)

1. 经济恢复时期

中华人民共和国成立初期,我国在经济方面面临的首要任务是,恢复长期被战争破坏的国民经济,尤其是工业和交通运输。东北是旧中国遗留下来的工业基础较好且现代交通运输网络较为完善的地区之一,同时又是最早被解放的地区,加上与朝鲜比邻,能够更方便地为"抗美援朝"战争提供必需的物资,因此是三年恢复时期我国投资建设的重点地区。山西也是全国解放比较早的地区之一,1949 年后山西省没收了官僚资本所属的工矿企业,继续发展抗战时期根据地创办的工矿企业,并使民族工业企业的生产得到迅速恢复。

在河南、安徽、湖北、湖南和江西,恢复了被战争破坏的交通运输设施及工矿企业。

2."一五"时期

中央在制定第一个五年计划时,非常注重中西部等原来工业基础较为薄弱地区的经济发展,把均衡布局生产作为指导方针。在第一个五年计划中指出:"在全国各地区适当地分布工业的生产力,使工业接近原料、燃料产区和消费地区,并适合于巩固国防的条件,来逐步地改变这种不合理的状态,提高落后地区的经济水平。"在这一原则指导下,苏联援建项目的68%布局在内地,其中布局在中部地区的项目有28个,占全部项目(154个项目)的18.18%。苏联的援建项目在中部地区形成的工业基地至今在全国的分工中仍然占重要地位。如山西太原的化学工业和大同的煤炭工业;河南焦作、平顶山的煤炭工业,洛阳的机械工业;湖北武汉的钢铁工业和机械工业;湖南株洲的有色金属工业和湘潭的机械工业;江西的有色金属工业。五年中,中部地区累计基本建设投资占全国的比重为17.50%。GDP增长速度达10.8%,高于全国9.2%的平均水平,经济总量占全国的比重由1953年的20.42%提高到1957年的23.87%。如表2-1所示,各省的经济增长速度差异较大,山西、湖北、湖南三

表2-1　1953—1957年全国和中部地区各省"一五"时期GDP及工业增长速度

单位:%

地区	项目	1953年	1954年	1955年	1956年	1957年	年均
全国	GDP	15.6	4.2	6.8	15.0	5.1	9.2
	工业	35.7	19.3	6.6	28.6	11.4	19.8
山西	GDP	16.7	10.0	4.0	21.1	7.6	11.7
	工业	24.6	47.4	27.8	13.9	22.2	26.7
安徽	GDP	1.2	3.1	27.5	−13.6	22.6	7.1
	工业	13.7	8.6	8.6	23.8	58.8	21.4
江西	GDP	1.3	1.8	6.1	−1.9	26.2	6.2
	工业	29.2	17.3	11.7	10.9	24.6	19.8
河南	GDP	7.0	5.4	6.6	1.3	9.2	5.9
	工业	4.5	24.0	6.8	15.9	−3.7	9.9
湖北	GDP	14.0	−16.1	27.1	29.8	7.4	11.1
	工业	44.3	22.0	18.8	31.8	7.2	25.0
湖南	GDP	8.4	−1.8	18.5	5.4	15.1	10.8
	工业	27.7	20.0	7.6	28.7	12.4	19.0

资料来源:国家统计局.新中国五十年统计资料汇编[M].北京:中国统计出版社,1999.

省的经济增长速度高于全国的平均水平,而安徽、河南、江西的经济增长速度则明显低于全国平均水平。值得关注的是,在中部地区各省中,除河南外,其他各省的工业都有较大幅度的增长,尤其是山西、湖北、安徽的增长速度分别高达 26.7%、25.0% 和 21.4%,明显高于全国 19.8% 的平均水平。

(二)"大跃进"和调整时期(1958—1965)

1."大跃进"时期

"一五"时期中国经济建设取得了较好的成效,但在地区布局上有忽视沿海地区的倾向。针对这一问题,1956 年,毛泽东在著名的《论十大关系》中,充分论述了沿海和内地发展的辩证关系。据此,在《发展国民经济的第二个五年计划的建议》中指出:"在内地进行大规模工业建设的同时,还必须积极地、充分地利用并适当发展沿海各地区原有的工业。"然而,1958 年的"大跃进",打乱了"二五"计划的战略部署。在工业部门的发展中,过分强调重工业,尤其是钢铁工业的发展,并出现了全民大炼钢铁的不正常局面,导致经济结构的严重失衡。在地区发展上,一是国家投资的重点进一步向内地倾斜,沿海和内地的投资比例由 1957 年的 0.75∶1 进一步下降到"二五"时期的 0.69∶1;二是建立省际经济协作区,并期望各大协作区和各省区市建立独立、完整的国民经济体系,以此调动地方政府发展经济的积极性。这种政策造成在全国范围内的工业"星罗棋布,遍地开花"。

中部地区的资源优势,以及这一时期我国的区域经济发展战略,使其成为投资的重点地区,"二五"时期的投资占全国的比重达 22.75%,比"一五"时期高出 5 百分点。虽然这一时期的投资和"大跃进"相联系,因而许多投资项目,特别是遍布各地的小钢铁,并不能对本地区工业的长期增长产生与其投资相当的实际意义。但在这一时期兴建的马鞍山轮箍厂和改扩建太原特殊钢厂,进一步增强了中部地区的钢铁工业在全国的地位。机械工业方面,在中部地区形成了几个新的生产基地,如合肥、郑州、株洲、南昌等。化学工业的主要成绩是,继续强化太原化肥生产基地的地位,并在湖北应城和湖南株洲分别新建了碱厂等,在中部地区形成了一些化学工业基地。

由于中部地区刚刚开始工业化,农业在国民经济中仍然发挥主导地位。"大跃进"不仅使中部地区在"一五"时期形成的良好发展态势与全国其他地区一样都受到一定挫折,而且由于 20 世纪 60 年代初期的"三年困难时期",使农业生产受到沉重打击,因而作为农业占比较大的中部地区,其经济的退步幅度较大。按当年价计算,中部地区 GDP 占全国的比重由 1958 年的 22.96% 下降到 1962 年的 21.86%;1962 年全国 GDP 相当于 1958 年的 0.88 倍,而中部地区仅相当于 0.86 倍。如表 2-2 所示,中部地区各省 GDP 减幅都大于全国平均水平,特别是安徽、河南两个农业大省,"二五"时期平均增长率分别为负的7.4%和9.5%。需要特别指出的是,中部地区多数省份的工业增长率都高于全国平均水平,如山西、河南的工业增长速度分别达到4.7%、4.1%,安徽、湖南均为3.7%,都明显高于全国2.1%的平均水平。这表明中部地区工业的总体生产能力在全国的地位进一步增强。

表2-2 1958—1962年全国和中部地区各省"二五"时期GDP及工业增长速度

单位:%

地区	项目	1958年	1959年	1960年	1961年	1962年	年均
全国	GDP	21.3	8.8	−0.3	−27.3	−5.6	−0.3
	工业	53.4	29.1	6.1	−39.0	−13.3	2.1
山西	GDP	37.4	15.3	2.8	−34.6	−8.7	−0.6
	工业	66.5	47.0	22.5	−50.1	−15.8	4.7
安徽	GDP	5.6	−5.1	−5.7	−28.6	7.0	−7.4
	工业	109.6	22.8	16.1	−53.9	−28.7	3.7
江西	GDP	9.7	6.0	4.1	−12.7	−8.7	−0.8
	工业	5.5	20.3	11.0	−6.3	−17.2	1.5
河南	GDP	9.6	−2.5	−3.2	−40.6	0.5	−9.5
	工业	44.6	41.6	20.2	−35.2	−23.6	4.1
湖北	GDP	23.2	4.0	0	−30.0	0.9	−3.7
	工业	40.9	48.8	−7.7	−51.5	6.8	−3.0
湖南	GDP	19.8	8.8	−1.0	−35.5	3.0	−4.2
	工业	84.1	34.6	13.6	−50.5	−13.4	3.7

资料来源:国家统计局.新中国五十年统计资料汇编[M].北京:中国统计出版社,1999.

2.国民经济调整阶段

"二五"时期是1949年以来我国经济发展史上少有的大起大落时期,在经历了"大跃进"之后,经济总量到1962年又下降到略高于1957年的水平。在克服了由"大跃进"和"三年困难时期"自然灾害对我国经济造成的严重影响之后,1963—1965年我国经济进行了1949年以来的第一次调整。在调整时期,国家在重视发挥沿海工业作用的同时,进一步加强了内地工业的发展。在这三年中,内地基本建设投资在全国的比重进一步提高到58.3%,沿海与内地的投资比下降到0.60∶1。值得注意的是,国家在内地的投资重点已逐步向西部地区转移,中部地区在全国投资中所占比重由"二五"时期的22.75%下降到17.93%,标志着基于国防考虑的"三线建设"已在经济调整阶段开始启动。在调整阶段,全国经济增长率平均达14.5%,而中部地区除河南外,其他各省的经济增长率都低于全国的平均水平。经济增长率由高到低依次为河南17.9%、山西13.4%、湖北13.2%、安徽12.6%、湖南8.8%、江西8.0%。

(三)"三线建设"的西进和"四五"后期的东移(1966—1978)

20世纪50年代末,随着中苏关系的恶化,特别是美苏展开的军备竞赛,中国领导层比以往更加感到战争的潜在威胁。在这种背景下,当经济经过调整逐步好转后,在制定新的发展计划时,国防安全就成为影响地区发展规划的最重要因素之一。基于此,国家在经济调整的后期就开始着手准备进行"三线建设","三五"计划正式实施"三线建设"。

"三线建设"时期主要是指"三五"和"四五"的前期,这一时期是"三线建设"的投资高潮。"三线建设"的重点地区包括西北的陕、甘、宁、青和晋西地区,以及西南的川、滇、黔和豫西、鄂西、湘西地区,总共11个省区。国家在"三线建设"中累计投资2000多亿元,建设项目达2000多个,形成各类基地45个,新建城市30座。由于"三线建设"包括中部山西、河南、湖北、湖南等省的部分地区,并且多为不发达地区,这些项目建设,特别是一些成功的项目,比如,湖北十堰的汽车,加上交通等配套建设,对于改变当地的落后面貌发挥了基础作用。

从"四五"后期到1978年,中国区域发展重点开始由西部向东部转移。20世纪70年代初期,随着中美关系的改善,多数西方国家与我国陆续建立了外交关系。与此同时,趁西方国家逐步解除对我国为期20多年的经济封锁之际,我国大规模从西方发达国家引进先进的技术和设备,在历史上称为中国首次对外引进高潮。由于国际形势变化,以及对大规模战争来临的重新估计,使我国政府对多年实施的地区发展战略重新思考,区域发展重点开始向原来工业基础较好的东部地区转移,尤其是引进项目主要布局在东部和中部地区,但重点是东部地区。当时在中部地区实施的主要项目有:武钢引进的1.7米轧机、新乡化纤项目、安庆石化项目、洞庭湖化肥项目等。由于在这一时期,我国经济布局的重点主要在西部地区,在后期又移向东部地区,中部地区没有受到应有的重视,经济增长率较低。如表2-3所示,在"四五"时期,只有河南、湖南的增长率高于全国的平均水平,其中湖北的增长率为3.4%,仅为全国的一半。而在"五五"时期,中部没有一个省的增长率达到全国的平均水平。在1966—1978年,中部地区除湖南、河南的增长率略高于全国平均水平外,其他四省的增长率都比较低,导致六省GDP合计占全国的比重略有下降。

表 2-3 1966—1978 年及各阶段全国和中部地区各省的经济增长率

单位:%

阶段	全国	山西	安徽	江西	河南	湖北	湖南
"四五"时期	6.8	4.1	5.1	5.1	8.2	3.4	7.7
"五五"时期	5.8	4.4	4.1	3.5	4.6	5.7	4.4
1976—1978 年	5.7	8.6	2.3	5.7	6.8	7.4	5.2
1966—1978 年	6.3	5.3	4.1	4.7	6.5	5.2	6.6

资料来源:国家统计局. 新中国五十年统计资料汇编[M]. 北京:中国统计出版社,1999.

三、中部地区经济发展取得的主要成就

(一)逐步奠定了工业化的基础,主要工业产品大幅度增加

1949 年前,中部地区原有的工业基础非常薄弱,基本停留在传统的农业社会阶段。1949 年后,在国家实施区域平衡发展战略,以及优先发展重化工业的政策作用下,中部地区所具有的优势使其成为国家投资的重点地区之一。较大规模的投资,有力地推动了中部地区的工业化进程,使中部地区的工业产值在全国的比重持续上升。如表 2-4 所示,在 1952—1978 年,中部地区工业产值占全国的比重由 15.02% 上升到 20.34%。工业的持续增长初步奠定了中部地区工业化的基础,并且基本确立了在全国工业发展及分工中的地位。

表 2-4 1952—1978 年主要年份全国和中部地区的工业总产值及占全国的比重

地区	1952 年	1957 年	1962 年	1965 年	1970 年	1975 年	1978 年
中部/亿元	52.4	114.5	166.2	268.2	418.6	643.2	862.1
全国/亿元	349.0	704.0	920.0	1402.0	2117.0	3207.0	4237.0
中部占全国比重/%	15.02	16.33	18.06	19.13	19.77	20.06	20.34

资料来源:国家统计局. 新中国五十年统计资料汇编[M]. 北京:中国统计出版社,1999.

中部地区的工业化进程还表现在主要工业产品产量的增长。如表 2-5 所示,中部地区主要工业产品产量在此期间都有大幅度增长。工业增长具有如下特点:一是所列产品产量的增长幅度都高于全国的平均水平,因而在全国所占比重都有程度不同的提高;二是从所列出的产品看,中部地区的煤炭工业在全国分工中的地位更加突出,1978 年,煤炭占全国的 37.10%;三是原来基础薄弱的纺织、造纸、发电、钢铁、水泥、化肥等工业在全国所占比重的增幅较大,有些已形成具有全国意义的工业部门。

表 2-5　1952、1978 年中部地区部分工业产品产量及占全国的比重

工业产品	1952 年		1978 年	
	产量	比重/%	产量	比重/%
纱	6.50 万吨	9.90	63.90 万吨	26.82
布	3.54 亿米	9.24	26.54 亿米	24.06
纸	1.12 万吨	3.03	82.00 万吨	18.68
卷烟	76.75 万箱	28.96	418.75 万箱	35.43
原煤	0.20 亿吨	29.80	2.29 亿吨	37.10
电	5.19 亿度	7.11	556.00 亿度	21.66
钢	13.64 万吨	10.10	660.46 万吨	20.78
水泥	34.70 万吨	12.13	1628.60 万吨	24.96
化肥	1.81 万吨	11.73	193.50 万吨	22.20

资料来源:国家统计局.新中国五十年统计资料汇编[M].北京:中国统计出版社,1999.

(二)交通运输条件明显改善,基本适应了经济发展需要

中华人民共和国成立初期,中部地区的现代交通运输设施比较落后,如表2-6所示,1952年铁路通车里程只有5408千米、公路23997千米。1949年后,中部地区的铁路建设主要是依靠技术改造、复线建设和重要枢纽建设,以提高原有线路的运输能力,并配合经济发展需要建设新的铁路。一方面,配合西部铁路的大规模建设和全国铁路网络形成,修建了襄渝线、湘黔线等过境铁路;另一方面,是适应中部地区,尤其是山西省的煤炭外运,投资建设了一些重要铁路,如太焦线、焦枝线、侯西线和京原线等。中部地区的公路建设在此期间取得较大进展,如表2-6所示,通车里程由1952年的23997千米,增加到1978年的222389千米。中部地区交通运输条件的进一步改善,基本满足了本地区作为能源、原材料基地对交通运输的需求,同时也为改革开放后的经济快速发展提供了良好的基础。

表 2-6　1952、1978 年中部地区各省交通运输线路的增长

单位:千米

运输线路	年份	山西	安徽	江西	河南	湖北	湖南	总计
铁路	1952	1245	719	729	1225	342	950	5408
	1978	2064	978	1293	3212	1440	2065	11052
公路	1952	2350	3951	4810	5766	3330	3790	23997
	1978	31868	23680	30245	31549	45506	59541	222389

资料来源:国家统计局.新中国五十年统计资料汇编[M].北京:中国统计出版社,1999.

（三）农业生产条件明显改善，进一步确立粮棉在全国的地位

1949—1978 年，我国人口增长较快。在此期间，人口总量从 5.4 亿人增长到 9.6 亿人。因此如何确保日益增长人口的基本生存问题一直是我国面临的主要任务。中部地区农业生产条件较好，在确保全国主要农产品供给方面长期发挥重要作用。1949 年后，中部地区农业发展具有如下特点：一是农业生产的技术条件不断改善，主要表现在农业机械的广泛使用，灌溉面积的大幅度增加，化肥和农药的使用等，农业生产的技术进步成为实现农业产量增长的主要因素；二是粮棉产量增长高于全国的平均水平，进一步确立其在全国农业生产中的重要地位。在此期间，粮食产量占全国比重由 1952 年的28.28％增加到 1978 年的 30.27％。棉花的产量由 1952 年的 42.3 万吨，增加到 1978 年的88.1 万吨，棉花产量占全国的比重由 32.43％提高到 40.65％。

（四）经济实力明显增强，产业结构显著变化

中华人民共和国成立后的 20 多年时间里，中部地区以其自身的优势，获得国家较多的投资支持，其经济获得较快发展。中部地区 GDP 由 1952 年的146.15 亿元增加到 1978 年的 741.86 亿元。由于国家通过价格机制为经济建设积累资金，因而倾向于压低农产品价格和原材料价格，而提高轻纺产品的价格，这样以农业、能源、原材料参与全国分工的中部地区，按价格计算的GDP 将低于实际经济实力。因此，中部地区 GDP 占全国的比重反而由 1952年的 21.11％下降到 1978 年的 20.44％。加上人口的过快增长，人均 GDP 占全国的比重由 1952 年的 74.78％下降到 1978 年的 70.91％。

经过 20 多年以推进工业化为主导的经济发展，中部地区的产业结构发生了显著变化。1952 年，中部地区的农业在国民经济中占绝对地位，第一产业占 GDP 的比重高达 64.3％，而二、三产业分别只占 GDP 的 15.7％和20.0％。到 1978 年，中部地区的第二产业占 GDP 的比重已超过第一产业，达到42.57％，与 1952 年相比，提高了 27 百分点。农业在 GDP 中所占比重则显著下降到 39.2％。这种变化标志着中部地区已经由传统的农业经济向现代化的工业经济转变。

第三节　1978 年以来中部地区经济发展

1978 年以来，我国区域经济发展战略可概略地分为两个阶段：第一个阶段是东部地区优先发展阶段，第二个阶段为区域经济协调发展阶段。优先发

展东部地区的发展战略的实施,使中西部与东部地区的发展差距愈来愈大,于是在 20 世纪 90 年代末提出西部大开发战略,并以此为契机,提出了区域经济协调发展战略。2004 年,国务院总理温家宝在《政府工作报告》中首次提出"中部地区崛起",中部地区从此进入经济发展的快车道。本书在分析中,根据中部地区发展的变化轨迹,把改革开放以来我国区域经济发展阶段划分为三个阶段:第一个阶段是优先发展东部地区阶段,第二个阶段是区域经济协调发展战略构建阶段,第三个阶段是中部地区崛起战略实施阶段。

一、优先发展东部地区阶段的中部地区

(一)改革开放初期(1979—1985)

党的十一届三中全会确立了中国实行对外开放政策。在对外开放初期,中央实行有限地域开放政策。1980 年,我国在深圳、珠海、汕头、厦门设立经济特区。在这些经济特区实行特殊的经济政策和特殊的管理体制。1983 年,国务院决定加快海南的开发建设,并给予类似经济特区的政策。1984 年,为加快对外开放步伐,中央决定进一步开放大连、秦皇岛、天津、烟台、青岛、连云港、南通、上海、宁波、温州、福州、广州、湛江和北海等 14 个沿海港口城市。1985 年,中央在对外开放的地域上又有新的突破,决定把长江三角洲、珠江三角洲和厦漳泉三角洲的 59 个市县开辟为经济开放区。从这一时期我国开放的地区看,除北海位于广西壮族自治区外,其他都在东部地区。

改革开放政策的实施,中部地区与全国一样,都获得了较快经济增长。如表 2-7 所示,按当年价格计算,中部地区的 GDP 由 1980 年的 980.8 亿元增加到 1985 年的 1955.8 亿元,接近翻一番。中部地区 GDP 占全国的比重在各年间有一定波动,最高的 1983 年为 22.97%,最低的 1980 年为 21.70%。中部地区各年均值占全国各年均值比重为 22.33%。

表 2-7　1980—1985 年全国和中部地区 GDP 及占全国的比重

年份	全国/亿元	山西/亿元	安徽/亿元	江西/亿元	河南/亿元	湖北/亿元	湖南/亿元	中部/亿元	比重/%
1980	4517.8	108.8	140.8	111.1	229.1	199.3	191.7	980.8	21.70
1981	4862.4	121.7	170.5	121.2	249.7	219.7	209.6	1092.4	22.47
1982	5294.7	139.2	187.0	133.9	263.3	241.5	232.5	1197.4	22.62
1983	5934.5	155.1	215.7	144.1	327.9	262.6	257.4	1362.8	22.97
1984	7171.0	197.4	265.7	169.1	370.0	328.2	287.3	1617.6	22.56
1985	8964.4	219.0	331.2	207.8	451.7	396.2	349.9	1955.8	21.82

续表

年份	全国/亿元	山西/亿元	安徽/亿元	江西/亿元	河南/亿元	湖北/亿元	湖南/亿元	中部/亿元	比重/%
历年均值比重/%	100.00	2.56	3.57	2.41	5.15	4.48	4.16	22.33	

资料来源:国家统计局.新中国五十年统计资料汇编[M].北京:中国统计出版社,1999.

从固定资产投资看,如表 2-8 所示,在 1980—1985 年,中部地区的投资占全国的比重呈现出逐年增加的基本趋势,1980、1981 年占全国的比重分别只有 17.01%、17.94%,到 1985 年占比已提高到 20.83%。从中部地区各年平均看,投资占比只有 19.88%,明显低于 GDP 占全国 22.33%的比重。

表 2-8　1980—1985 年全国和中部地区投资及占全国的比重

年份	全国/亿元	山西/亿元	安徽/亿元	江西/亿元	河南/亿元	湖北/亿元	湖南/亿元	中部/亿元	比重/%
1980	910.9	28.2	17.3	18.8	22.9	35.5	32.2	154.9	17.01
1981	961.0	25.5	15.7	17.1	47.3	33.5	33.3	172.4	17.94
1982	1230.4	34.5	33.9	24.5	53.5	48.8	40.2	235.5	19.15
1983	1430.1	44.8	46.2	28.1	61.4	56.1	55.6	292.3	20.44
1984	1832.9	68.9	62.6	35.2	86.9	74.5	60.5	383.3	21.20
1985	2543.2	91.7	80.7	44.0	126.9	102.9	83.5	529.8	20.83
历年均值比重/%	100.00	3.29	2.87	1.88	4.48	3.94	3.42	19.88	

资料来源:国家统计局.新中国五十年统计资料汇编[M].北京:中国统计出版社,1999.

（二）"七五"和"八五"时期

"七五"和"八五"时期是改革开放以来我国经济增长最快的时期,期间除 20 世纪 80 年代末经济调整时期的经济增长率较低外,多数年份的经济增长率都较高。应当说,在这种背景下,中部地区作为全国经济的组成部分也获得了较快的经济增长。但中央继续实施倾斜于东部沿海地区的区域发展政策,使东部地区的经济增长速度明显快于中部地区。中部地区在全国投资中所占比重显著下降,并导致中部地区 GDP 在全国所占比重也下降到全国的最低水平。从这个意义上讲,"七五"和"八五"这十年,是中部地区"衰落"的十年。

1.区域发展政策及其演变

中央在"七五"计划中接受了学术界关于三个地带的划分,并以此作为制定区域发展战略和顺序的依据。按照当时流行的梯度推移理论,在"七五"计划中提出"要加速东部沿海地带的发展,同时把能源、原材料建设的重点放到中部,并积极做好进一步开发西部地带的准备"。为实施这一区域发展战略,我国的基本建设投资进一步向东部沿海地区倾斜。1985—1988年,东部地区的基本建设投资占全国的比重由48.4%上升到53.2%。同时继续实施沿海地区的对外开放政策,1986—1988年,我国陆续扩大沿海地区的对外开放范围。一方面,扩大原有的三个沿海经济开放区的范围,进一步向周围市县延伸;另一方面,开放辽东半岛和胶东半岛,使沿海地区形成全面对外开放的基本态势。1990年,中央批准上海市开发开放浦东新区,并给予经济特区的优惠政策,使上海市乃至长江三角洲的对外开放进入新的阶段。

"七五"时期加速发展东部地区的区域发展战略的实施,使中西部与东部地区的发展差距在原有的基础上进一步扩大。同时各地区过度投资和恶性竞争也愈演愈烈,使我国地区经济发展处于十分紊乱的状态。基于此,在"八五"计划中放弃了加速发展东部地区的区域发展战略,首次提出"促进地区经济的合理分工和协调发展",并认为"生产力的合理布局和地区经济的协调发展,是我国经济建设和社会发展中的一个极为重要的问题"。邓小平在1992年年初的南方谈话中指出:"一部分地区有条件先发展起来,一部分地区发展慢点,先发展起来的地区带动后发展的地区,最终达到共同富裕。如果富的愈来愈富,穷的愈来愈穷,两极分化就会产生,而社会主义制度就应该而且能够避免两极分化。解决的办法之一,就是先富起来的地区多交点利税,支持贫困地区的发展。"

按照"八五"计划和邓小平南方谈话精神,中央为协调区域经济发展采取了一系列对策。随着外资加速进入我国,并且日益成为影响我国区域经济发展的重要因素,中央适时做出了沿边、沿江和内陆省会城市的对外开放决策。1992年7月,沿江的重庆、岳阳、武汉、九江、芜湖,以及中西部地区的其他省会城市被批准为对外开放城市;1994年8月,湖北沿江的宜昌、黄石被批准为对外开放城市。基于中西部地区乡镇企业的发展落后与东部地区的客观现实,1993年2月国务院做出了《国务院关于加快发展中西部地区乡镇企业的决定》(国发〔1993〕10号),决定在1993—2000年,每年在国家信贷计划中单独安排50亿元专项贷款,支持中西部地区发展乡镇企业。1995年,国务院决定在棉纺织业的压锭改造中,引导沿海的中心城市逐步将棉纺织的初加工能力转移到中西部产棉地区。

2. 中部地区投资

"七五"和"八五"期间中央采取向东部地区倾斜的政策,最直接的表现就将是投资重点放在东部地区。相对而言,中部地区在此期间获得的中央直接投资较少。即使在中央提出促进地区经济协调发展的"八五"期间,中部地区的人均预算内资金也少于东部和西部地区。如 1993 年,中部地区的人均预算内基本建设投资为 25.0 元,而东西部地区则分别为 33.8 元和 27.4 元;1994 年东部、中部、西部地区分别获得人均预算内基本建设投资为 36.2 元、26.3 元、26.8 元;1995 年三个地区分别为 38.4 元、32.7 元、35.9 元。另外,随着我国投资主体日益多元化,中央政府的直接投资在整体投资中所占比重日趋降低,而地方政府、企业和外资等投资对地区投资的影响日益增大,如 1986 年国家预算内资金占投资总额的 14.60%,到 1995 年已经下降到 3.10%。中部地区乡镇企业落后,民营企业不发达,获得的外资又比较少。改革开放后,特别是邓小平南方谈话后,境外直接投资大幅度增长,并日益成为影响各地区经济增长的重要因素。1979—1991 年的 13 年间,我国累计吸收境外直接投资 233.48 亿美元,而 1993 年吸收的境外直接投资就达 275.15 亿美元,超过 1979—1991 年的总和。1992—1995 年的四年间,则累计吸收境外直接投资 1098.1 亿美元,从此我国吸收境外投资进入高速稳定发展阶段。但中部地区吸收外资较少,对经济增长的贡献微不足道。这些因素综合作用的结果,使得中部地区的全社会固定资产投资在全国所占比重明显降低。

　　如表 2-9 所示,在"七五"和"八五"这两个五年计划期间,中部地区投资占全国比重下降幅度较大,由"六五"末期的 20.83% 降到"八五"末期的 16.32%,尤其是在外资大规模进入我国的 1993 年和 1994 年,中部地区投资仅占全国的 14.62% 和 15.08%,为 1949 年以来的最低点。从这十年的平均数值看,中部地区固定资产投资占全国的比重只有 16.21%。投资占比下降的直接后果就是 GDP 占全国比重的下降。

表 2-9　"七五"和"八五"时期全国和中部地区全社会固定资产投资及占全国的比重

年份	全国/亿元	山西/亿元	安徽/亿元	江西/亿元	河南/亿元	湖北/亿元	湖南/亿元	中部/亿元	比重/%
1986	3120.6	90.0	103.5	53.4	144.9	111.4	99.3	602.5	19.31
1987	3791.1	106.2	117.2	58.8	160.4	140.1	116.4	699.1	18.44
1988	4753.8	107.7	137.8	78.2	204.1	160.4	140.0	828.2	17.42
1989	4410.4	107.9	114.4	73.3	187.7	123.7	114.4	721.4	16.36
1990	4517.0	123.4	122.9	70.6	206.1	144.4	124.2	791.6	17.52
1991	5594.5	149.5	137.3	91.1	256.4	168.2	157.1	959.6	17.15
1992	8080.1	172.8	214.8	125.3	318.2	240.7	233.4	1305.8	16.16
1993	13072.3	251.2	321.0	185.5	450.4	383.2	320.2	1911.5	14.62
1994	17042.1	290.9	399.5	237.4	628.0	593.1	420.9	2569.8	15.08

续表

年份	全国/亿元	山西/亿元	安徽/亿元	江西/亿元	河南/亿元	湖北/亿元	湖南/亿元	中部/亿元	比重/%
1995	20019.3	295.6	532.5	284.2	805.0	826.5	542.0	3285.8	16.41
历年均值比重/%	100.00	2.01	2.61	1.49	3.98	3.43	2.69		16.21

资料来源:国家统计局. 新中国五十年统计资料汇编[M]. 北京:中国统计出版社,1999.

3. 中部地区的经济增长

"七五"和"八五"时期,是我国经济增长较快的时期。中部地区在这一背景下也获得了较快的经济增长。按当年价计算,1995 年中部地区的 GDP 总量是 1986 年的 5.4 倍。需要指出的是,这一时期我国实行的向东部地区倾斜的区域经济政策持续发挥作用,特别是投资在全国所占比重的降低,致使经济增长率也低于全国平均水平。由表 2-9 和表 2-10 可以看出,中部地区 GDP 在全国所占比重的变动轨迹几乎和投资所占比重相近,在外商投资快速增长的时期,也是中部地区 GDP 占全国比重最低的时期。尤其是 1994 年,GDP 占全国的比重下降到 19.43%。"七五"和"八五"时期平均 GDP 占全国比重为 20.36%,明显低于 1980—1985 年 22.33%的平均比重,中部与东部地区的发展差距继续扩大。

表 2-10　"七五"和"八五"时期全国和中部地区 GDP 及占全国的比重

年份	全国/亿元	山西/亿元	安徽/亿元	江西/亿元	河南/亿元	湖北/亿元	湖南/亿元	中部/亿元	比重/%
1986	10202	235	383	231	503	442	397	2191	21.48
1987	11963	257	442	263	609	518	469	2558	21.38
1988	14928	317	547	326	749	626	584	3149	21.09
1989	16909	376	616	376	851	717	641	3577	21.15
1990	18548	429	658	429	935	824	744	4019	21.67
1991	21618	468	664	479	1045	913	833	4402	20.36
1992	26638	570	801	572	1279	1088	998	5308	19.93
1993	34634	705	1069	723	1663	1424	1278	6862	19.81
1994	46759	854	1488	948	2224	1878	1694	9086	19.43
1995	58478	1093	2004	1245	3003	2391	2196	11932	20.40
历年均值比重/%	100.00	2.03	3.33	2.15	4.93	4.15	3.77		20.36

资料来源:国家统计局. 新中国五十年统计资料汇编[M]. 北京:中国统计出版社,1999.

二、区域经济协调发展战略构建阶段的中部地区

（一）区域发展战略的转变

改革开放以来,中国区域经济发展差距的扩大主要发生在"八五"时期。从三大地带来看,在 1978—1990 年,东部、中部、西部地区的发展差距只发生微小的变化。1978 年中西部地区的人均 GDP 分别相当于东部地区的 66.9%和 54.1%,到 1990 年这种相对差距变化为 64.6%和 54.9%。然而,在 1990—1995 年,这种差距迅速扩大,1995 年中部、西部地区的人均 GDP 仅分别相当于东部地区的 54.5%和 43.5%。

基于中国区域发展差距的迅速扩大,1995 年 9 月,中共十四届五中全会通过的《中共中央关于制定国民经济和社会发展的"九五"计划和 2010 年远景目标的建议》指出:"坚持区域经济协调发展,逐步缩小地区发展差距。"为实施区域经济协调发展战略,国家在 20 世纪 90 年代末首先启动了西部大开发战略,并在 2003 年和 2004 年先后提出了振兴东北老工业基地和促进中部地区崛起战略。因此,在"九五"和"十五"时期,中部地区还处于政策支持的洼地。

（二）"九五"时期的中部地区

1. 中部地区的投资

中央在"九五"时期区域经济发展战略的转变,使中部地区在"八五"时期投资增长速度持续低于全国平均水平的趋势得到遏制,但"九五"前期中部地区投资的波动性较大。如表 2-11 所示,1996、1997 和 1998 年,中部地区投资在全国所占比重逐年上升。然而,自 1999 年提出西部大开发后,西部成为中央投资和政策支持的重点,中部地区投资恢复性增长的态势又一次受到抑制。1999 年,在全国投资增长率较低的背景下,中部地区投资出现了负增长;2000年,投资所占比重也只有 17.00%。"九五"时期,中部地区投资所占比重平均为 17.32%,比"八五"时期有所提高。

表 2-11 "九五"时期全国和中部地区全社会固定资产投资及占全国的比重

年份	全国/亿元	山西/亿元	安徽/亿元	江西/亿元	河南/亿元	湖北/亿元	湖南/亿元	中部/亿元	比重/%
1996	22913.0	333.4	614.3	355.8	1003.6	984.4	678.3	3969.8	17.32
1997	24941.0	398.4	687.3	384.3	1165.2	1083.6	700.7	4419.5	17.72
1998	28406.0	534.7	729.0	454.8	1330.6	1231.1	848.6	5128.8	18.06

续表

年份	全国/亿元	山西/亿元	安徽/亿元	江西/亿元	河南/亿元	湖北/亿元	湖南/亿元	中部/亿元	比重/%
1999	29854.7	477.5	703.4	454.4	1206.8	1239.1	883.9	4965.1	16.63
2000	32917.7	548.1	803.9	516.0	1377.7	1339.2	1012.2	5597.1	17.00
历年均值比重/%	100.00	1.65	2.54	1.56	4.38	4.22	2.97	17.32	

资料来源:国家统计局.新中国五十年统计资料汇编[M].北京:中国统计出版社,1999.

国家统计局.中国统计年鉴2000[M].北京:中国统计出版社,2000.

国家统计局.中国统计年鉴2001[M].北京:中国统计出版社,2001.

2. 中部地区的经济增长

"九五"时期,由于受亚洲金融危机的影响,中国经济增长速度与"八五"时期相比明显下滑。中部地区由于经济的外向度较低,因而在亚洲金融危机的初期经济增长率较高,如表2-12所示,中部地区的GDP在全国所占比重有所提高。在"九五"后期,由于国家为支持西部大开发战略的实施,投资重点转向西部地区,而东部地区经历了亚洲金融危机短暂的影响后,经济增长又恢复到较高水平,因此中部地区的经济增长速度在1999年和2000年又明显下滑。总的来讲,"九五"时期中部地区GDP平均占比为20.91%,略高于"七五"和"八五"时期平均占比20.40%,特别是高于"八五"时期的平均水平,意味着中部地区的经济增长速度出现恢复性提高。

表2-12 "九五"时期全国和中部地区GDP及占全国的比重

年份	全国/亿元	山西/亿元	安徽/亿元	江西/亿元	河南/亿元	湖北/亿元	湖南/亿元	中部/亿元	比重/%
1996	67884.6	1308.0	2339.2	1517.2	3661.1	2970.2	2647.1	14442.8	21.27
1997	76825.2	1480.1	2669.9	1715.2	4079.2	3450.2	2993.0	16387.6	21.33
1998	82780.2	1601.1	2805.4	1851.9	4356.6	3704.2	3211.4	17530.6	21.17
1999	87550.1	1506.8	2908.6	1853.6	4576.1	3857.9	3326.8	18029.8	20.59
2000	97247.4	1643.8	3038.2	2003.1	5137.7	4276.3	3691.9	19791.0	20.35
历年均值比重/%	100.00	1.83	3.34	2.17	5.29	4.43	3.85	20.91	

资料来源:国家统计局.新中国五十年统计资料汇编[M].北京:中国统计出版社,1999.

国家统计局.中国统计年鉴2000[M].北京:中国统计出版社,2000.

国家统计局.中国统计年鉴2001[M].北京:中国统计出版社,2001.

(三)"十五"时期的中部地区

"十五"时期,是我国经济发展的关键和重要时期。进入 21 世纪后,对我国经济发展带来的第一个利好是,经过多年努力终于加入了 WTO(世界贸易组织),从而大大释放了被禁锢的比较优势和竞争优势,对外贸易连续实现高速增长,并使境外直接投资和对外贸易在更大程度上影响我国的经济增长。中央基于我国区域发展差距继续扩大的现实,不仅着力实施西部大开发战略,而且又提出了振兴东北老工业基地和促进中部地区崛起等区域经济发展战略。这些区域发展战略的实施,将对我国区域经济发展产生长远影响。

1. 中部地区投资

从区域经济发展重点看,"十五"时期,我国的投资重点一直在西部地区。我国在五年间累计向西部地区投资 1 万亿元,完成"西气东送"、青藏铁路等工程。我国实施西部大开发前的 1998 年,西部地区全社会固定资产投资5046.8亿元,低于中部地区的 5128.7 亿元,而在"十五"期间,每年的投资都大于中部地区。如 2003 年西部地区全社会固定资产投资 10843.5 亿元,超过中部地区的 9485.5 亿元;2005 年向西部地区投资 17699.0 亿元,超过中部地区的16417.9 亿元。由表 2-13 可以看出,中部地区的投资,在 2001、2002、2003 年仍然处于较低状态,占全国比重分别只有17.18%、17.14%、17.07%,只是在2004 年和 2005 年投资占比才有所提高,从而使整个"十五"时期的平均投资占比达到 17.70%,略高于"九五"时期的投资占比。

表 2-13　"十五"时期全国和中部地区投资及占全国的比重

年份	全国 /亿元	山西 /亿元	安徽 /亿元	江西 /亿元	河南 /亿元	湖北 /亿元	湖南 /亿元	中部 /亿元	比重 /%
2001	37213.5	663.5	893.3	631.8	1544.0	1486.5	1174.3	6393.4	17.18
2002	43499.9	813.4	1074.5	889.0	1725.9	1605.1	1347.9	7455.8	17.14
2003	55566.6	1100.9	1418.7	1303.2	2262.9	1809.5	1590.3	9485.5	17.07
2004	70477.4	1443.9	1935.3	1713.2	3099.4	2264.8	2072.6	12529.2	17.77
2005	88604.0	1859.3	2512.0	2293.0	4378.7	2834.8	2540.1	16417.9	18.53
历年均值 比重/%	100.00	1.99	2.65	2.31	4.41	3.39	2.95	17.70	

资料来源:中国统计出版社出版的《中国统计年鉴 2006》《山西统计年鉴 2006》《安徽统计年鉴 2006》《江西统计年鉴 2006》《河南统计年鉴 2006》《湖北统计年鉴 2006》《湖南统计年鉴 2006》。

2.中部地区经济增长

"十五"时期是我国经济增长较快时期,中部地区在这一时期也获得了较快经济增长。按当年价计算,2005 年的 GDP 是 2001 年的 1.72 倍。但由于西部开发和振兴东北老工业基地,使这两个地区获得了国家的投资和其他政策支持;而我国加入 WTO,使东部地区在更大程度上受益于对外出口的迅速增长及大规模的境外直接投资。因此,中部地区在这一时期与全国的平均水平进一步拉大差距。由表 2-14 可以看出,中部地区的 GDP 占全国的比重持续下降,2005 年为 18.85%,整个"十五"时期 GDP 平均占比也只有 19.54%,是 1949 年以来各个五年计划中的最低值。

表 2-14 "十五"时期全国和中部地区 GDP 及占全国的比重

年份	全国/亿元	山西/亿元	安徽/亿元	江西/亿元	河南/亿元	湖北/亿元	湖南/亿元	中部/亿元	比重/%
2001	106766.2	1779.9	3290.1	2175.7	5640.1	4662.3	3983.0	21531.1	20.16
2002	118020.5	2017.5	3569.1	2450.5	6168.7	4975.6	4340.9	23522.3	19.93
2003	135489.8	2516.5	3973.0	2838.4	7048.5	5377.3	4638.7	26392.2	19.48
2004	163240.4	3042.4	4812.7	3495.9	8815.1	6309.1	5612.3	32087.5	19.66
2005	196543.3	4121.2	5373.8	4056.2	10535.0	6484.5	6473.6	37044.3	18.85
历年均值比重/%	100.00	1.87	2.92	2.09	5.31	3.86	3.49		19.54

资料来源:中国统计出版社出版的《中国统计年鉴 2006》《山西统计年鉴 2006》《安徽统计年鉴 2006》《江西统计年鉴 2006》《河南统计年鉴 2006》《湖北统计年鉴 2006》《湖南统计年鉴 2006》。

三、中部地区崛起战略实施阶段

(一)"十一五"时期的中部地区

"十一五"时期,我国经济发展受全球金融危机的影响,经济增长速度起伏较大。为应对此次危机,我国政府启动了宽松的财政政策和货币政策,通过刺激国内需求弥补对外出口下降的负面影响,并使我国经济成为全球经济增长的火车头。从区域经济政策看,中央除了继续支持西部大开发战略外,振兴东北老工业基地和中部地区崛起战略也进入具体政策实施阶段。通过这些区域政策的实施,不仅中西部地区与东部地区的发展差距扩大的势头得到遏制,而且进入差距缩小阶段,标志着我国的区域经济协调发展战略开始见到实效。

1. 中部地区投资

"十一五"时期是我国中部地区崛起战略实施的初期阶段。在国家政策的刺激下,中部地区投资进入快速增长阶段。表 2-15 显示,从 2007 年开始,中部地区的固定资产投资总额占全国的比重超过 20%,而且持续增加,2010 年投资所占比重已增加到 24.98%,整个"十一五"时期投资占比平均为 22.09%,达到改革开放以来的最大值。更重要的是,在中部地区的投资结构中,制造业投资增幅最大,并明显超过全国的平均增幅。比如,2005 年中部地区制造业投资占全国的比重仅为 16.67%,2010 年占全国比重大幅度增加到 29.10%。制造业投资的加快,意味着中部地区的优势逐步显现,并有助于快速推进中部地区的工业化进程。

表 2-15 "十一五"时期全国和中部地区投资及占全国的比重

年份	全国/亿元	山西/亿元	安徽/亿元	江西/亿元	河南/亿元	湖北/亿元	湖南/亿元	中部/亿元	比重/%
2006	109998.7	2255.7	3533.6	2683.6	5904.7	3343.5	3175.5	20896.6	18.96
2007	137323.9	2861.5	5087.5	3301.9	8010.6	4330.4	4154.8	27746.7	20.20
2008	172828.4	3531.2	6746.9	4745.4	10490.6	5647.0	5534.0	36695.1	21.23
2009	224598.8	4943.2	8990.7	6643.1	13704.5	7866.9	7703.4	49851.8	22.19
2010	251683.8	6063.2	11542.9	8772.3	16585.9	10262.7	9663.6	62890.6	24.98
历年均值比重/%	100.00	2.19	4.00	2.92	6.10	3.51	3.37		22.09

资料来源:中国统计出版社版的《中国统计年鉴 2011》《山西统计年鉴 2011》《安徽统计年鉴 2011》《江西统计年鉴 2011》《河南统计年鉴 2011》《湖北统计年鉴 2011》《湖南统计年鉴 2011》。

2. 中部地区经济增长

"十一五"时期,我国经济发展经受了全球金融危机的严峻考验,并取得良好的发展绩效。中部地区各省受惠于国家中部地区崛起战略实施的一系列政策支持,获得了较快的经济增长速度。表 2-16 显示,中部地区 GDP 占全国的比重在 2006—2010 年持续增加,由 2006 年的 18.67% 上升到 2010 年的 19.70%。更为重要的是,这一时期进行的大规模基础设施建设投资和制造业投资,对未来本地区的较快经济增长将起到重要的支撑作用。

表 2-16 "十一五"时期全国和中部地区 GDP 及占全国的比重

年份	全国/亿元	山西/亿元	安徽/亿元	江西/亿元	河南/亿元	湖北/亿元	湖南/亿元	中部/亿元	比重/%
2006	232815.3	4878.6	6112.5	4820.5	12362.8	7617.5	7688.7	43480.6	18.67
2007	279736.3	6024.5	7360.9	5800.3	15012.5	9333.4	9439.6	52971.2	18.93
2008	333316.9	7315.4	8851.7	6971.1	18018.5	11328.9	11555.0	64040.6	19.21
2009	358413.7	7858.9	10062.8	7655.2	19480.5	12961.1	13059.7	71077.6	19.83
2010	437041.9	9200.8	12359.3	9451.3	23092.4	15967.6	16037.9	86109.3	19.70
历年均值比重/%	100.00	2.15	2.73	2.11	5.36	3.49	3.52		19.36

资料来源:中国统计出版社出版的《中国统计年鉴 2011》《山西统计年鉴 2011》《安徽统计年鉴 2011》《江西统计年鉴 2011》《河南统计年鉴 2011》《湖北统计年鉴 2011》《湖南统计年鉴 2011》。

(二)"十二五"时期的中部地区

"十二五"时期,是我国经济发展由高速增长阶段向中高速增长阶段转变的过渡阶段。受全球金融危机的持续影响和应对危机过度刺激带来的负面影响,经济增长速度持续下滑。在区域经济发展中,为了促进东部、中部、西协调发展,2014 年 9 月,国务院印发《关于依托黄金水道推动长江经济带发展的指导意见》,正式部署并推进长江经济带建设。同时,在这一时期还实施了对我国长期经济发展具有重要影响的"一带一路"战略。这些重要的区域经济发展战略的推进,不仅有助于实现我国区域经济协调发展,更为我国以全新的方式参与全球经济提供了舞台。

1. 中部地区投资

"十二五"时期,中部地区投资增长明显快于全国平均水平。从表 2-17 可以看出,中部地区固定资产投资总额占全国的比重由 2011 年的 22.73% 增加到 2015 年的 25.46%。五年累计完成投资 530546.1 亿元,平均占全国比重高达 24.03%,是 1949 年以来投资占全国比重最高的时期。从"十一五"后期延续的投资高速增长为经济的较快增长提供了基础。

表 2-17 "十二五"时期全国和中部地区投资及占全国的比重

年份	全国/亿元	山西/亿元	安徽/亿元	江西/亿元	河南/亿元	湖北/亿元	湖南/亿元	中部/亿元	比重/%
2011	311485.1	7073.1	12455.7	9087.6	17768.9	12557.4	11880.9	70823.6	22.73
2012	374694.7	8863.3	15425.8	10774.2	21450.0	15578.3	14523.2	86614.8	23.11

年份	全国/亿元	山西/亿元	安徽/亿元	江西/亿元	河南/亿元	湖北/亿元	湖南/亿元	中部/亿元	比重/%
2013	446294.1	11031.9	18621.9	12850.3	26087.5	19307.3	17841.4	105740.3	23.69
2014	512020.7	12354.5	21875.6	15079.3	30782.2	22915.3	21242.9	124249.8	24.26
2015	561999.8	14074.2	24385.9	17388.1	35660.4	26563.9	25045.1	143117.6	25.46
历年均值比重/%	100.00	2.42	4.20	2.95	5.97	4.39	4.10	24.03	

资料来源:中国统计出版社出版的《中国统计年鉴2016》《山西统计年鉴2016》《安徽统计年鉴2016》《江西统计年鉴2016》《河南统计年鉴2016》《湖北统计年鉴2016》《湖南统计年鉴2016》。

2.中部地区经济增长

"十二五"时期是中部地区崛起战略实施初见成效的阶段。从中部地区各省看,除了山西省外,其他五省各年份的增长速度都明显高于全国平均增长速度。以2015年为例,全国GDP增长率为6.9%,而中部地区的安徽、江西、河南、湖北、湖南的经济增长速度分别为8.7%、9.1%、8.3%、8.9%、8.5%。中部地区在这一时期显示的高速增长,反映了中央实施中部地区崛起战略已取得成效,更重要的是中部地区的较快经济增长也为稳定我国经济增长起到重要作用。中部地区的较快经济增长使中部地区GDP占全国的比重又有所提高。表2-18显示,在整个"十二五"时期,中部地区GDP占全国的比重平均为20.18%,而且各年都稳定在20%以上。

表2-18　"十二五"时期全国和中部地区GDP及占全国的比重

年份	全国/亿元	山西/亿元	安徽/亿元	江西/亿元	河南/亿元	湖北/亿元	湖南/亿元	中部/亿元	比重/%
2011	521441.3	11237.6	15300.6	11702.8	26931.0	19632.6	19669.6	104474.2	20.04
2012	576495.8	12112.8	17212.1	12948.9	29599.3	22250.5	22154.2	116277.5	20.17
2013	634345.3	12665.3	19229.4	14410.2	32191.3	24791.8	24621.7	127909.6	20.16
2014	687349.4	12761.5	20848.8	15714.6	34938.2	27379.2	27037.3	138679.6	20.17
2015	723067.9	12766.5	22005.6	16723.8	37002.2	29550.2	28902.2	146950.5	20.32
历年均值比重/%	100.00	1.96	3.01	2.28	5.11	3.93	3.89	20.18	

资料来源:中国统计出版社出版的《中国统计年鉴2016》《山西统计年鉴2016》《安徽统计年鉴2016》《江西统计年鉴2016》《河南统计年鉴2016》《湖北统计年鉴2016》《湖南统计年鉴2016》。

回顾中部地区的发展历程,以中原地区为主体的中部地区在中华民族的发展史上曾经起到过重要作用。然而,由于中国近代工业化具有"半殖民地"的制度背景,致使工业化发轫阶段主要集中在东部沿海地区,沿海地区和内地工业布局的严重不均衡是旧中国区域经济发展的主要特征。1949 年后,我国政府试图解决这一问题,以改变工业布局偏集于沿海地区的状况。然而,受当时我国经济发展面临的国际环境的影响,我国区域经济发展重点主要转向西部地区。尽管如此,在 1949 年后至改革开放前的 30 年间,中部地区的工业化进程仍然取得非常明显的进展,主要工业产品在全国的比重大幅度上升,并初步奠定了进一步发展的基础。

改革开放初期,我国区域经济发展的重点放在经济发展条件较好的东部沿海地区,使得中西部地区与东部地区的发展差距显著扩大,基本又恢复到建国初期的水平,并由此使我国成为世界上地区发展差距最大的国家之一。基于区域发展差距迅速扩大对我国经济社会发展带来的严重负面影响,中央在 20 世纪末和 21 世纪之初相继提出并实施了西部大开发、振兴东北老工业基地、促进中部地区崛起等区域经济发展战略,以实现我国区域经济协调发展。中部地区崛起战略的实施已初见成效,中部地区与东部地区的发展差距明显缩小。

第三章　中部地区崛起的外部环境

第一节　外部环境与区域经济增长

在开放经济环境下,外部因素是影响经济增长的重要变量。就地区经济增长而言,既包括参与国际贸易、吸引境外企业投资等经济全球化带来的机会,也包括国内经济发展的影响。国内外实践表明,地区经济开放程度越高,就越能更充分发挥地区优势,并促进经济快速发展。

一、外部环境的基本内涵

中部崛起,意味着中部地区必须在较长时期内获得稳定、持续和快速的经济增长。而区域经济增长受多种因素的影响,是各种因素综合作用的结果。传统的主流经济学关注的主要是资本、劳动力和技术进步,而新增长理论更关注分工、知识等因素。其实,就区域经济而言,它是在一个更为开放的系统中运行的,外部环境对区域经济增长的影响要大于对国家经济增长的影响。良好的外部环境,可以使区域获得经济增长所需要的生产要素,反之将失去具有优势的生产要素。

外部环境对于区域经济发展而言,不只是一个外部因素,或者说外生变量。在一定条件下,外部环境其实会决定区域经济增长速度。深圳就是一个极端的例子,在经济特区建设之前,深圳是一个根本不被外界所认识的毗邻香港的小镇。正是国家的政策支持,导致内外资大规模流入,使深圳由一个小镇快速成长为一个特大城市。其实,珠三角和长三角以及福建沿海地区的快速经济增长均得益于国家对外开放的政策,外资和对外贸易也迎来了快速增长。

在日趋开放的经济系统中,特别是在经济全球化的背景下,国家或者特殊地区是一级子系统。这种特殊地区,既可能是国家之间经济联系更紧密的经济共同体,如欧盟等;也可以是国内具有独立经济决策权的地区,如我国的香港特别行政区等。国内各地区是这种开放系统中的二级子系统,一方面,这种二级子系统由于缺乏自我利益的实现机制,因而更为开放,并更容易受到外部环境的影响,另一方面,这种二级子系统还要受到国家层面的这种一级系统的影响。

由此可见,地区经济发展所面对的外部环境,事实上包括国际环境和国内环境两个层面。在国际环境中,又包括境外投资、境外需求等;在国内环境中,包括国家的地区发展战略、各种政策、发展阶段等。

二、经济全球化与区域经济增长

(一)国际经济环境的主要特征

1. 经济全球化

经济全球化是当代经济的最显著特征,其本质是资源配置全球化。具体来讲,就是贸易、投资和要素流动的自由化。从经济学基本常识看,资源配置全球化有助于世界经济增长,并且使参与全球化的经济体都能够获得利益,因而得到各经济体的普遍接受。但英国"退欧",特别是美国在实行的"美国优先"政策下出现的从国际和地区经济合作中退出的倾向,使经济全球化趋势似乎受到挫折。从更长远的角度看,经济全球化对全球经济带来的正向作用会使经济全球化的趋势难以阻挡和不可逆转。

2. 以跨国投资为主要形式的产业转移

经济全球化的另一个显著特征,就是国家间直接投资呈现加速上涨趋势。虽然发达国家和发展中国家的相互投资都呈现出加速发展态势,但发达国家以产业转移为目的的直接投资仍然占主导地位。在劳动力尚不能在国家间自由流动的背景下,发展中国家的劳动力价格优势、为吸引更多投资给予的各种优惠条件,特别是在经济发展中日益显现的市场潜力,推动着跨国公司的产业转移。在新经济和新技术革命的推动下,跨国公司已不仅仅转移传统的资源密集型产业、劳动密集型产业,还加快了资本密集型产业,技术密集型产业的转移步伐,同时,跨国公司在发展中国家还建立研发机构并开始转移相关的服务业。这次产业转移,不只是为发展中国家实现跳跃式发展提供了难得的机遇,而且对重塑世界经济格局起到重要的推动作用。

(二)国际经济环境对区域经济增长的影响

1. 企业跨国投资对区域经济的影响

企业跨国投资是经济全球化的主要表现形式,而企业投资又是推动区域经济增长的主要动力。企业跨国投资对原有地区和投资地区的影响是不同的。对原有地区经济增长来讲,企业对外投资既可能带来消极影响,也可能带来积极影响。如果企业的对外投资能够带来本地区相关产业出口的增加,这种投资显然对经济增长具有积极作用;但如果这种投资是一种产业转移,既把本地的一部分生产能力转移到其他国家,同时又没有带动相关产业的出口,那么这种投资对区域经济增长带来负面作用的可能性更大些。对投资地区的经济增长来讲,一般经济理论都认为这种投资具有积极作用。而且如果投资地区属于欠发达地区,这种投资带来的就不仅仅是资本,或者是就业的增加,可能还有观念、管理水平、制度层面的变化。我国沿海地区 20 年来的快速经济增长在很大程度上得益于境外直接投资的持续增加。

2.国际贸易对区域经济增长的影响

(1)对外贸易与地区专业化生产规模

对外贸易对区域经济增长的影响,首先表现在扩大了专业化部门的市场范围。在封闭的国内市场中,各地区的专业化生产规模,在很大程度上受到国内市场的限制。参与国际分工,首先意味着开放市场,以及市场范围的扩大。在这种市场背景下,各地区的专业化生产就不再受国内市场的制约,可以在更大的空间范围内寻求和拓展市场。国内市场和国际市场相比总是狭小的,即使像中国、美国这样一些大国,有限的国内需求,也往往难以使国内某些地区的优势产品的生产规模达到其要素供给的可能性要求,从而在一定程度上限制了地区比较优势的充分发挥。例如,如果没有国际市场的支持,美国中部地区就不会形成如此规模的玉米和小麦生产带。中国东部沿海地区的纺织品、服装、玩具等生产,也不会形成现在这样的规模。因此,经济国际化带来的市场范围的扩大,对各个国家国内各地区建立在发挥比较优势基础上的专业化生产规模的扩大产生积极的影响。

(2)经济国际化与地区优势的改变

在封闭的经济中,国内各地区间形成的分工建立在各自比较优势基础上。这时,各地区的比较优势是在与其他地区的比较中形成的,即本地区生产的某个产品比其他地区更具有成本优势。经济国际化,既意味着为本国产品提供更广阔的市场,同时也意味着本国市场的国际化,即国内市场需求将由国内外厂商共同提供。这样,在一国范围内形成的地区比较优势,在扩大的供求市场范围内,将发生某些变化。有些地区的比较优势,在更大的市场范围内得到更充分的发挥;有些地区的比较优势,在扩大的市场供给范围内将丧失。例如,改革开放前,长江三角洲、珠江三角洲在国内分工中形成的比较优势产业是轻纺工业,而东北则是以机械制造业参与国内地区分工。改革开放后,中国参与国际分工的优势是轻纺工业等劳动密集型产业,因而长江三角洲、珠江三角洲在国内分工中形成的优势,在获得更大的市场后,能够得到更充分的发挥。而东北在国内分工形成的机械制造业,由于与发达国家同类产品相比并不具有比较优势,更不具有竞争优势,因而其经济发展陷入困境。我国经济在经历了

20年的快速增长后,经济结构正由轻纺工业为主向重化工业为主转变,东北地区原有的优势又逐渐显现。在此背景下,中央提出振兴东北老工业基地,事实上就是,通过政府支持使东北地区的比较优势尽快转化为竞争优势。

三、国内环境与区域经济增长

(一)国家的区域发展战略

国家作为全体国民经济利益的总代表,对保持经济的长期可持续增长和提高全体国民的生活水平负有责任。由于各地区的经济发展条件、经济基础等方面存在一定差异,而这种差异对投资的收益会产生较大影响。国家出于总体经济发展战略,以及其他各方面的考虑,在不同时期将制订不同的区域经济发展战略,并为实施区域经济发展战略制定相关的政策。这种差别性的区域经济政策对各地区经济增长和发展将产生重要影响。比如,改革开放后我国政府实施的向沿海地区倾斜的区域经济发展战略,对沿海地区经济的迅速崛起,以及与中西部地区差距的扩大都起到重要影响。

(二)国家的其他政策

在一个区域差异显著的国家,各种政策的实施都会对不同地区产生不同的效果。从产业政策看,在发达国家,一般受到保护的是已经丧失比较优势的产业,比如农业、纺织业等;而在发展中国家,受到政府支持的是目前还不具有竞争优势的新兴产业,比如信息产业、汽车工业等。由于发达国家和发展中国家的保护对象不同,一般来讲,发达国家的产业政策有利于传统的工业地区和农业地区,有利于地区的相对均衡发展;而发展中国家,受到国家支持的新兴产业一般集中在经济发达地区,因此产业政策的实施结果倾向于扩大地区发展差距。再比如户籍制度,我国目前正在致力于建立统一的大市场,但统一的市场不仅仅强调产品的自由流通,也包括要素特别是劳动力的自由流动。目前我国实行城乡有别的户籍制度,在区域发展差距持续扩大的环境下,发生了大规模的劳动力跨地区流动,主要是从欠发达地区流向发达地区。这种劳动力流动,使发达地区能够低价获得源源不断的劳动力供给,并延缓了劳动密集型产业向欠发达地区转移的进程。与此同时,欠发达地区的劳动力流出,使欠发达地区以劳动力作为吸引发达地区投资和产业转移的优势不断丧失。这种户籍制度不仅倾向于扩大地区发展差距,由此带来的一系列社会问题可能更大。

(三)国家的经济发展阶段

美国经济学家钱纳里(Holis B. Chenery)对34个国家进行了实证研究

后,得出了一个带有普遍规律的结论,这就是任何国家的经济发展大致都要经历六个阶段。第一阶段是以农业为主的传统社会;第二阶段是以食品、纺织工业为主的工业化初期阶段;第三阶段是以重化工业为主的工业化中期阶段;第四阶段是工业化后期阶段,这一阶段的显著特征是第三产业迅速发展,成为产业结构变动的主导因素;第五个阶段是后工业化社会,在这一阶段,经济增长由劳动、资金等要素推动转向技术推动,也是技术密集型产业发展阶段;第六个阶段是现代化阶段,智能密集型和知识密集型产业逐渐占主导地位,个性化消费是这一时期消费的主要特点。美国另一位经济学家罗斯托(Walt Whitman Rostow)在《经济增长的阶段》一书中也把一国在工业化过程中的经济增长划分为五个阶段,1971年,他在《政治和成长阶段》中增加了第六个阶段,分别为传统社会阶段、准备起飞阶段、起飞阶段、走向成熟阶段、大众消费阶段和超越大众消费阶段。各阶段的转化不仅使人均GDP增加,更重要的是使主导产业发生变化。

国家层面的经济发展阶段变化,并不意味着每一个地区都发展相同的产业,或者按相同的模式调整产业结构。这主要是因为国内各地区基于要素禀赋以及其他发展条件的差异形成了程度不同的分工。这种建立在比较优势基础上的分工,使各地区形成了具有显著差异的主导产业。如果地区的主导产业正好体现了国家发展阶段所具有的优势和需求,这种主导产业就可以在供给和需求两个方面获得较快的增长潜力。反之,如果地区的主导产业不符合国家发展阶段所具有的比较优势,其增长也会受到不同程度的制约。比如,沿海地区改革开放以来的快速经济增长,在很大程度上得益于原有的产业优势,即主要满足居民生活需求的制造业的优势。我国经济发展阶段正经历由轻纺工业为主导向重化工业为主导的转变,这种转变为东北地区和中西部地区的机器制造业、能源原材料等优势带来了快速增长的机遇。

第二节　中部地区参与经济全球化的优势

东部地区过去、现在和将来都是我国参与经济全球化的主要地区,但东部地区的对外贸易和外商投资占全国的比重已经开始下降,而中西部地区所占比重开始提高。以进出口贸易为例,2005年,东部地区占全国的比重为89.9%,中西部地区分别为2.9%和3.2%;2015年东部地区所占比重下降到83.1%,中西部地区分别上升到6.4%和6.9%。表明中部地区参与经济全球化的能力在不断增强,中部地区参与经济全球化的优势不断得以显现。

一、我国参与经济全球化的主要成就

我国是 20 世纪 70 年代末期才开始实行对外开放政策的。应当说,与当今世界主要经济大国或者最活跃经济地区相比,我国融入全球经济体系是较晚的。然而,近 30 多年是经济全球化进程最快的时期,我国正好抓住并利用了这个契机。虽然在此期间我国还经历了为融入全球经济而进行的最为艰难的经济体制改革,但仍然在这种体制摩擦中取得了参与经济全球化的最好业绩。30 多年前,我国在全球贸易中几乎微不足道,而 2015 年我国的进出口贸易已达到 39530.3 亿美元,居世界第一位。对外出口已经成为推进我国经济增长的重要因素,同时我国的大规模进口也成为推动世界经济增长的重要力量,特别是金融危机以来,我国对全球经济增长的贡献超过 30%。在推进我国经济融入全球经济体系中,境外企业直接投资一直发挥着重要作用。1979—2015 年,我国累计吸引境外企业直接投资达 15277.83 亿美元。多年来,我国吸引外资规模一直居发展中国家之首。外资的大规模进入,不仅为我国提供了大量的就业机会,加快了农村劳动力向非农产业的转移,而且带来的先进的技术、管理和经营理念,使国内企业能就近获得学习机会,并有利于国内经济的市场化改革。与此同时,我国也积极鼓励有实力和竞争力的企业到境外进行投资。特别是近几年,对外投资已成为我国参与经济全球化的主要形式,2015 年我国企业对外直接投资净额达 1456.67 亿美元。

二、我国参与经济全球化面临的挑战

我国在参与全球经济取得巨大成就的同时,面临的挑战也愈来愈大。作为一个大国,我国经济崛起意味着长期被西方发达国家控制的世界经济版图和经济秩序将逐渐发生变化,势必引起这些既得利益者的不安,并采取一切可能的手段遏制我国的崛起。近几年,欧美等国对我国出口的制成品采取各种措施加以限制,并对我国企业的境外投资和并购施加影响。特别是欧美等国家无视 WTO 规定,拒绝承认我国的市场经济地位。由此可以看出,欧美等国对我国参与经济全球化的反应已超出经济范畴,预期这种主要针对我国的各种具有贸易保护主义色彩的政策还会不断出笼,必须从战略高度关注这一问题。

三、我国参与经济全球化的地区差异

我国参与经济全球化呈现出明显的地区非均衡特征。如表 3-1 所示,外商投资高度集中在东部地区,2015 年末,东部地区外商企业投资占全国所占比重达 75.60%,其中外资占 79.02%。在东部地区,外商投资又主要集中在珠江三角洲、长江三角洲及环渤海地区,仅广东、江苏和上海三省市的外商投

资就占全国的 46.00％。而中部、西部和东北地区的外商企业投资分别占全
国的 9.47％、9.01％和 5.82％。

从对外贸易看,向东部地区的集中程度更高,2015 年东部地区进出口贸
易占全国的比重高达 83.08％,广东、江苏、上海、浙江四省市的进出口总额合
计为 25282.57 亿美元,占全国的 63.96％。中部六省的进出口总额合计为
2514.15 亿美元,仅占全国的 6.36％。西部和东北地区的进出口分别占全国
的 6.94％和 3.62％。

外商投资和进出口高度集中于东部地区,标志着东部地区是我国参与经
济全球化的主要受益者,这种差异也是改革开放后地区发展格局发生显著变
化的主要原因之一。

表 3-1 2015 年全国、四大地区和东部重要省市对外贸易及累计外商企业投资

单位:亿美元

地区	进出口	出口	外商出口	外商投资	外资
全国	39530.32	22734.68	10046.14	45390	20757
上海	4230.37	1786.99	1310.31	6613	3515
江苏	5809.73	3488.33	1938.81	7822	3573
浙江	3590.59	2830.03	566.50	2918	1364
广东	11651.88	7301.88	3329.96	6443	3081
东部	32841.93	19000.30	8652.15	34315	16309
东北	1433.76	627.80	207.72	2641	1230
中部	2514.15	1611.46	592.65	4302	1556
西部	2505.46	1371.77	569.34	3818	1544

资料来源:国家统计局.中国统计年鉴 2016[M].北京:中国统计出版社,2016.

四、中部地区参与经济全球化的机遇

(一)东部地区参与国际分工亟待产业升级

虽然东部地区在我国吸引外资和参与国际分工中仍然发挥主导作用,但
目前参与国际分工的产业和产品已经在市场拓展和要素供给两方面受到约
束,亟待进行产业结构升级。

1.要素供给约束

以上分析表明,在短期内外资仍然主要集中在东部地区,东部地区在我国
参与国际分工中仍然发挥着主导作用。但同时应该认识到,东部地区在经济
迅速扩张的同时,也面临诸多现实问题,如劳动力成本上升、资源短缺、能源供

给紧张、城市交通拥挤等。

从劳动力成本来讲,东部地区 30 多年的快速经济增长,在很大程度上得益于大量农村劳动力的低价供给。然而,近年来,东部地区生活成本的上涨,以及我国人口红利的消失,导致劳动力价格大幅度攀升,从而在劳动密集型产业集中的珠江三角洲、长江三角洲、福建东部沿海地区常年出现"民工荒"。

从资源供给来讲,土地资源已经成为限制东部地区经济扩张的主要因素。土地是我国最稀缺的资源,我国对各省区市的非农业用地实行总量控制。东部地区经济的低水平扩张,也面临着土地资源约束的问题,据资料显示,东部有些省市的非农业土地占用量已严重超过国家规定的数量,面临着今后几年无地可用的窘境。东部有些省市的水资源已严重短缺,不得不跨省调水。从宏观经济布局上讲,长距离调水是成本最高的经济行为,不仅大量浪费资源,包括土地资源,而且对环境的影响是不可估量的。

东部地区能源资源稀缺,所需能源在国内主要依赖中西部地区供给。煤炭是我国目前最主要的能源,长距离运输大大提高了成本,使能源供给价格偏高。尤其在经济繁荣或者过热时,能源供给就不是价格问题,而是严重短缺问题。

2. 国际市场约束

东部地区长期以劳动密集型产业或产品参与国际分工,但应该认识到,这是我国采取出口退税等政策支持的结果。出口退税政策的实施给中央财政造成巨大压力,迫使中央政府不得不让地方政府来分担。这实际上表明,由于上述成本的增加,东部地区出口产品已经缺乏竞争力,或者竞争力正趋于下降。特别是在全球经济不景气的背景下,贸易保护主义盛行。我国较快的经济增长速度和出口的迅速扩张,显然成为众矢之的。世界主要经济体及部分发展中国家,对我国出口的相关产品,如钢铁、纺织品、农产品、家具、彩电等,采取提高关税或其他贸易保护措施加以限制。

虽然我国出口在国际市场遇到的各种不公平待遇,既有经济上的原因,也有政治上或者其他方面的因素,但不可否认的事实是,东部地区的确在传统的劳动密集型产业和产品的生产上已经或者正在丧失优势,向区外转移这些产业势在必行。

(二)中部地区参与国际分工和利用外资的优势

与东部地区相比,除了区位劣势外,中部地区对吸引境外劳动密集型产业具有其他方面的优势,如劳动力价格和素质,能源和土地价格等。同时,中部地区与东部地区的主要港口已经建成便捷的运输通道,而且中部沿江地区的内河港口可以直接出口,这在一定程度上已经弥补了区位劣势。从各地区优势及产业结构调整方向看,中部地区应当利用自身潜在的优势,通过吸引外资和东部地区的企业投资,逐步替代东部地区继续保持我国劳动密集型产业在国际分工中的优势地位。

中部地区近年来的经济迅速发展,形成了越来越大的市场需求,会吸引境外企业以占领市场为主要目标投资。同时,中部地区在长期的发展中也形成了具有优势的产业或者产品,如农产品等。中部地区应当充分利用已经形成的产业优势,以及劳动力成本、土地供给价格等方面的优势,以吸引境外企业直接投资于这些产业,或者对其产品进行加工和再投资。

第三节　中部地区崛起中的国内经济环境

党中央已经确立了长期战略目标,到 21 世纪中叶把我国建成富强民主文明和谐美丽的社会主义现代化强国。改革开放以来,在经济实践中积累的丰富经验,以创新为主要驱动力的增长模式的建立,经济成长所激发的国内市场和发展潜力将为这一长期战略目标的实现提供有力的支持。显然,这一宏伟战略目标的实现过程将为中部地区崛起创造良好的环境,并成为中部地区崛起的基本前提。

一、中国已确立了新的战略目标

（一）全面建设小康社会将如期实现

我国在 20 世纪最后 20 年中,实现了年均 9.6% 的经济增长速度,创造了二战后世界经济发展的又一个奇迹。根据国家统计局提供的资料,按不变价计算,2000 年的 GDP 相当于 1978 年的 7.4 倍,相当于 1980 年的 6.4 倍,应当说提前或者超额完成了 20 世纪 80 年代初期确立的翻两番目标。2000 年人均 GDP 是 1978 年的 5.6 倍,是 1980 年的 4.9 倍,超额完成了翻两番的目标。

进入新世纪后,我国政府确立了 21 世纪初期前 20 年的经济社会总体发展目标,即在 2000—2020 年,GDP 再翻两番,全面建设小康社会。虽然在全面建设小康社会的过程中经历了全球的金融危机和经济危机,但依然还是取得了惊人的经济成就。在 2001—2015 年,我国经济平均增长速度仍高达9.7%,经济总量先后超过西方主要发达国家,跃居世界第二位,如期实现全面建设小康社会的经济增长目标毫无悬念。

（二）中国已确立了新的战略目标

习近平总书记在党的十九大报告中规划了我国未来发展的蓝图,报告指出:"综合分析国际国内形势和我国发展条件,从二〇二〇年到本世纪中叶可以分两个阶段来安排。第一个阶段,从二〇二〇年到二〇三五年,在全面建成小康社会的基础上,再奋斗十五年,基本实现社会主义现代化。……第二个阶段,从二〇三五年到本世纪中叶,在基本实现现代化的基础上,再奋斗十五年,把我国建成富强民主文明和谐美丽的社会主义现代化强国。"在确立的战略蓝图中,虽然没有明确具体的经济增长目标,但稳定的经济增长显然是实现战略目标的前提和基础。当然,我国经济增长已经由高速增长阶段转向中高速增长阶段,在实现了第一阶段战略目标后,我国经济增长可能会进入中速增长阶段。

在未来一段时间,我国经济能否保持中高速增长速度,避免落入"中等收入陷阱",是国内外关注的大事。原国务院发展研究中心副主任刘世锦2016年6月12日在《人民日报》撰文指出,中国目前的发展水平已远高于当年拉美国家陷入"中等收入陷阱"的水平,一定能够跨过中等收入阶段而进入高收入社会。其实,能否摆脱"中等收入陷阱",关键在于能否适时改变经济增长方式,使经济增长的动力由要素推动转变为创新驱动。事实上,近几年中央一直在努力实现经济增长方式向创新驱动模式转变,比如:出台了旨在使制造业"由大变强"的《中国制造2025》,在全社会倡导"全民创新"行动等。随着经济增长方式的转变,中国一定能够避免落入"中等收入陷阱",并迈入高收入国家行列。而迈入高收入国家的基本条件是,未来十年甚至更长时期中国经济增长率必须保持在6%左右的中高速水平。

二、我国经济实现中高速增长的有利条件

（一）市场需求潜力大

需求是经济发展的目的,同时也是拉动经济增长的主要因素。按照宏观经济理论,需求包括消费需求、投资需求和出口需求。我们说需求是经济发展的目的,就是指消费需求,即经济发展的目的就是满足城乡居民不断提高的消费需求。近年来,我国居民在国际市场展现的巨大购买能力,已显示出我国居民的消费潜力。应当看到,发达国家的消费需求占GDP的比重高达70%,而我国目前的消费需求占比还比较低,2015年包括政府消费在内的最终消费率只有51.6%。随着最终消费在总需求占比中的提高,消费需求将成为拉动经济增长的主要动力。另外,我国13亿且还在增长的人口规模,使我国在今后

相当长时期内都是世界上最具有潜力的消费市场。同时,我国的城乡二元结构和区域发展差距,使我国的消费需求呈现出明显的层次性,这就为各种档次产品的生产都提供了巨大的市场规模。

投资需求在我国经济增长中一直发挥重要作用。我国已经形成的和日益增长的巨大消费市场,对投资需求始终具有诱惑力。我国工业化阶段的结构转型、加快城市化进程、基础设施的改善和升级,对投资需求都将产生明显的拉动作用。而投资主体多元化的形成、资本市场的建立、投融资体制改革,又为投资需求增长提供了日趋良好的制度环境。我国城乡居民较高的储蓄率、外资的大规模进入,为投资提供了丰裕的资金来源。由此可见,我国的投资需求能够在较长时期内维持在较高水平上。

主动参与经济全球化是我国经济成功的主要因素之一,虽然在全球经济还没有摆脱经济危机的背景下,贸易保护主义有抬头迹象,但经济全球化作为一个不可逆的过程,是任何力量都不能阻挡的。相信随着全球经济的逐步复苏,我国企业所具有的竞争优势,依然会在国际市场获得应有的份额。

(二)生产要素供给丰富

丰富的劳动力资源能够在很长时期内确保经济增长对劳动力的需求,更重要的是我国政府乃至整个社会都十分重视教育,劳动力素质的不断提高也能够满足产业结构升级、技术进步,以及社会全面进步对劳动力质量的要求。我国居民普遍具有较强的储蓄偏好,较高的储蓄率,在一定程度上影响了消费,但为投资需求的增长提供了较为充分的资金来源。另外,在我国经济增长前景看好的作用下,外资仍然会大规模进入我国,同时我国积累了接近3万亿美元的巨额外汇储备。这些因素决定了我国在较长时期内维持较高经济增长速度不会遇到基本要素供给的制约。

除了上述两类基本因素外,我国稳定的政治环境,以及各级政府全力以赴谋发展的决心,为经济长期增长提供了政治保障。体制改革、政府职能转变、市场化进程加快,都有利于企业更好地利用资源,提高资源配置效率,使全要素增长率对经济增长的贡献越来越大。

三、经济市场化进程加快

(一)我国经济市场化建设的基本特征

改革开放以来,我国采取渐进方式逐步推进经济市场化改革,目前已建立起社会主义市场经济体制的基本框架,市场已经取代计划,在配置资源中发挥基础作用。但同时应该认识到,我国要建立的社会主义市场经济体制是从计划经济体制转变过来的,新体制的建立和旧体制的退出都需要一个过程,而且在新体制中难免带有旧体制的痕迹。另外,作为一个发展中大国,我国经济的市场化建设,既具有明显的发展中国家特征,也带有大国特征。

1. 市场化进程快

改革开放的本质就是经济市场化,虽然我国采取的是渐进式市场化改革路径,但市场化改革取得的成就是有目共睹的。不仅建立了较为完善的市场运行架构,并基本做到了让市场在配置资源中发挥基础作用。市场化进程不仅稳妥,而且推进速度较快。据我国学者按照标准的公式计算,目前我国经济的市场化程度已经达到 69%。更为重要的是,市场作为配置资源的主要手段已经被社会所认同,从而为推进社会主义市场经济体制建设创造了良好的条件。

2. 要素市场化进程滞后于产品市场

我国经济的市场化进程是不平衡的,产品市场化进程较快,而要素市场化进程相对滞后。我国经济市场化改革起步于产品市场,而且即使在计划经济时期也存在集市等地方小市场,人们对产品市场相对容易接受。据国家发改委测算,2016 年我国价格市场化程度升至 97.01%,政府管理价格比重已不足 3%。要素市场化建设涉及许多重要的制度改革,并影响到社会各阶层的利益关系,因而在新旧体制代替过程中遇到的阻力较大。如劳动力市场,由于目前尚未建立起覆盖全国的社会保障制度,因而地区间的流动受到很大影响。再比如土地市场,政府独家供给住房用地,导致土地供给价格上涨,并成为房价过快上涨的主要原因。

3. 市场化的地区差异较大

改革开放以来我国取得的巨大经济成就,在很大程度上是经济不断市场化的结果。地区间存在的较大发展差距和各地区的市场化进程具有明显的正相关关系。市场化进程较快且市场化程度高的地区经济发展水平也较高,反之,经济落后的地区,市场化程度也较低。根据王小鲁的研究结果,2014 年,我国市场化水平最高的前八个省区市分别是,浙江、上海、江苏、广东、天津、北京、福建、山东,都属于东部地区;市场化水平排在后八位的省区市分别是,宁夏、内蒙古、云南、贵州、甘肃、新疆、青海、西藏,都属于经济落后的西部地区。

(二)加快全国统一市场建设对中部地区发展的影响

全国统一市场建设的核心是,推进商品和要素在全国范围内的自由流动。根据新古典增长理论,只要生产要素能自由流动,那么劳动力将从欠发达地区流向发达地区,而资本则由发达地区流向欠发达地区,结果将促使地区发展差距缩小。据此可以得出这样的结论,全国统一市场建设有助于缩小东部与中西部地区的经济发展差距。

然而,著名发展经济学家缪尔达尔(Karl Gunnar Myrdal)则认为,市场机制作用的结果,与其说缩小地区发展差距,不如说扩大地区发展差距。他认为,在发达地区之间和欠发达地区之间存在着两种机制,即"回波效应"和"扩散效应"。所谓"回波效应"是指,劳动力、资金、技术等要素,受收益差异的影响,由欠发达地区流向发达地区,将导致地区发展差距的进一步扩大。所谓"扩散效应"是指,当发达地区经济聚集到一定程度后,由于人口稠密、交通拥挤、污染严重、资本过剩,以及自然资源不足等问题,造成生产成本上升,并出现聚集不经济时,发达地区的资本、技术向欠发达地区流动,将促使地区发展差距缩小。

从我国的地区发展实践看,回波效应占主导地位的阶段已经过去,而扩散效应逐渐占据了主导地位。从劳动力跨地区流动看,中西部地区的劳动力流向东部地区的数量迅速减少,个别地区甚至出现回流现象;从资本流动看,东部地区丧失优势的产业已开始向中西部地区转移。

第四节　新时期我国区域经济发展的战略安排

进入 21 世纪以来,中央一直致力于实现区域经济协调发展,并不断丰富和完善实现区域经济协调发展的机制。"一带一路"中的"丝绸之路经济带"建设,向东通过陇海铁路把中东部的广大地区纳入经济带建设的腹地,从而使中部部分地区获得参与丝绸之路经济带建设的机会。长江经济带建设是协调东部、中部、西部地区经济发展的重大战略安排,中部地区的主要省份将在长江经济带建设的持续推进中获得发展机会。就中部地区崛起战略的实施来看,近期也显著加快了政策支持力度,专门制定了促进中部地区崛起的"十三五"规划。随着我国政府强力推进区域经济协调发展,中部地区经济发展将进入快车道。

一、继续实施区域协调发展战略

习近平总书记在党的十九大报告中指出,要继续实施区域协调发展战略。"加大力度支持革命老区、民族地区、边疆地区、贫困地区加快发展,强化举措推进西部大开发形成新格局,深化改革加快东北等老工业基地振兴,发挥优势推动中部地区崛起,创新引领率先实现东部地区优化发展,建立更加有效的区域协调发展新机制。以城市群为主体构建大中小城市和小城镇协调发展的城镇格局,加快农业转移人口市民化。""以共抓大保护、不搞大开发为导向推动长江经济带发展。支持资源型地区经济转型发展。"继续实施区域经济协调发展,既符合社会公平的需要,也有利于我国经济的可持续增长。

区域发展差距的形成,既是经济发展符合规律的结果,同时也构成未来经济增长的动力。空间经济理论分析表明,经济发展初期,在集聚因素的主导下,稀缺的资源流向优先发展的地区,因此区域发展差距会扩大。当经济活动过度集聚时,就会产生聚集不经济,扩散因素将会发挥主导作用,区域发展差距会缩小。我国区域经济发展已经由集聚主导阶段转向扩散主导阶段,近几年中西部地区经济增长率高于东部地区已证明这一推断。

经济较为落后的中西部地区和东部发达地区相比,在基础设施和其他公共服务方面都存在较大的差距。中央在实施西部大开发和中部地区崛起战略中也优先和重点支持基础设施改善和其他公共服务建设,从而使这种差距已经并将继续缩小。随着投资环境的改善,中西部地区必将持续吸引国内外企业投资,不断把潜在优势转化为经济优势。中西部地区投资建设,以及由此带来当地居民收入增长的需求增加,构成我国未来经济增长的动力之一。因此经济发展重点向中西部地区转移,不仅有助于实现区域经济协调发展,而且也是实现我国经济可持续增长的条件。

二、东部地区产业转移与中部地区地区经济发展

东部发达地区率先实现现代化,必须改变传统的经济增长方式,使经济增长建立在创新基础上,而不是在要素投入增长基础上追求规模的扩张。根据东部发达地区目前的经济发展现实,新兴产业的发展和产业结构升级,都要求把已经丧失和正在丧失的比较优势产业向区外转移。

中部地区参与全国地域分工的产业主要是能源、原材料工业,但部分制造业也具有相当的竞争能力,有些产业甚至在全国还具有竞争优势,如:机械工业、交通运输设备制造业等。从省级行政单位看,大多数省都形成了在全国具有比较优势的制造业。如吉林的交通设备制造业、医药工业;安徽的纺织、机械、电气制造、食品、饮料等工业;江西的医药工业;河南的皮革制品、机械、食品、饮料等工业;湖北的纺织、缝纫、交通设备制造和烟草工业等。各省既有的具有比较优势的产业构成其产业结构调整的基础。但作为整体,中部地区制造业的发展仍然在很大程度上依赖于东部地区产业结构升级及由此而产生的产业转移。

东部地区在30年的快速经济增长中,已经成长为对世界经济产生重要影响的制造业产业带。在经济规模快速扩张的过程中,东部地区的产业结构、产品结构发生了引人注目的变化。但同时应该认识到,东部地区的产业结构、产

品结构滞后于经济发展的需要。从产业结构来看,东部地区的传统制造业仍然在参与国内外分工中占主体地位,如改革开放以来经济增长最快的广东、浙江、江苏等省,其主要专业化产业仍然是纺织、服装、皮革制品、文体用品等传统产业。从产品结构看,虽然相当一部分产业在大的产业分类中属于技术密集产业,如电子工业,但所生产的部分仍属于劳动密集型产品。在参与跨国公司全球分工中,所承担的生产环节也主要属于劳动密集产品,即使一些传统优势产业,其产品层次也比较低。这种产业结构和产品结构既不符合在三大地带分工中的地位,也难以支撑其自身经济的快速增长,产业结构和产品结构升级势在必行。

东部地区产业结构升级具有良好的外部环境。目前全球范围内正在进行产业结构调整,发达国家及新兴工业化国家和地区,基于本国和本地区参与国际分工比较优势的变化,将把技术水平更高的劳动密集型产业、资本密集型产业,甚至技术密集型产业向外转移。在这次产业转移中,跨国公司占主导地位。我国经济持续增长及巨大的市场和日益改善的投资环境,使得我国成为多数跨国公司投资的首选国。东部地区与中西部地区相比,对跨国公司投资仍有较大的吸引力,也就是说,跨国公司投资将主要集中在东部地区。另外,东部地区在30多年的快速增长中也成长了一大批具有较强经济实力、技术创新能力和适应市场能力的企业,这些企业构成产业结构和产品结构升级的微观基础。而东部地区在吸引国内外人才、资金、技术等方面所具有的优势,为产业结构和产品结构升级创造了良好的条件。

伴随着产业结构和产品结构升级,东部地区丧失比较优势的传统产业、劳动密集型产业将向更适合其发展的中西部地区转移。东部地区产业的空间转移,不仅为中西部地区经济发展提供更多的可选择机会,而且也是自身经济进一步发展的必要条件。东部地区传统产业的过度扩展,使得区内的劳动力资源难以满足其发展的需要,目前不仅在大中城市传统产业就业的劳动力主要来自中西部地区,而且在乡镇企业和私人企业就业的劳动力也主要来自中西部地区。由于外来劳动力不能在当地取得合法地位,这种劳动力及产生的人口群体给当地公共产品供给带来巨大压力,并产生难以预期的社会问题。毫无疑问,这些传统产业曾经是东部发达地区实现经济"起飞"的产业基础和资本积累的源泉,但目前这些产业已经成为产业结构升级和经济质量提高的障碍。因此,东部地区丧失比较优势的传统产业必须向更适合其发展的地区转移。

三、大力支持革命老区和贫困地区经济发展

实现省内地区间协调发展也是区域经济协调发展的重要组成部分,而省

内欠发达地区中最困难的是革命老区和贫困地区。以安徽省为例,2015年全省人均生产总值为35996元,而属于贫困地区的临泉县和阜南县分别只有6861元和7826元。革命老区多数都属于贫困地区,属于国家重点支持的欠发达地区,而中部地区各省是革命老区集中的地区之一。根据中国共产党新闻网提供的信息,土地革命战争时期的革命根据地共17个,其中和中部地区各省相关的革命根据地有9个,分别是井冈山革命根据地、湘赣革命根据地、中央革命根据地、湘鄂西革命根据地、鄂豫皖革命根据地、湘鄂川黔革命根据地、闽浙赣革命根据地、湘鄂赣革命根据地、鄂豫陕革命根据地。抗日战争时期的抗日根据地共18个,其中和中部地区各省相关的有9个,分别是淮南抗日根据地、晋察冀抗日根据地、皖江抗日根据地、晋冀鲁豫抗日根据地、晋绥抗日根据地、鄂豫皖湘赣抗日根据地、河南抗日根据地、闽浙赣抗日游击区、淮北抗日根据地。

中央一直重视革命老区和贫困地区的经济发展,但革命老区和贫困地区主要集中在自然条件相对恶劣的山区,远离经济发达的中心城市,经济较为落后。为支持革命老区经济发展,中央对革命老区进行专项财政支持,据财政部提供的数据,2015年对革命老区的财政转移支付达78亿元。在支持贫困地区发展方面,2011—2013年,中央财政不断加大投入力度,累计安排财政专项扶贫资金998亿元。2016年2月1日中共中央办公厅、国务院办公厅印发《关于加大脱贫攻坚力度支持革命老区开发建设的指导意见》,提出了支持贫困老区发展的主要任务:一是加快重大基础设施建设,尽快破解发展瓶颈制约;二是积极有序开发优势资源,切实发挥辐射带动效应;三是着力培育壮大特色产业,不断增强"造血"功能;四是切实保护生态环境,着力打造永续发展的美丽老区;五是全力推进民生改善,大幅提升基本公共服务水平;六是大力促进转移就业,全面增强群众增收致富能力;七是深入实施精准扶贫,加快推进贫困人口脱贫;八是积极创新体制机制,加快构建开放型经济新格局。并提出包括项目、土地、财政、干部人才交流等支持政策。

从中央对革命老区和贫困地区发展的支持看,摆脱了一直以来只重视"输血"而忽视"造血"功能的建设。"输血"的目的,是为了完善和强化"造血"功能,使革命老区和贫困地区摆脱贫困。当然,在促进"造血"功能建设过程中,仍然需要政府持续和更大力度的支持。中部地区是革命老区和贫困地区相对集中地区,这些地区在政策支持下的快速发展,一方面,作为构成中部地区各省的组成部分,而且是经济欠发达地区,有助于实现省内地区间经济协调发展;另一方面,革命老区和贫困地区在经济成长过程中产生的需求也会拉动省内发达地区的经济发展,从而构成中部地区各省经济崛起的有利因素。

四、以城市群为主体构建大中小城市和小城镇协调发展的城镇格局

中央在促进区域经济协调发展中,把城市化作为重要推手。在推进城市化过程中,又以城市群建设为主体,构建科学合理的城镇格局。根据《促进中部地区崛起"十三五"规划》(发改地区〔2016〕2664号),中部地区将建成四个城市群,分别为长江中游城市群、中原城市群、皖江城市带、山西中部城市群。

长江中游城市群,包括武汉城市圈、长株潭城市群、环鄱阳湖城市群,囊括了湖北、湖南和江西三省经济最发达地区,经济和科技实力较强,将建成具有全球影响力的现代产业基地和全国重要创新基地。中原城市群,包括河南省的主要城市,以及山西、河北、安徽、山东部分城市。这些城市具有非常重要的区位和交通等优势,将建成全国重要的先进制造业和现代综合交通枢纽,以及新亚欧大陆桥经济走廊的核心地带。皖江城市带在我国城市群规划中划入长三角城市群,要进一步承接长三角地区的产业转移,努力缩小与长三角地区的发展差距。山西中部城市群,要强化太原作为中心城市的作用,积极完善城市功能。同时,要加快传统产业转型升级,努力建成全国新型能源基地和重要的制造业、文化旅游业基地。

中部地区目前的城市化水平还比较低,在以城市群为主体的城市化过程中,将把大规模农村劳动力和人口转移到城市,从而释放出大量经济潜力。在此过程中,还可以改变长期以来劳动力流出状况,甚至吸引流出的劳动力回流,从而有力地促进中部地区崛起。

从本章的分析可以看出,我国日趋改善的投资环境、较高素质的劳动力、持续快速的经济增长,以及稳定的政治环境,都为境外企业、尤其是跨国公司更大规模在我国进行投资提供了获利机会。虽然外商在我国投资仍然会继续集中在东部地区,但中部地区的劳动力优势、资源优势,在一定程度上会对外商投资产生吸引力;同时,随着东部地区劳动密集型产业转移,中部地区将在更大程度上获得参与经济全球化的利益。习近平总书记在党的十九大报告中确立的新的战略目标,以及为实现区域经济协调发展所采取的主要举措,为中部地区崛起创造了良好的国内环境,从而使中部地区在实现我国经济现代化过程中发挥更大作用。

第四章　中部地区崛起的比较优势

第一节　中部地区农业的比较优势

中部地区在我国农业生产中具有十分突出的地位,主要农产品产量占全国的比重都高于其人口所占比重。2015 年,粮食产量占全国 30.12％,油料作物产量占全国 43.79％,肉类产量占全国的 30.44％。由此可以看出,农业是中部地区参与全国地区分工的主要产业,主要农产品的生产在全国具有比较优势。

一、种植业

(一)粮食

粮食是我国最重要的农作物,其实也是世界上大多数国家,包括发达国家在内最为关注的基本农作物。改革开放前,由于我国经济发展水平处于满足人们最基本生存需要的阶段,粮食作为满足这种基本生存的最主要产品,一直在我国农业发展中居主导地位。多年以来,粮食播种面积占农作物播种总面积的比重一直超过 80％。改革开放以来,随着城乡居民收入的提高,人们的消费需求不断发生变化,不仅恩格尔系数逐步下降,而且在食品消费结构中直接消费粮食的比重也明显下降,并导致粮食播种面积的绝对量和相对量都在减少,如 2015 年,粮食播种面积占全部播种面积的 68.12％,比 1978 年下降了 12 百分点。在这种背景下,中部地区在我国粮食生产中的地位一直保持较高地位,1978 年,粮食产量占全国的比重为 30.27％,2015 年为 30.12％。这凸显出在我国农业地区结构调整中中部地区粮食生产一直保持着的比较优势。

如表 4-1 所示,2015 年,中部地区人均粮食产量 0.514 吨,高出全国 13 百分点,是我国主要粮食输出地区。特别是河南、安徽两省,人均粮食产量分别达到 0.641 吨、0.579 吨,高出全国平均水平 42 和 28 百分点。尤其需要指出的是,中部地区的粮食生产优势主要集中在小麦和稻谷这两种主要粮食作物,

2015 年稻谷和小麦的产量分别占全国的 40.7% 和 43.1%。考虑到中部地区又是我国跨省劳动力主要输出地区,因此中部地区向区外输出的粮食会更多,对于维护我国粮食安全起到不可替代的作用。

表 4-1　2015 年全国和中部地区粮食生产情况

地区	粮食 /万吨	人均 /吨	稻谷 /万吨	小麦 /万吨	玉米 /万吨	豆类 /万吨	薯类 /万吨
全国	62143.9	0.453	20822.5	13018.5	22463.2	1589.8	3326.1
山西	1259.6	0.345	0.5	271.4	862.7	30.6	36.7
安徽	3538.1	0.579	1459.3	1411.0	496.3	134.0	32.7
江西	2148.7	0.472	2027.2	2.6	12.8	33.1	71.4
河南	6067.1	0.641	531.5	3501.0	1853.7	53.8	110.8
湖北	2703.3	0.463	1810.7	420.9	332.9	28.7	99.4
湖南	3002.9	0.444	2644.8	9.4	188.8	34.3	118.8
中部	19719.7	0.514	8474.0	5616.3	3747.2	314.5	469.8
中部占全国 比重/%	30.1	113.6	40.7	43.1	16.7	19.8	14.1

资料来源:国家统计局. 中国统计年鉴 2016[M]. 北京:中国统计出版社,2016.

（二）油料作物

从种植面积看,油料作物在我国是仅次于粮食的第二大农作物。改革开放以来,油料作物发展很快,种植面积由 1978 年的 622.2 万公顷增加到 2015 年的 1403.5 万公顷,总产量也由 1978 年的 521.8 万吨提高到 2015 年的 3537 万吨,是我国种植业结构调整中扩张幅度最大的农作物。在"以粮为纲"的改革开放前期,中部地区发展油料作物的优势一直没有得到充分发挥,1978 年油料产量只占全国的 26.75%。改革开放后,在全国油料作物快速发展的背景下,中部地区的油料作物在其自然优势的支撑下获得了更快的增长速度,产量占全国的比重猛升至 43.79%。

由表 4-2 可以看出,中部地区在花生、油菜籽、芝麻三种主要油料作物的生产上都具有明显的优势,占全国比重分别达 43.8%、50.4% 和 84.3%,因此中部地区的人均产量明显高于全国的平均水平,特别是河南和湖北的人均产量都高出全国人均产量的一倍以上。

从三种油料作物的地区分布看,花生高度集中在河南省,产量占全国 29.2%,居各省首位;油菜籽在安徽、湖北、湖南、河南和江西五省都有相当规模,但又相对集中在湖南和湖北两省,两省合计占全国的 31.2%;芝麻的分布高度集中在河南省,产量占全国的比重为 42.7%,湖北、安徽、江西的产量分别位居全国各省产量第二、三、四位。

表 4-2　2015 年全国和中部地区油料作物生产情况

地区	总产量/万吨	人均/千克	花生/万吨	油菜籽/万吨	芝麻/万吨
全国	3537.0	25.8	1644.0	1493.1	64.0
山西	15.3	4.2	1.2	0.7	0.2
安徽	227.9	37.4	94.4	126.3	7.1
江西	124.0	27.2	46.4	73.9	3.6
河南	599.7	63.4	480.3	86.1	27.3
湖北	339.6	58.2	67.9	255.2	14.5
湖南	242.9	35.9	30.5	210.8	1.5
中部	1549.4	42.6	720.7	753	54.2
中部占全国比重/%	43.8	165.1	43.8	50.4	84.3

资料来源:国家统计局.中国统计年鉴 2016[M].北京:中国统计出版社,2016.

二、林牧渔业的比较优势

(一)林产品

在我国的统计中,林产品主要指的是橡胶、松脂、生漆、油桐籽、油茶籽和核桃等。在这些产品中,除核桃外,其他都主要分布在亚热带和热带地区。中部的多数地区都位于温带及其以北地区,只有部分地区的气候及其他自然条件适合这些林木的正常生长,因此整体上生产这些林产品并不具有优势。然而,部分省在部分产品的生产上仍具有优势,有些省在某种产品生产上的优势还非常突出。中部地区的生漆产量占全国的 34.72%,具有一定的优势,主要集中在河南、江西两省,合计占全国的 25.61%。油桐籽产量占全国的 26.96%,整体上并不具有优势;但河南、湖南两省的产量合计占 21.54%,具有一定的优势。中部地区油茶籽的生产具有突出的优势,占全国的 69.50%,主要集中在湖南、江西两省,合计占全国的 64.35%。中部地区的气候条件不适合橡胶生长,因而橡胶生产几乎是空白。松脂和核桃的生产在整体上也不具有优势,但江西和山西分别在松脂和核桃的生产上具有一定的优势,如江西的松脂产量占全国的 8.66%,山西的核桃产量占全国的 9.00%。

(二)畜牧产品

我国畜牧业分为牧区畜牧业和农区畜牧业,牧区畜牧业主要集中在西部地区,中部地区的畜牧业以农区畜牧业为主。农区畜牧业的发展,一方面,取决于原料供给,即粮食和饲草等;另一方面,取决于区位条件和交通运输条件。中部地区具有粮食生产的明显优势,而且广泛分布的丘陵和山地为畜牧业发展提供了良好的饲草,这种原料供给条件和丰富的劳动力资源使中部地区的畜牧业发展具有一定的比较优势。另外,中部与西部地区相比具有一定的区位优势,而且日趋改善的交通运输条件使中部地区向东部地区输出这些产品变得更有优势。

1. 肉类产品

中部地区肉类产品的生产已经形成一定的优势,人均产量高于全国的平均水平。虽然从人均数量上看,这种优势并不明显;但考虑到中部地区城市化水平低,平均消费水平低,因而向东部地区输出或者出口的优势远比人均产量显示的要突出。但中部地区各省肉类人均产量严重不均衡,如表 4-3 所示,山西的人均肉类产品产量只有 20 千克,而湖南、湖北、河南的人均产量分别高达70.9 千克、62.3 千克和 60.3 千克,明显高于全国的人均水平。由此可见,湖南、湖北、河南是我国肉类产品主要输出省份。

表 4-3 2015 年全国和中部地区畜牧水产业发展情况

地区	肉类产品		禽蛋类产品		淡水产品	
	产量/万吨	人均/千克	产量/万吨	人均/千克	总产量/万吨	人均/千克
全国	8625.0	48.3	2999.2	21.8	3290.0	23.9
山西	85.6	20.0	87.2	23.7	5.2	1.4
安徽	419.4	47.7	134.7	21.8	230.4	37.4
江西	336.5	58.9	49.3	10.7	264.2	57.8
河南	711.1	60.3	410.0	43.2	102.4	10.7
湖北	433.3	62.3	165.3	27.8	455.9	77.9
湖南	540.1	70.9	101.5	14.8	259.4	38.2
中部	2526.0	53.4	948.0	25.9	1317.5	37.2
中部占全国比重/%	29.3	110.6	31.6	119.2	41.2	155.4

资料来源:国家统计局.中国统计年鉴 2016[M].北京:中国统计出版社,2016.

2. 禽蛋类产品

禽类的饲养主要以粮食为原料,中部地区粮食生产的优势为禽类饲养提供了有利条件。同时,禽蛋类产品的生产又属于劳动密集型产业,中部地区也具有这方面的优势,因此中部地区禽蛋类产品的生产在全国所占比重不断提高。2005 年,中部地区禽蛋产量占全国的比重为 28.1%,到 2015 年则提高到

31.6%。从中部地区各省看,河南的生产优势十分突出,人均产量高达43.2千克,明显高于全国的平均水平,湖北、山西的人均产量也高于全国的平均水平。

（三）水产品

我国水产品分为海水产品和淡水产品两类。其中海水产品和淡水产品分别占50.8%和49.2%,产量几乎各占一半。中部地区的地理位置决定了其水产业只能发展淡水养殖业。如表4-3所示,中部地区应当说充分发挥了资源优势,淡水产品产量占全国的比重达41.2%,人均产量为全国的155.4%。从中部地区各省看,淡水养殖业主要集中在降水量丰富、河湖众多的沿长江的省份。其中最为突出的是湖北、江西两省,人均产量分别是全国平均水平的325.9%和241.8%;湖南、安徽两省的人均产量也明显高于全国的平均水平。

第二节　中部地区工业的比较优势

中部地区丰富的能源、矿产资源,以及在诸多农产品生产中形成的优势,都构成中部地区工业化进程中比较优势产业形成的基础。这种资源优势至今仍然是中部地区参与全国地区分工甚至国际分工的最基本优势。不仅中部地区参与国内外分工的产业主要是以采掘业为主的资源密集型产业;而且其主要制造业的发展属于资源密集型产业。当然,这种整体上在资源密集型产业及其加工业具有的优势并不排除部分省在劳动密集型产业,甚至在技术密集型产业的发展上形成具有较强的市场竞争力。这些已经形成的优势产业仍然是中部地区实现经济崛起的基础。

一、能源工业

（一）能源资源

我国是世界上能源资源最为丰富的国家之一,但在一次能源构成中,煤炭和水能资源比较丰富,而油气资源相对不足。如表4-4所示,我国煤炭探明储量2440.1亿吨,居世界各国各地区前列。水能理论蕴藏量6.7亿千瓦,技术可开发量为3.78亿千瓦,其中经济可开发装机容量为2.9亿千瓦,发电量1.9万亿度,居世界各国首位。我国第二轮油气资源评价结果表明,我国石油地质储量达940亿吨,最终石油可采储量为140亿吨,探明储量35.0亿吨。天然气探明储量5.2万亿米[3]。

表 4-4　2015 年全国和中部地区能源探明储量

地区	煤炭/亿吨	石油/万吨	天然气/亿米^3
全国	2440.1	349610.7	51939.5
山西	924.3		419.1
安徽	84.0	247.0	0.3
江西	3.4		
河南	86.0	4631.1	72.2
湖北	3.2	1241.6	47.4
湖南	6.6		
中部	1107.5	6119.7	539.0
中部占全国比重/%	45.4	1.8	1.0

资料来源:国家统计局.中国统计年鉴 2016[M].北京:中国统计出版社,2016.

由表 4-4 可见,中部地区的煤炭资源具有绝对优势,而石油和天然气资源比较稀缺。煤炭探明储量占全国的 45.4%,石油和天然气仅分别占 1.8% 和 1.0%。在中部地区中,山西省的煤炭储量高达 924.3 亿吨,占全国的37.9%,安徽和河南也是我国煤炭资源丰富的省份。

(二)区位优势

我国能源资源的总体分布特征是,东部地区稀缺,中西部地区相对丰富;而 GDP 的分布特征是,东部地区大,中西部地区相对较小。这种经济活动重心和能源资源重心的离异,决定了在相当长时期内我国能源由西向东的基本流向不会发生根本性变化。但从经济合理性看,并非资源丰富的地区就能得到优先开发,而地理位置将在开发时序中发挥重要作用。其实,从煤炭的远景储量看,西部地区更为丰富,尤其是新疆,地质储量居全国首位。由于远离内地,特别是需求集中的东部地区,至今的开发仍然主要满足本地的需求。

由于石油、天然气是我国稀缺资源,目前国内生产量远不能满足市场需求,因此西部的空间距离并不构成这些资源开发的障碍。中部地区在我国能源开发中的区位优势主要集中在煤炭资源,而煤炭又是我国最主要的能源,多年来在我国能源生产和消费中一直占三分之二以上。因此中部地区的区位优势对我国煤炭工业的地区分布乃至能源工业的地区分布都起到非常重要的作用。

(三)主要能源工业

1.煤炭开采业

煤炭在我国能源生产和消费中一直居首位,2015 年,在我国一次能源的生产构成中,煤炭占72.1%;在消费结构中煤炭占64.0%。我国目前这种以煤炭为主的能源生产和消费结构是由我国能源资源禀赋决定的。虽然随着能源需求结构的变化,对天然气、太阳能等清洁能源的需求呈显著增长趋势,但由资源禀赋决定的能源生产和消费结构不会发生根本性变化。我国曾经在"九五"计划时期,压缩煤炭产量,改善能源生产和消费结构,使煤炭产量由1996年的13.26亿吨减少到2000年的10.69亿吨。但进入21世纪后,煤炭产量迅速反弹,并快速增长。我国煤炭产量由2001年的12.09亿吨增加到2004年的19.56亿吨,再增加到2015年的37.47亿吨。

中部地区的资源优势和区位优势使其在我国煤炭生产中一直占主导地位,如表4-5所示,2015年,中部地区原煤产量13.45亿吨,占全国的35.90%。从各省看,山西煤炭的优势最为明显,占全国产量的25.81%,是目前我国向外输出煤炭最多的省份。

表4-5 2015年全国和中部地区原煤产量、电力产量及消费量

地区	原煤产量/亿吨	占全国比重/%	发电量/万千瓦时		电力消费量/万千瓦时
			总量	水能发电量	
全国	37.47	100.00	58145.73	11302.70	
山西	9.67	25.81	2449.27	29.26	1737.21
安徽	1.34	3.57	2061.89	48.67	1639.79
江西	0.23	0.61	982.06	178.31	1087.26
河南	1.76	4.69	2624.63	110.16	2879.62
湖北	0.09	0.24	2341.33	1328.47	1665.16
湖南	0.36	0.96	1313.95	572.52	1447.63
中部	13.45	35.90	11773.13	2267.39	10456.67

资料来源:国家统计局.中国统计年鉴2016[M].北京:中国统计出版社,2016.

2.电力工业

我国电力工业发展迅速,目前装机容量和发电量都居世界第一位。电力工业的一次能源构成是,以煤炭为主要能源的火电,2015年发电装机容量占全部的65.9%;其次为水电,装机容量占20.9%。核电、风电、太阳能等清洁能源发展很快,2015年,装机容量分别达2717万千瓦、13075万千瓦和4218万千瓦。

中部地区丰富的煤炭资源,以及在此基础上形成的规模巨大的煤炭开采业,为电力工业提供了充足的煤炭供给。中部地区的发电总量大于消费总量,湖南、河南、江西的发电量小于消费量,而山西、安徽、湖北三省的发电量明显大于消费量。不仅区内各省之间可以就近实现平衡,而且还具有一定向外输

送电力的能力。比如,山西长期向京津地区输送电力,安徽向长三角地区输送电力。中部地区水力发电在全国具有一定影响力,2015年水能发电量达2267.39万千瓦时,占全国的20.06%。虽然中部地区各省都具有一定数量的水力发电能力,但主要集中在湖北省,而湖北的水力发电又得益于三峡工程和葛洲坝工程。湖北省水电工业在全国的突出地位,使得湖北成为我国电力向外输出的主要省份之一,特别是在丰水季节。

二、原材料工业

中部地区具有发展原材料工业的良好基础和条件。在我国近代工业化的发轫阶段,中部地区的湖北、湖南等省就利用其资源优势开始发展具有现代工业特征的冶金工业。在我国工业化进程中,中部地区丰富的资源不断增强其发展原材料工业的比较优势,并使冶金、炼焦及焦炭化学、化工原料、建材产品等参与全国地区分工的主要产业或产品生产。

(一)冶金工业

1.资源优势

我国具有丰富的铁矿资源,保有储量达207.6亿吨,是世界上铁矿储量最多的国家之一。但在我国的铁矿资源中,贫矿多,富矿少,全国铁矿平均品位只有32.13%,远低于其他铁矿资源大国的品位。中部地区的铁矿资源较为丰富,在我国已发现的七个大型铁矿资源中,中部地区就占有三个,分别分布在山西、安徽、湖北,这三省的铁矿资源分别为16.8亿吨、8.7亿吨和4.3亿吨,而中部地区丰富的焦煤资源,使其发展钢铁工业的资源优势更为突出。丰富的有色金属资源是中部地区发展冶金工业的又一优势,长江中下游的江西、安徽和湖北是我国铜矿资源最集中的地区,山西的中条山也是我国铜矿资源丰富的地区。江西、安徽、湖北、山西的铜矿资源分别为557.9万吨、162.1万吨、94.3万吨和157.1万吨,四省合计971.4万吨,占全国的35.7%。在我国铝土资源分布集中的四个省区中,中部地区的山西、河南位居其中,两省的铝土资源分别为14467.9万吨和14514.9万吨,合计占全国的29.12%。湖南的有色金属资源也比较丰富,尤其重要的是铅锌资源,储量在全国各省区中位居前列。

2.产业的比较优势

中部地区相对丰富的矿产资源,使本区的冶金工业具有一定的比较优势。但需要指出的是,我国钢铁工业所需要的铁、锰矿砂主要依赖进口,2014年,铁、锰矿砂的进口量分别为93234万吨和1321万吨,在一定程度上制约了国内铁矿资源的开发。事实上,中部地区各省钢铁工业都程度不同地依赖国外铁矿砂。如表4-6所示,2014年,山西、安徽、湖北三省的黑色金属开采区位商都大于1,其他三省的黑色金属开采业的区位商都偏低。其实,铁矿产量对钢铁工业发展的影响越来越小,如表4-7所示,2003年,河南的生铁产量只有210万吨,仅为湖北605万吨产量的34.7%;2014年,河南的生铁产量已超过湖北省。江西、湖南2003年的生铁产量分别只有88万吨和13万吨,到2014年则迅速增加到2073万吨和1912万吨。很显然,2003年,受到铁矿生产的制约,江西、河南、湖南的生铁、粗钢、钢材的发展都受到影响。随着进口铁矿在国内供给中的主导地位日益凸显,江西、河南、湖南的黑色金属冶炼技术得到迅速发展。并使中部地区的生铁产量占全国的比重由2003年的16.02%上升到2014年的21.37%。

表4-6 2014年中部地区各省冶金工业区位商

地区	黑色金属开采和冶炼区位商		有色金属开采和冶炼区位商	
	采矿区位商	冶炼区位商	采矿区位商	冶炼区位商
山西	2.24	2.42	0.37	0.68
安徽	1.31	0.94	0.46	1.54
江西	0.81	0.69	2.40	4.34
河南	0.32	0.82	4.27	1.51
湖北	1.17	0.94	0.21	0.78
湖南	0.62	0.70	2.58	1.76

资料来源:中国统计出版社出版的《中国统计年鉴2015》《山西统计年鉴2015》《安徽统计年鉴2015》《江西统计年鉴2015》《河南统计年鉴2015》《湖北统计年鉴2015》《湖南统计年鉴2015》。

从有色金属看,中部地区具有一定优势。如表4-6所示,2014年,江西、河南、湖南的有色金属开采的有色金属冶炼区位商都大于1,分别为2.40、4.27和2.58,表明这三省的有色金属开采具有明显的比较优势。有色金属冶炼依赖于有色金属矿的开采,因此江西、湖南、河南,以及安徽的有色金属冶炼区位商都大于1,特别是江西,其区位商高达4.34。其实,山西省有色金属也有明显的比较优势,特别是氧化铝,2014年产量达1081.6万吨,占全国产量的20.62%,加上河南省的1237.44万吨,两省氧化铝产量合计占全国产量的44.23%。江西、安徽是我国铜的主要冶炼省份,2014年,两省合计产量达261.64万吨,占全国产量的34.24%。

表 4-7　2003、2014 年全国和中部地区钢铁主要产品产量

单位:万吨

地区	2003 年			2014 年		
	生铁	粗钢	钢材	生铁	粗钢	钢材
全国	13329	21367	22234	71374	82230	112513
山西	777	2572	1003	4059	4325	4631
安徽	442	698	693	1998	2451	3262
江西	88	497	600	2073	2235	2611
河南	210	740	874	2780	2882	4704
湖北	605	1035	1254	2436	3020	3452
湖南	13	576	592	1912	1917	1989
中部	2135	6118	5016	15258	16830	20649
比重/%	16.02	28.63	22.56	21.37	20.46	18.35

资料来源:中国统计出版社出版的《中国统计年鉴 2004》《中国统计年鉴 2005》《山西统计年鉴
2004》《山西统计年鉴 2005》《安徽统计年鉴 2004》《安徽统计年鉴 2005》《江西统计年鉴
2004》《安徽统计年鉴 2005》《河南统计年鉴 2004》《河南统计年鉴 2005》《湖北统计年鉴
2004》《湖北统计年鉴 2005》《湖南统计年鉴 2004》《湖南统计年鉴 2005》。

(二)化学工业

1. 资源优势

从目前化学工业利用的主要资源看,中部地区在我国化学工业发展中的
资源优势还是明显的。除煤炭作为化工原料具有优势外,安徽、湖南是我国硫
铁矿资源集中地区,本区具有优势的是有色金属冶炼可回收利用硫。湖南、湖
北是我国磷矿资源丰富的地区,安徽的明矾石较为丰富。山西的硫、磷和原盐
资源都比较丰富。

2. 主要化工产品的比较优势和生产基地

中部地区虽然具有发展化学工业的资源优势,但资源条件并不构成化学
工业布局和发展的主要因素。化学工业是一个与其他生产部门联系最为密切
的产业,几乎任何现代企业的发展都离不开化学工业的支持。这就意味着化
学工业的发展和地区经济规模呈正相关关系,即地区经济发展越快、经济规模
越大,那么对化学工业产品的需求就越大。化学工业在这种需求的刺激下,就
能产生更快的增长速度。中部地区改革开放以来经济增长相对较慢,尤其是
对化工产品需求量大的制造业较为落后,这在很大程度上制约了本地区化学
工业的发展,使资源优势不能有效地转化为产业优势。

虽然从整个化学工业看,中部地区并未形成优势,但部分省份和部分产品
的优势还是明显的。2014 年,湖北、湖南的区位商分别为 1.22、1.10,表明这
两省在化学工业发展中具有比较优势。作为在全国农业生产中占比重较大的

地区,在市场需求的带动下,化肥工业获得迅速发展,并形成较大的规模。2014年,农用氮、磷、钾(折纯)产量 2566.76 万吨,占全国的 37.32%,特别是湖北省,产量高达 1201.66 万吨,占全国的 17.46%。在硫铁矿资源优势基础上,本地区的硫酸产量在 2014 年达到 2586.43 万吨,占全国的比重达 29.06%。

1949 年以来,尤其是改革开放以来的快速发展,使中部地区也形成了一些具有全国意义的综合性和专业性的化工基地。其中,具有全国意义的大型综合性基地有武汉和岳阳;具有区域意义的化工中心有太原、安庆等。主要化肥生产基地有山西潞城、河南的濮阳和开封、湖北枝城、江西九江。另外,河南郑州、湖南湘潭、湖北沙市(今为荆州市沙市区)还是我国重要的农药生产基地。

(三)建材工业

建材工业是我国发展迅速的产业之一,自 20 世纪 80 年代后期以来,我国的水泥产量一直居世界首位。建材工业虽然属于资源密集型产业,但由于其原料遍布全国各地,因此资源的优势和劣势并不构成各地区发展建材工业的约束条件。需要指出的是,建材工业又属于能源密集型产业,如 2014 年我国非金属矿物制品业的能源消耗达 36561.02 万吨标准煤,直接消费煤炭 31633.31 万吨。中部地区作为我国最主要煤炭生产地区,显然有助于建材工业发展的优势的形成。

由表 4-8 可以看出,中部地区各省,除山西外,其他五省的区位商都大于1,特别是河南建材工业的区位商高达 2.22,比较优势明显。从主要产品产量看,中部地区水泥总产量为 68608 万吨,占全国的 27.51%;平板玻璃的产量为 16667 万重量箱,占全国的 19.49%。其中,安徽、河南、湖北、湖南的水泥产量都超过 1 亿吨;湖北平板玻璃产量占全国的比重高达 11.05%。

表 4-8 2014 年全国和中部地区建材工业及主要产品的比较优势

地区	区位商	水泥产量/万吨	水泥占全国比重/%	平板玻璃产量/万重量箱	平板玻璃占全国比重/%
全国	1.00	249207	100.00	83128	100.00
山西	0.40	4837	1.94	1759	2.12
安徽	1.12	12982	5.21	2544	3.06
江西	1.55	9848	3.95	514	0.06
河南	2.22	17331	6.95	1458	1.75
湖北	1.33	11424	4.58	9184	11.05
湖南	1.49	12186	4.88	1208	1.45
中部	1.55	68608	27.51	16667	19.49

资料来源:中国统计出版社出版的《中国统计年鉴 2015》《山西统计年鉴 2015》《安徽统计年鉴 2015》《江西统计年鉴 2015》《河南统计年鉴 2015》《湖北统计年鉴 2015》《湖南统计年鉴 2015》。

三、轻纺工业

中部地区发展轻纺工业具有丰富的资源,而且轻纺工业一般都是劳动密集型产业,中部地区具有劳动力供给优势和一定的价格优势,同时,中部地区城乡居民收入水平提高带来了日益增长的市场需求。在以上优势综合作用下,中部地区的轻纺工业自21世纪以来得到较快发展。虽然从整体上看,我国轻纺工业还集中布局在东部发达地区,但中部地区在部分产业的发展中已经形成了比较优势。

由表4-9可以看出,中部地区的农副产品加工业,食品制造业,酒、饮料和精制茶制造业,烟草制品业,印刷和记录媒介复制业的区位商分别为1.32、1.26、1.39、1.29和1.26,表明这些产业已经具有一定的比较优势。皮革、毛皮、羽毛及其制品和制鞋业,木材加工及木竹藤棕草制品业,医药制造业的区位商也略大于1,具有潜在的竞争优势。

表 4-9　2014 年中部地区轻纺工业主要部门区位商

产业	山西	安徽	江西	河南	湖北	湖南	中部
农副产品加工业	0.34	1.30	0.98	1.43	1.79	1.35	1.32
食品制造业	0.38	0.83	0.88	1.85	1.24	1.39	1.26
酒、饮料和精制茶制造业	0.79	1.12	0.72	1.46	2.43	1.18	1.39
烟草制品业	0.30	1.14	0.72	0.83	1.66	3.01	1.29
纺织业	0.06	0.71	0.94	1.05	1.48	0.51	0.90
纺织服装、服饰业	0.05	1.25	2.12	0.76	1.08	0.44	0.98
皮革、毛皮、羽毛及其制品和制鞋业	0.04	0.88	1.38	1.59	0.35	0.94	1.01
木材加工及木竹藤棕草制品业	0.06	1.40	1.07	1.00	0.80	1.58	1.05
家具制造业	0.05	1.17	0.89	1.15	0.53	1.13	0.92
造纸及纸制品业	0.08	0.68	0.82	1.18	0.97	1.52	0.98
印刷和记录媒介复制业	0.16	1.59	1.60	1.07	1.21	1.62	1.26
文教、工美、体育和娱乐用品制造业	0.04	0.81	1.18	0.87	0.25	0.60	0.69
医药制造业	0.45	0.82	1.59	1.16	1.09	1.10	1.09
轻纺工业	0.24	1.03	1.12	1.22	1.30	1.09	

资料来源:中国统计出版社出版的《中国统计年鉴2015》《山西统计年鉴2015》《安徽统计年鉴2015》《江西统计年鉴2015》《河南统计年鉴2015》《湖北统计年鉴2015》《湖南统计年鉴2015》。

从中部地区各省份看,湖北、河南的轻纺工业具有一定的比较优势,江西、湖南和安徽也具有潜在的比较优势,只有山西处于明显的劣势。具体从各省份的产业层面看,河南的食品制造业,皮革、毛皮、羽毛及其制品和制鞋业具有较强的比较优势;湖北的农副产品加工业,酒、饮料和精制茶制造业具有较强的比较优势;湖南的烟草制品业、造纸及纸制品业、印刷和记录媒介复制业具有较强的比较优势;江西的纺织服装、服饰业,印刷和记录媒介复制业具有较强的比较优势。

四、装备制造业

中部地区的装备制造业获得了长足的进步和快速发展,但基于中部地区的发展阶段和水平,与东部地区在装备制造业相比,还存在较大的差距。2014年,中部地区的金属制品业产值占全国比重为16.36%,通用设备制造业所占比重为15.78%,专用设备制造业所占比重为25.44%,汽车制造业所占比重为17.37%,铁路、船舶、航空航天和其他运输设备制造业所占比重为14.52%,电气机械和器材制造业所占比重为18.55%,计算机通信和其他电子设备制造业所占比重仅为11.06%。在所列出的主要装备工业占全国产值的比重看,除了专用设备制造业所占比重高于中部地区全部工业占全国比重外,其他各行业所占比重都比较低,表明中部地区的装备制造业从整体上看还属于劣势产业。

如果从各省和各产业看,部分省份在部分产业的发展方面还是具有明显的比较优势。比如,湖南的专用设备制造业,铁路、船舶、航空航天和其他运输设备制造业,区位商分别达到2.44和1.52;安徽省的电气机械和器材制造业,区位商达到1.87;湖北省的汽车制造业,区位商达到2.03。

第三节　中部地区各省的比较优势产业

以上两节主要说明了中部地区的比较优势,以及在全国地区分工中的地位。但中部地区各省的差异性较大,所具有的比较优势以及在长期的发展中形成的参与地区和全国分工的产业也有不同。各省具有的主要专业化产业,多数都是本省的主导产业,在经济发展中占据突出地位,而且也是经济崛起的支柱和基础。

本节主要使用区位商描述各省的比较优势产业。在 $Q_{ij}=(e_{ij}/e_i)/(E_j/E)$ 的计算公式中,Q_{ij} 代表 i 省 j 产品的区位商,e_{ij} 代表 i 省 j 产业的工业增加值,e_i 代表 i 省的全部国有及规模以上企业工业增加值,E_j 代表全国 j 产业的工业增加值,E 代表全国全部国有及规模以上企业工业增加值。原始资料来自2004年的中国工业经济统计年鉴。本书把工业比较优势产业的区位商划分为两类:区位商大于1.5和小于1.5。一般来讲,区位商大于1.5,表示该产业具有较强的比较优势,是该地区参与区域分工或者全国分工的重要专业化部门。若区位商小于1.5,则表示该产业的比较优势不突出,作为专业化部门,参与区域或者全国分工的能力较弱,而且区位商愈接近1,这种能力就愈弱(见表4-10)。

表4-10　2014年中部地区各省比较优势产业区位商

省份	工业(区位商大于等于1.5)	工业(区位商小于1.5)
山西	煤炭采选业14.63,黑色金属冶炼和压延加工业2.42,黑色金属矿采选业2.24,电力、热力生产和供应业1.82,石油加工、炼焦和核燃料加工业1.60。	
安徽	电气机械和器材制造业1.87,印刷和记录媒介复制业1.59,有色金属冶炼和压延加工业1.54。	木材加工及木竹藤棕草制品业1.40,农副产品加工业1.30,纺织服装、服饰业1.25,通用设备制造业1.18,家具制造业1.17,烟草制品业1.14,非金属矿物制品业1.13,酒、饮料和精制茶制造业1.12,专用设备制造业1.11。
江西	仪器仪表制造业4.44,有色金属冶炼和压延加工业4.34,有色金属矿采选业2.40,纺织服装服饰业2.12,印刷和记录媒介复制业1.60,医药制造业1.59,非金属矿物制品业1.55。	皮革、毛皮、羽毛及其制品和制鞋业1.38,电气机械和器材制造业1.28,文教、工美、体育和娱乐用品制造业1.18,木材加工及木竹藤棕草制品业1.07。
河南	有色金属矿采选业4.27,非金属矿物制品业2.19,食品制造业1.85,皮革、毛皮、羽毛及其制品和制鞋业1.59,有色金属冶炼和压延加工业1.51,专用设备制造业1.50。	酒、饮料和精制茶制造业1.46,农副产品加工业1.43,造纸及纸制品业1.18,医药制造业1.16,家具制造业1.15,印刷和记录媒介复制业1.07。
湖北	酒、饮料和精制茶制造业2.43,汽车制造业2.03,农副产品加工业1.79,烟草制品业1.66。	纺织业1.48,非金属矿物制品业1.31,食品制造业1.24,印刷和记录媒介复制业1.21,黑色金属矿采选业1.17,医药制造业1.09,纺织服装、服饰业1.08。
湖南	烟草制品业3.01,有色金属矿采选业2.58,专用设备制造业2.44,有色金属冶炼和压延加工业1.86,铁路、船舶、航空航天和其他运输设备制造业1.76,印刷和记录媒介复制业1.62,木材加工及木竹藤棕草制品业1.58,造纸及纸制品业1.52。	食品制造业1.39,农副产品加工业1.35,酒、饮料和精制茶制造业1.18,家具制造业1.13,医药制造业1.10。

资料来源:中国统计出版社出版的《中国统计年鉴2015》《山西统计年鉴2015》《安徽统计年鉴2015》《江西统计年鉴2015》《河南统计年鉴2015》《湖北统计年鉴2015》《湖南统计年鉴2015》。

1. 山西省的比较优势产业

山西省的优势产业非常突出,主要集中在煤炭采选业、黑色金属冶炼和压延加工业,黑色金属矿采选业,电力、热力生产和供应业,石油加工、炼焦和核燃料加工业,特别是煤炭开采业,如表4-10所示,区位商高达14.63,并在煤炭优势的基础上形成了具有比较优势的火力发电工业,区位商达1.82。山西的煤炭资源种类齐全,特别是炼焦煤具有明显的资源优势,炼焦业在全国各省居首位,2014年焦炭产量高达8765.85万吨,占全国的比重达18.26%。

2. 安徽省的比较优势产业

安徽省具有发展经济的各种资源优势,并在此基础上形成了诸多具有一定比较优势的产业。2014年,安徽省电气机械和器材制造业区位商为1.87,印刷和记录媒介复制业区位商为1.59,有色金属冶炼和压延加工业区位商为1.54,安徽省的优势产业显得比较分散,而且优势部门也不是非常突出。

这种特点也能从一般比较优势产业得到反映,2014年,安徽省的木材加工及木竹藤棕草制品业区位商为1.40,农副产品加工业区位商为1.30,纺织服装、服饰业区位商为1.25,通用设备制造业区位商为1.18,家具制造业区位商为1.17,烟草制品业区位商为1.14,非金属矿物制品业区位商为1.13,酒、饮料和精制茶制造业区位商为1.12,专用设备制造业区位商为1.11。

3. 江西省的比较优势产业

江西省的比较优势产业是按照两条主线形成的,一是建立在优势资源基础上,对资源进行开发利用。比较突出的是,有色金属冶炼和压延加工业和有色金属矿采选业,区位商分别达到4.34和2.40。在非金属矿开采的基础上形成了具有比较优势的非金属矿制品业,区位商为1.55。

另外的一条主线是,利用与珠三角相邻的区位优势,积极承接珠三角转移的产业,以及服务珠三角的产业。如表4-10所示,纺织服装、服饰业的区位商为2.12,印刷和记录媒介复制业区位商为1.60,皮革、毛皮、羽毛及其制品和制鞋业区位商为1.38,文教、工美、体育和娱乐用品制造业区位商为1.18。

4. 河南省的比较优势产业

河南省是中部地区综合经济实力最强的省份,在长期的发展中形成了诸多具有较强竞争优势的产业。河南的优势产业主要依赖资源基础,在矿产资源基础上,形成了有色金属矿采选业、非金属矿生物制品业、有色金属冶炼和压延加工业等优势产业,区位商分别为4.27、2.19、1.51。在农业资源基础上,形成了食品制造业,酒、饮料和精制茶制造业,农副产品加工业,区位商分别为1.85、1.46、1.43。

河南省的专用设备制造业也具有一定的比较优势,区位商为1.50。另外,造纸及纸制品业、医药制造业、家具制造业、印刷和记录媒介复制业都具有一定的优势,区位商分别为 1.18、1.16、1.15 和 1.07。

5.湖北省的比较优势产业

湖北省的酒、饮料和精制茶制造业,汽车制造业,农副产品加工业,烟草制品业都具有较强的比较优势,区位商分别为 2.43、2.03、1.79、1.66。其他的优势产业还有,纺织业,非金属矿物制品业,食品制造业,印刷和记录媒介复制业,黑色金属矿采选业,医药制造业,纺织服装、服饰业等。

湖北的优势产业主要是建立在资源基础上的农产品深加工产业,比如食品制造、纺织业、烟草业等。另外一个就是,湖北省是"三线"建设时期在中部地区投资建设最多的省份,其中的汽车制造业一直具有比较优势,特别是载重汽车,具有较强的竞争优势。

6.湖南省的比较优势产业

如表 4-10 所示,湖南省的优势产业分布也较为广泛,具有较强优势的产业也比较多。有色金属矿采选业,有色金属冶炼和压延加工业是最具优势的产业,区位商分别为 2.58 和 1.86。湖南在我国专有设备和铁路等运输设备制造业中具有突出地位,区位商达 2.44 和 1.76。另外,在丰富资源基础上,还形成了烟草制品业、农副产品加工业、木材加工及木竹藤棕草制品业、造纸及纸制品业和家具制造业。

从中部地区现已形成的比较优势产业看,农业的优势比较明显,特别是粮油等重要农产品,优势更为突出。正因为如此,中央在促进中部地区崛起中,一直强调中部地区要强化农业生产基地建设,巩固在我国粮食安全中的突出地位。中部地区的工业优势,主要依赖丰富的资源,采掘业和原材料工业的优势显著,同时在农副产品加工业、食品制造业,以及部分装备制造业中形成了比较优势。自实施中部地区崛起战略以来,中部地区的制造业获得较快增长,部分来自本地区优势产业的扩张,还有一部分来自承接境内外产业转移。

第五章　承接产业转移与中部地区崛起

第一节　我国经济向东部地区集聚及其基本特征

改革开放初期,中国政府实施的优先发展东部地区的区域发展战略,使东部地区各产业都获得较快发展。不仅东部地区具有优势的制造业集中度明显提高,而且不具有优势的能源、原材料工业的集中度也在提高。与此同时,欠发达的中西部地区,却在与东部地区同步发展不具有优势的制造业,造成地区产业结构趋同化,破坏了地区间基于优势形成的合理分工,使地区间竞争加剧,在很大程度上制约了我国统一市场的建立和推进,并造成资源的浪费。

一、经济的空间集聚

集聚是空间经济的基本特征。著名经济学家保罗·R. 克鲁格曼(Paul R. Krugman)和迈克尔·E. 波特(Michael E. Porter)的介入,使集聚和集群这种十分突出的《经济地理》现象成为近期学术界关注的热点。其实,集聚在经济地理学和区域经济学领域一直是研究的核心问题之一,主流经济学也较关注这一经济现象。阿尔弗雷德·马歇尔(Alfred Marshall)在著名的《经济学原理》一书中对集聚这一经济现象进行了最早的经济学阐释,他在研究工业组织中对"专门工业集中于特定的地方"——集聚给予关注,并认为外部经济、技能外溢和地方专门市场的形成是集聚的主要成因。法国经济学家弗朗索瓦·佩鲁(Francois Perroux)用增长极概念揭示了经济在空间的集聚。佩鲁认为,经济增长首先出现和集中在具有创新能力的行业,而不是在所有行业,而且这些具有创新能力的行业常常集聚在特定的空间。在佩鲁的理论中,增长极的出现与具有创新能力的企业和行业的空间集聚有密切关联。

波特作为国家竞争优势理论的创始人,在其国家竞争理论中,用相当篇幅论述了集群这一概念,并认为集群在其理论中具有十分显著的地位。集群是指那些既竞争又合作的相互关联的公司、专业化供应商和服务商、相关产业的企业和有联系的机构在特定领域内的地理集中,集群对企业的竞争力、创新能力都具有十分重要的影响。波特认为,集群不仅是指有关联企业和机构在微观层面的区位的集聚,而且其地理范围可以从一个城市或一个州延伸到一个国家甚至几个相邻的国家。

克鲁格曼对集聚这一地理现象用现代经济学通用的分析方法进行了研究,借鉴阿维纳什·K.迪克西特(Avinash K.Dixit)在垄断竞争分析中建立的迪克西特-斯蒂格利茨模型,把报酬递增纳入该分析模型,因而使集聚这一现象能够用数学方法表现出来。用经济学方法对集聚进行的数学分析,被克鲁格曼称为新经济地理学。其实经济地理学研究的内容要复杂和广泛得多,仅仅解释了集聚这一经济现象能否称为新经济地理学还需要时间的检验和经济地理学者的广泛认同。集聚的形成使地域经济结构演化成中心和外围的关系,而中心和外围之间存在着不平等的发展关系。一般来讲,中心居于统治地位,而外围在发展上依赖于中心。经济发展在空间上存在的这种中心和外围的关系,不仅在地区内部、国内各地区间,而且扩展到全球范围内。在世界经济中研究的所谓南北关系,或者说发达国家和发展中国家之间的发展关系,事实上就是中心和外围的关系。

从国内地区经济演化看,各国似乎都形成了一个或几个经济发达地区、经济发达地带,或者经济集聚区,所不同的只是各国经济集聚地区的集聚程度不同。美国经济在东北部大西洋沿岸波士顿城市群、与加拿大交界的五大湖城市群、西海岸的加利福尼亚、墨西哥湾的德克萨斯等地区的集聚程度较高,由表 5-1 所示,这些地区面积占美国全国的 1.99%、人口占全国的 30.84%,而经济占全国的 37.31%。日本是一个国土狭小的国家,尽管政府一直致力于解决经济在空间布局的过疏和过密问题,但经济活动还是一直向沿太平洋一侧集聚,特别是京都地区和阪神地区,面积占全国的 1.75%,人口占全国的 22.94%,经济占全国的 31.21%。英国经济主要集聚在伦敦、曼彻斯特等地区。印尼经济则集中在雅加达和爪哇岛。意大利经济在北部的米兰等地区的集中程度较高。而德国经济则相对集中在鲁尔区。

表 5-1　美日等国经济在核心地区的集聚程度

单位:%

国家	核心地区面积 占全国面积	核心地区人口 占全国人口	核心地区 GDP 占全国 GDP
美国	1.99	30.84	37.31
日本	1.75	22.94	31.21
英国	1.55	20.91	25.85
印尼	1.82	19.83	26.97

资料来源:李国平,范红忠.生产集中、人口分布与地区经济差异[J].经济研究,2003(11).

二、改革开放以来我国经济向东部地区集聚及其变化

我国现代经济发轫于东部沿海地区,中华人民共和国成立初期工业占全国的近70%。1949年后,我国政府曾试图改变这种状况,并取得一定成效。改革开放后,我国的区域发展战略经历过两次明显变化,2000年之前实行的是东部地区优先发展战略,之后实行的是区域经济协调发展战略。因此,我国经济在21世纪初之前持续向东部地区集聚。如表5-2所示,进入20世纪80年代中期后,东部地区占全国经济的比重开始明显增加,由1984年的53.55%增加到2004年的60.98%。之后,东部地区的集聚程度开始下降,到2014年下降到51.20%。工业的变化轨迹和GDP一样,1978年东部地区工业占全国的比重为42.32%,2004年增加到59.07%。此后占比开始下降,到2014年下降到50.61%。

表5-2 改革开放以来东部地区GDP及占全国的比重

年份	GDP/亿元	占全国比重/%	年份	GDP/亿元	占全国比重/%
1978	1819	53.44	1992	14744	57.02
1980	2300	53.40	1996	39529	57.87
1982	2808	53.63	1998	48115	58.12
1984	3752	53.55	2000	57740	59.40
1986	5143	54.20	2004	98626	60.98
1988	7922	55.69	2010	213038	53.10
1990	9986	55.02	2014	325703	51.20

资料来源:国家统计局.新中国五十年统计资料汇编[M].北京:中国统计出版社,1999.

国家统计局.中国统计年鉴2001[M].北京:中国统计出版社,2001.

国家统计局.中国统计年鉴2005[M].北京:中国统计出版社,2005.

国家统计局.中国统计年鉴2011[M].北京:中国统计出版社,2011.

国家统计局.中国统计年鉴2015[M].北京:中国统计出版社,2015.

三、主要工业部门在东部地区集聚特点

(一)几乎所有工业都向东部地区集聚,但集聚幅度差异很大

在东部地区工业集聚达到峰值时,几乎所有产业都在向东部地区集聚。如表5-3所示,在所列出的主要工业部门中(这些部门2003年产值占所有工业部门总产值的71.67%),东部地区在2003年的产值占全国的比重都比1990年高,表明东部地区各部门在此期间的年均增长率都高于全国平均水平,即使并没有优势的产业部门,比如煤炭开采和洗选业,2003年与1990年

相比,东部占全国的比重也提高了4.39百分点。同时各部门在此期间集聚程度变动的差异很大,如表5-3所示,用2003年东部占全国的比重与1990年占全国的比重之差表示在此期间的集聚幅度,在所列出的22个部门中,有11个部门向东部地区集聚的幅度低于10.42百分点,而另外11个部门的集聚幅度都超过10.42百分点。表明东部地区有11个部门的增长速度高于全国的平均水平,而另外11个部门的增长速度低于全国的平均水平。在增长率较低的部门中,基本都是资源采掘部门和相应原材料工业部门,以及并不具有比较优势的加工业,如煤炭采选业、电力工业、烟草工业、饮料工业、交通设备制造业等。

(二)传统的比较优势产业集聚程度增加幅度较大

东部地区的传统比较优势产业,如纺织业,服装、鞋帽制品业,金属制品业,机械设备制造业等,1990年,这些产业的产值占全国的比重分别达71.10%、73.72%、67.85%和62.11%,集聚程度较高。虽然这些产业自1990年以来的增长率甚至低于全国的平均水平,这些产业占全国的比重在1990年分别为12.7%、2.3%、2.9%、9.3%,到2003年分别为5.4%、2.4%、2.8%、7.2%,除服装、鞋帽制品业略有上升外,其他各产业都下降,尤其是纺织业下降幅度很大,但这些产业向东部地区的集聚程度更高。到2003年,纺织、服装、金属制品、机械制造四个产业在东部地区的集聚程度分别高达84.12%、89.83%、88.93%、77.57%,与1990年相比,集聚程度增幅分别达13.02%、16.11%、21.08%、15.46%。

表5-3 1990、2003年东部地区工业部门工业产值占全国比重及其变化

工业部门	1990年工业占全国比重/%	2003年工业占全国比重/%	2003年相比1990年增长百分点
全部工业部门	61.25	71.67	10.42
煤炭开采和洗选业	29.73	34.12	4.39
石油和天然气开采业	33.45	40.33	6.88
黑色金属矿开采业	53.37	67.29	13.92
食品加工和制造业	53.49	64.05	10.56
饮料制造业	53.62	59.48	5.86
烟草制品业	30.84	36.05	5.21
纺织业	71.10	84.12	13.02
服装、鞋帽制品业	73.72	89.83	16.11
造纸及纸制品业	56.46	76.94	20.48
石油加工、炼焦业	62.60	64.57	1.97
化学原料及化学制品业	61.05	72.47	11.42

续表

工业部门	1990 年工业占全国比重/%	2003 年工业占全国比重/%	2003 年相比 1990 年增长百分点
医药制造业	59.28	61.30	2.02
化学纤维制造业	76.29	85.14	8.85
非金属矿物制品业	56.97	66.32	9.35
黑色金属冶炼及压延业	58.71	66.39	7.68
金属制品业	67.85	88.93	21.08
机械设备制造业	62.11	77.57	15.46
交通运输设备制造业	51.98	60.35	8.37
电气机械及器材制造业	69.15	86.22	17.07
通信设备、计算机及其他电子设备制造业	73.52	95.91	22.39
仪器仪表及办公设备制造业	62.47	89.80	27.33
电力工业	49.75	55.26	5.51

资料来源:国家统计局.中国工业经济统计年鉴 2001[M].北京:中国统计出版社,2001.

国家统计局.中国工业经济统计年鉴 2004[M].北京:中国统计出版社,2004.

（三）新兴产业集聚程度增幅最大

电气机械及器材制造业,通信设备、计算机及其他电子设备制造业是改革开放以来增长速度较快地的产业,尤其是通信设备、计算机及其他电子设备制造业。1990 年,这两个产业的产值占全国的比重分别为 4.4% 和 3.2%,到 2003 年分别增加到 5.5% 和 11.3%。其中通信设备、计算机及其他电子设备制造业是这一时期增长速度最快的产业,按产值计算已经是最大的工业部门;按增加值计算是仅次于电力工业的第二大工业部门。这两个新兴的工业部门在发展的起始阶段就集中在东部地区。1990 年,这两个工业部门分别占全国的 69.15% 和 73.52%;在快速增长阶段,进一步向东部地区集聚,2003 年,这两个工业部门分别占全国的 86.22% 和 95.91%。表明东部地区在我国新兴产业发展中具有明显的竞争优势。

四、东部地区工业变动的地区特征

按照学术界和我国政府对全国区域的划分,东部地区包括表 5-4 所列出的 10 个省市。其实,东部地区的 10 个省市,在改革开放初期,无论是发展水平还是工业化程度都存在很大差异,北京、上海这两个改革开放前经济发展水平最高的城市,改革开放后,工业占全国的比重持续下降,北京由 1978 年的 4.01% 下降到 2004 年的 1.82%,到 2014 年进一步下降到 1.35%;上海在

1978 年是全国最重要的工业中心,工业占全国的比重高达 12.13%,2004 年大幅下降到 4.93%,2014 年进一步下降到 2.66%。

表 5-4   1978、2004、2014 年东部地区各省市工业产值占全国比重及其变化

地区	1978 年工业占全国比重/%	2004 年工业占全国比重/%	2014 年工业占全国比重/%	2004 年相比 1978 年增长百分点	2014 年相比 2004 年增长百分点
北京	4.01	1.82	1.35	−2.09	−0.47
天津	3.73	2.02	2.55	−1.71	0.53
上海	12.13	4.93	2.66	−7.20	−2.27
河北	5.17	5.76	4.80	0.59	−0.96
江苏	7.97	10.89	9.72	2.92	−1.17
浙江	2.90	7.59	6.04	4.69	−1.55
山东	7.00	11.01	9.05	4.01	−1.96
福建	1.51	3.57	3.76	2.06	0.19
广东	4.73	11.31	10.49	6.58	−0.82
海南	0.17	0.17	0.19	0	0.02
东部	42.32	59.07	50.61	16.75	−8.46

资料来源:国家统计局. 新中国五十年统计资料汇编[M]. 北京:中国统计出版社,1999.
　　　　国家统计局. 中国统计年鉴 2005[M]. 北京:中国统计出版社,2005.
　　　　国家统计局. 中国统计年鉴 2015[M]. 北京:中国统计出版社,2015.

天津市的工业发展不同于一般的地区,作为我国早期的工业中心,应当和北京、上海一样,工业占全国比重理应持续下降,其实在 1978—2004 年,天津工业占全国比重就由 3.73%下降到 2.02%,但进入 21 世纪以来,天津开发了一个以工业为主导的滨海新区,使其工业重新进入快速增长阶段,2014 年工业占全国的比重又回升到 2.55%。

在不包括海南的其他六个省份中,福建工业占全国比重一直上升,由 1978 年的 1.51%上升到 2004 年的 3.57%,2014 年进一步上升到 3.76%。其余五个省份工业占全国的比重都呈现出相同的变动趋势,在 1978—2004 年,持续上升,所不同的只是上升幅度的差异,广东、浙江、山东的上升幅度最大,分别上升了 6.58、4.69、4.01 百分点,而河北仅上升了 0.59 百分点。在 2004—2014 年,这五个省份工业占全国比重都有所下降。

以上分析表明,东部地区工业的快速增长,在 21 世纪初已经终结,我国工业化重点已经转向中西部地区,东部发达地区产业转移作为我国工业重心转移的重要实现条件之一,有助于我国工业在地区间合理布局。

第二节　东部地区粗放式经济增长及其面临的挑战

以上分析表明,改革开放以来,我国经济先向东部地区集聚,而后扩散到中西部地区。工业作为经济中最重要的组成部分,大致也经历了两个阶段。我国工业增长中心向中西部地区转移,作为一种发展规律,意味着从 21 世纪初期以来形成的这种趋势还将持续下去。伴随着这一趋势,东部地区将进一步向中西部转移丧失比较优势的产业。这种经济现象的出现,主要基于以下几方面原因。

一、劳动力和土地价格将持续攀升

(一)要素投入驱动的经济快速增长

改革开放初期我国政府实施的优先发展东部地区的区域发展战略,使东部地区首先迈入经济增长的快车道。东部地区作为先发地区,长期依赖低价的要素供给支撑着经济快速增长。

从劳动力供给看,我国城乡分割的劳动力市场和农村规模巨大的剩余劳动力,使东部地区能够长期获得低价的劳动力供给,这种劳动力供给不仅来自东部地区的农村,也来自发展滞后的中西部地区。据国家统计局的调研结果,2015 年,在东部地区务工的农民工有 1.65 亿人,占农民工总量的 59.4%。其中,跨省流动农民工 7745 万人,占外出农民工总量的 45.9%。分区域看,东部地区外出农民工 17.3%跨省流动,中部地区外出农民工 61.1%跨省流动,西部地区外出农民工 53.5%跨省流动。从农民工跨省流向看,主体是从中西部地区流向东部发达地区。

土地的粗放式利用是支持东部地区快速增长又一重要因素。耕地是我国最稀缺的资源之一,人均耕地只有 0.10 公顷,不及世界平均水平的一半。而东部地区的耕地资源更为稀缺,2015 年,人均耕地只有全国平均水平的50.69%。耕地资源的稀缺性,本应在经济发展中得到最节约的使用,但我国的土地所有制度、土地征用和供给制度,使地方政府为追求招商引资规模可以强行低价征用农民土地,而以低于成本的价格提供给厂商。改革开放以来,我国工业用地的出让方式以协议出让为主,各地区出于对地方政绩和投资的过度追求考虑,往往在招商引资中压低土地价格,甚至出现零地价和负地价现象,土地的协议价格普遍低于开发成本,更低于由供求关系决定的市场交易价格。

高储蓄率和高投资率是支撑我国经济持续快速增长的最主要因素,而东部地区在国家政策支持、外商投资、民营经济和私人经济快速发展等因素综合作用下,固定资产投资持续快速增加。1978 年,东部地区全社会固定资产投资仅为 238.64 亿元,投资与 GDP 的比重为 15.76%;1990 年,全社会固定资产投资增加到 2081.93 亿元,投资与 GDP 的比重为 24.82%;1998 年,全社会固定资产投资增加到 15647.53 亿元,投资与 GDP 的比重为 36.83%;2005 年,全社会固定资产投资进一步增加到 45626.30 亿元,投资与 GDP 的比重为 41.50%;2015 年,全社会固定资产投资迅速增加到 372983.00 亿元,投资与 GDP 的比重为 62.23%。

(二)劳动力和土地价格持续攀升

这种依赖要素投入推动的经济增长必将导致劳动力和土地价格的持续攀升。从劳动力来看,长期支持东部地区经济快速扩张的低价农村劳动力供给已经出现"刘易斯拐点",即农村劳动力供给由无限剩余转化为相对不足。最早发生于 2004 年春季的"民工荒",就是刘易斯拐点的最好证明,"民工荒"的出现,意味着低成本使用农民工的现象已经成为历史,农民工工资将随着各地区用工需求的持续增加而持续攀升。从工资变化看,2003 年,东部地区务工的农民工月收入为 760 元,2015 年已上升到 3213 元。

进入 21 世纪以来,我国进入城市化和房地产加速发展阶段,城市在扩张过程中,工业企业被不断挤向远离城区的外围地区,更重要的是房地产和城市公共用地成为建设用地的主要需求方。在国家严格控制建设用地规模的背景下,工业用地受到很大限制,而且再也不能享受免费用地的优惠了,特别是东部发达地区,工业用地更为紧张。在这些因素的共同作用下,东部地区的工业用地价格持续攀升,传统产业已难以生存。

二、环境污染严重,治理压力加大

(一)环境污染加剧,能源需求增长过快

通过前面的分析可知,东部地区改革开放以来的工业扩张,不仅包括交通设备制造业、电子通信产业,同时也包括化学、造纸、黑色金属冶炼等高耗能、高污染行业,因此造成严重的环境和能源问题。

据国家统计局和环保局公布的《中国绿色国民经济核算研究报告》,东部地区的废水治理成本占全国的 61.8%;大气总治理成本占全国的 46.4%;环境退化成本占全国的 55.8%。由于东部地区过度排放未经处理或处理不达标的污水,沿海水域环境污染严重。据统计,全国海域受污染的面积占总面积的 61.16%,其中中度和严重污染面积分别为 18.23% 和 18.97%。主要湖泊普遍存在富营养化问题,城市、小城镇和农村河流的污染已非常严重,直接影响到城乡居民的饮用水安全。长江以南地区由于过度排放二氧化硫,致使整个地区都成为酸雨的重污染区,并直接影响到城乡居民的生活和健康。

东部地区能源资源较为匮乏,特别是占我国能源生产和消费主导地位的煤炭资源,但工业的过度扩张使能源消费快速增长。2015 年,东部地区原煤产量仅占全国的 6.8%,原油产量占全国的 39.5%,天然气产量占全国的 11.4%;但发电量占全国的 38.8%,电力消费量占全国的 48.87%。中西部地区不仅要向东部地区输送煤炭,还要输送电力。远距离输送能源,致使我国的经济增长付出较大的交通成本,并在长距离运输中污染环境和浪费资源。

(二)环境治理压力加大

研究表明,当人均 GDP 超过 3000 美元后,人们会把环境纳入需求范畴,而且随着收入的提高,对环境的要求会越来越高,人们对环境的要求与收入成正比例关系。近年来,我国一些大的石化项目在布局中,尽管已经做好完全符合国家环保要求的评价,但依然受到当地居民的阻挠,这些案例说明,我国东部发达地区在收入达到一定程度后,日益重视环境质量。

环境治理压力加大的另一个重要原因是,以牺牲环境为代价换取经济的发展,不符合全面建设小康社会的发展目标。另外,国家在建设和谐社会中已把环境友好作为主要战略目标之一,并在全国试点进行绿色 GDP 的统计工作,意味着最高决策层对地方政府政绩的评价已更多地考虑环境因素。

三、产业转移是实现产业结构升级和经济可持续增长的必然选择

以上分析表明,东部地区的主导产业面临要素价格上涨和环境污染治理等多重压力,摆脱这种压力的根本途径是加快产业结构、产品结构调整和升级,实现经济增长方式由数量扩张向创新推动的转变。

产业结构升级过程,从本质上讲,是"吐故纳新"过程,即伴随着新兴产业的发展,已经丧失比较优势的产业必然向其他更具有优势的地区转移。伴随着东部地区改革开放以来的快速经济增长,其产业结构、产品结构也发生了很大变化,在一定程度上也实现了产业结构升级。但从整体讲,东部地区产业结构升级是在新兴产业快速增长的背景下实现的,而没有适时淘汰已经丧失比较优势的产业,甚至一些已经丧失比较优势的产业还在继续集聚。结合在产业结构升级过程中快速成长的新兴产业,比如电子和计算机产业,多数只在我国进行组装或者生产附加价值低的生产环节,事实上东部地区的产业结构升级,只表现在具体产品上,而没有表现在要素投入方面和利润获取方面,这些

产业的扩张和传统产业发展没有本质的区别。

　　按目前东部地区主要依赖要素投入，牺牲环境、资源和劳动者利益的增长方式，很显然经济增长是难以持续的。改变目前发展窘境的有效方式是，淘汰不具有发展优势的产业，促使这些产业向其他更具有优势的地区转移，从而改善逐步恶化的资源供给、环境污染等发展环境和城乡居民生存环境，并为新兴产业的发展创造良好的条件。

第三节　区域产业转移理论

　　发达地区产业转移是实现区域经济协调发展的重要机制。早期的区域产业转移理论来源于国际贸易和跨国投资理论，形成了雁行产业发展理论、产品周期理论等。而诺贝尔经济学奖获得者克鲁格曼则利用中心和外围地区的互动关系，解释了发达的中心地区向欠发达的外围地区产业转移的形成机制。

一、区域产业转移的含义

　　所谓区域产业转移或者产业的区域转移，是指区域经济发展环境的变化，导致产业的发展由一个地区转移到另一个地区。区域产业转移作为一种普遍的空间经济现象，既发生在国家之间，也发生在国内各地区之间。在产业不断细分的背景下，区域产业转移不是表现为产业的整体转移，而是把产业中不适合本地发展的部分产业或者产品向更适合的地区转移，这种产业转移贸易使本地区和转移地区的经济联系更加密切，因而这种产业转移使地区分工更加细化。此外，对区域产业转移这一概念的把握应从以下几方面理解。

　　一是区域产业转移是产业发展的区域化过程。产业的空间发展过程，一般都经历从集聚到扩散这两个阶段，即任何产业的发展都首先发轫于某个地区，然后再由该地区向其他地区扩散。二是区域产业转移是区域产业结构升级和调整的必然结果。区域经济发展过程，也是产业结构升级和演变的过程，在这个过程中，任何产业在特定区域都受生命周期规律的支配，即经历成长、成熟和衰退等不同的阶段，当产业发展处于衰退阶段时，产业就向其他地区转移。三是区域产业转移包括增量转移和存量转移两个相互联系的发展阶段。增量转移是产业转移的第一个阶段，表现为该产业的增长重心已由原产区转向其他地区；存量转移是产业转移的第二阶段，表现为原产区绝对产量的减少。四是区域产业转移一般由企业跨地区投资实现，但也可能通过所有权转移实现产业转移。五是区域产业转移受多种因素的影响，既有水平转移，在发展水平相近的地区之间转移，也有垂直转移，在发达地区和欠发达地区之间转移。其中垂直转移是未来产业转移的主流趋势。

二、区域产业转移理论

前面介绍了有关空间集聚理论。我们已经知道,在集聚过程中,地区间的发展关系演变成中心和外围这种不平等的关系。其实,中心和外围之间的这种发展关系一旦建立,它们之间就存在着极化和扩散(涓滴)两种效应。阿尔伯特·O. 赫希曼(Albert O. Hirschman)在《经济发展理论》一书中解释了极化和涓滴两种效应及其对区域经济关系产生的影响。中心地区或者"北方"地区的极化效应主要来自劳动力和资金的流入以及在贸易中的优势。在极化效应的同时还存在着一种效应,就是涓滴效应,这种效应来自北方向南方购买商品和投资的增加会刺激南方经济增长。尤其是当北方地区出现聚集不经济时,涓滴效应会超过计划效应而占主导地位,从而缩小地区发展差距。其实,从动态比较优势理论看,涓滴效应或者扩散效应还来自发达地区或者北方地区向欠发达的南方地区的产业转移。以直接投资为表现特征的产业转移一直是国际经济学和经济地理学关注的一种显著的地理现象,这种现象还形成了以下几种在学术界有影响的理论。

(一)雁行产业发展理论

雁行产业发展理论最早由日本经济学家赤松提出,后经小岛青和小泽的发展,目前已成为产业转移的重要理论之一。这一理论认为,作为后起国家,制造业的发展一般都经历三个阶段:第一阶段是从发达国家进口并形成国内市场阶段,第二阶段是依赖比较优势本国工业快速发展和扩大本国市场阶段,第三阶段是产品向外出口阶段。小岛青和小泽根据日本电子产品在东亚国家和地区的投资和发展过程,提出了东亚雁行发展模式。在这一发展模式中,产业和技术的扩散和发展不断地从低水平向高水平转移,产业的生产区位在这一过程中由处于高级阶段的国家和地区向处于低级阶段的国家和地区转移。

(二)产品周期理论

美国经济学家雷蒙德·弗农(Raymond Vernon)在 20 世纪 60 年代提出了该理论。弗农把产品的发展分为三个阶段:新产品生产阶段、成熟阶段和标准化阶段,然后把这些阶段和各国的比较优势和需求联系在一起。新产品研发需要较高的科技水平和各种良好的配套条件,只有发达的工业化国家具备这些条件,并产生对新产品的需求,因此新产品一般都发生在发达国家;当新产品被消费者接受后,企业就开始出口该产品,而主要出口对象仍在发展水平和消费水平与本国相近的发达国家,其后企业就开始通过直接投资占领和扩大市场,这一阶段被称为成熟阶段;在标准化阶段,产品已基本定型,生产已经完全标准化,企业为降低成本,便把生产地区转移到发展中国家,同时也可以在发展中国家开拓市场,并以更低的价格从发展中国家进口该产品。

(三)中心-外围理论

著名发展经济学家普雷维什(Prebisch)最早使用"中心-外围"概念解释发达国家和发展中国家的经济关系。美国学者米尔顿·弗里德曼(Milton Friedman)应用这一概念研究区域经济和空间经济,并建立了著名的"中心-外围"理论。该理论认为,在若干区域中有个别区域会率先发展起来,成为中心地区,而其他尚未发展起来或者发展较慢的地区成为外围地区。地区间这种中心-外围关系一旦形成,它们之间就会建立起不平等的发展关系。中心地区将通过自我强化机制不断成长,而外围地区始终处于不利地位。

克鲁格曼是著名国际经济学家,新经济地理学代表人物。他利用经济理论的数学应用成果,成功地把规模报酬递增引入数学模型,从而解释了中心地区的集聚过程。在克鲁格曼建立的动态模型中,中心和外围之间不仅存在集聚过程,也存在扩散过程。在扩散中,劳动密集型产业最先扩散到外围地区,进而消费指向的产业也扩散到外围地区。如果考虑、土地、资本等生产要素,以及环境等因素,当经济集聚到一定程度,土地密集型产业、资本密集型产业和对环境造成较大影响的产业也将陆续向其他地区转移。

第四节　影响东部地区产业转移的主要因素

虽然东部发达产业转移是实现我国区域经济协调发展的重要途径,但东部地区产业转移会受到一些不利因素的影响,其中主要包括中西部地区大规模劳动力流入东部地区,东部地区在参与国际分工中具有不可替代的地理优势。在很大程度上讲,正是东部地区以劳动密集型产业参与国际分工,带来了中西部地区劳动力的大规模的流入。而劳动力由中西部地区流入东部地区,在一定程度上制约了东部地区产业转移。在我国,地方政府出于政绩考虑,也会促使东部地区地方政府支持产业向省内欠发达地区转移,而不是向中西部地区转移。

一、劳动力跨地区流动

国际产业转移的重要原因之一是,劳动力不能在国家间自由流动。目前在全球范围内,除高度一体化的欧盟外,其他国家都对普通劳动力的流入设置难以逾越的障碍,比如,美国正在美墨边界修建隔离墙,以阻止墨西哥和南美地区劳动力流入美国。正是因为国家在很大程度上限制了劳动力的自由流动,才使得发达国家的企业出于利润最大化的考虑,把本国丧失比较优势的产业、产品或者生产环节向发展中国家转移。而在一国范围内,劳动力跨地区流动的障碍则要小得多,而且在多数国家这种障碍不是来自制度层面,而是流入地和流出地之间在文化、语言、生活习惯等方面的差异上。国内劳动力的相对自由流动,在很大程度上代替了劳动密集型产业转移,至少延缓了转移的进程。

（一）中西部地区劳动力大规模流向东部发达地区

改革开放以来,我国经济持续向东部地区集聚,导致劳动力大规模流向东部发达地区。改革开放初期,虽然我国仍然实行劳动力的户籍管理制度,但人户分离的劳动力流动群体已经悄然形成并迅速扩大规模。如农民跨地区流动人数在 1978—1983 年平均每年为 120 万人,而 1984—1988 年迅速上升到平均每年 1400 万人。应当说,这一时期支撑我国快速经济增长的主要是乡镇企业,在"离土不离乡"的政策导向作用下,农村劳动力的转移仅局限在省内、县内乃至乡内,跨省的农村劳动力流动还未形成引人关注的规模。进入 20 世纪 90 年代后,随着我国地区发展差距的迅速扩大,跨省的远距离劳动力流动所占比重迅速提高,并逐渐成为农村劳动力转移的主要实现途径。1997—2000年,在农村劳动力流动的地域构成中,省内农村劳动力流动由53.2%下降到45.9%,而省外农村劳动力流动则由 17.8%上升到 24.9%,2000年农村劳动力跨省就业对我国农村劳动力转移的贡献已达 58%。进入 21 世纪后,跨省劳动力流动虽然仍然是农民工实现就业的重要途径,但在省内就业的比重逐渐提高。2010 年外出农民工在本省就业的比重已提高到49.7%,而跨省就业的比重下降到 50.3%;2015 年,跨省就业的农民工进一步下降到 45.9%。

在我国跨省劳动力流动中,主体是由中西部地区流向东部发达地区。主要流出地区及所占全国比重为:安徽 13.6%、江西 11.1%、四川 10.7%、湖南 10.1%、湖北 10.0%、河南 7.7%、广西 6.9%、重庆 5.7%、贵州 5.1%,九省区合计占全国跨省农民工流动的 80.9%。主要流入地区及所占全国比重为:广东 46.7%、浙江 9.8%、上海 6.9%、北京 6.9%、江苏 5.3%、福建 3.9%、天津 2.3%,七省市合计占全国跨省农民工流动的 81.8%。很显然,劳动力流出地区基本集中在劳动力资源丰富且经济欠发达的中西部地区,而流入地区主要是经济发展水平较高的京津沪三个直辖市,以及改革开放以来经济增长速度最快且劳动密集型产业集中的广东、浙江、江苏、福建等东部省市。

（二）中西部地区劳动力流动对东部发达地区产业转移的替代作用

根据经济学一般规律，发达地区和欠发达地区要素禀赋的差别主要在于，发达地区资本较为丰裕，而劳动力较为稀缺；欠发达地区的劳动力较为丰裕，而资本较为稀缺。在市场机制作用下，发达地区的资本为寻求更多的利润，必然流向欠发达地区；而欠发达地区的劳动力为寻求更高的收入，必然流向发达地区。但资本和劳动力的流动具有一定的替代作用，即资本由发达地区流向欠发达地区，在一定程度上能够替代欠发达地区劳动力的流动，反之亦然。

劳动力从中西部流向东部发达地区，特别是以农村剩余劳动力为主体的跨省流动，按照刘易斯（W. A. Lewis）的无限劳动力供给下的劳动力流动模型，东部发达地区将低成本持续获得劳动力供给，同时劳动力流动将改变东部发达地区和中西部地区的劳动力供给价格。按照供求规律，东部发达地区由于劳动力的大规模流入将降低劳动力供给价格，而中西部地区则由于大规模的劳动力的流出则在一定程度上提高了劳动力的供给价格。比如2004年，在东部、中部、西部各地区务工的农民工月平均工资分别为798元、724元、701元，中部、西部地区分别为东部地区的90.73%和87.84%；2015年，在东部、中部、西部各地区务工的农民工月平均工资分别为3213元、2918元、2964元，中部、西部地区分别为东部地区的90.82%和92.25%。很显然，这种劳动力流动，使得东部发达地区劳动密集型产业的竞争优势得以继续维持。在一定程度上延长了劳动密集型产业的生命周期，而中部、西部地区价格低廉的劳动力优势将受到抑制，对吸引东部发达地区劳动密集型产业的作用将弱化。也就是说，中部、西部地区农村大量剩余劳动力的存在及流向东部发达地区，在一定程度上将替代东部发达地区劳动密集型产业的转移。

二、东部发达地区广泛参与国际分工

（一）东部地区在我国参与经济全球化中占主导地位

改革开放以来，外资的大规模进入和对外贸易的快速发展是支持我国经济保持高速增长的主要原因之一。通过30多年来积极参与经济全球化进程，我国已经成为对外商投资最具吸引力的国家及世界贸易大国。2015年，货物进出口贸易39530.3亿美元，外商累计投资达45390亿美元。然而，我国参与经济全球化的地区差异很大。从对外贸易看，2015年，东部地区在我国货物进出口总额中占82.8%，中部、西部地区分别占6.4%和7.4%。从境外企业直接投资看，东部地区外商直接投资累计占全国的76.3%，中部、西部地区仅分别为9.5%和8.4%。由此可以看出，东部地区在我国吸引外资和参与国际分工中占绝对优势地位,是我国参与经济全球化受益最多的地区。

(二)我国参与国际分工的产业结构变化及比较优势

改革开放 20 多年来,我国参与国际分工的产业结构发生了显著变化。1980 年,初级产品出口占我国出口总额的 50.3%,在制造业中轻纺产品又占 44.4%;2002 年,初级产品在出口构成中已下降到 8.7%,工业制成品上升到 91.3%;2015 年,初级产品在出口构成中进一步下降到 4.6%,工业制成品则上升到 95.4%。在工业制成品出口中,2015 年,轻纺产品下降到 17.2%,而机械及运输设备出口占 46.6%,是我国参与国际分工的支柱产业和主导产业。

在我国进出口贸易中,加工贸易占重要地位。2002 年,加工贸易出口 1799.4 亿美元,占我国出口总额的 55.3%;2015 年,出口额增加到 10046.1 亿美元,占出口比重 44.2%。由于我国参与国际分工的比较优势是素质较高且价格低廉的劳动力,跨国公司对我国转移的产业也主要利用这一优势。虽然从出口产品看,主要表现为技术含量较高的机电产品,甚至高技术产品,但布局在我国的生产部分属于劳动密集型生产环节。在一般贸易中,出口结构的显著变化并没有从总体上改变产品的劳动密集型特征,附加价值较低。由此可见,在我国出口商品中,无论其产业属性如何,其本质都具有劳动密集型特征。这一特征,体现了我国在国际分工中的地位,反映了我国经济发展阶段和水平,并发挥了我国劳动力资源丰富的优势。

(三)东部发达地区参与国际分工对产业转移的抑制作用

东部地区的区位特征,以及我国主要贸易对象的地理分布,决定了东部地区在我国参与国际分工中将长期居主体地位。参与国际分工,实际上意味着为东部地区的劳动密集型产业和产品提供了广阔的可供开拓的市场空间,从而使劳动密集型产业得以在更大规模上进行扩张。跨国公司以加工贸易方式进行的大规模投资,则进一步使劳动密集型产业在东部地区集聚。这种主要出口国际市场的劳动密集型产品,显然布局在东部地区比在中西部地区更为合理。其结果将延长东部地区劳动密集型产业的生命周期,并使其在产业结构、产品结构升级过程中,把并未失去比较优势的产业向欠发达的中西部地区转移,主要表现为中西部地区劳动力大规模向东部地区流动。

三、体制转轨过程中的制度安排

（一）地方政府的经济行为及其对东部发达地区产业转移的影响

我国在社会主义市场经济体制构建过程中，塑造了具有相对独立利益的经济主体，即地方政府。在我国所有权改革滞后的背景下，地方政府事实上具有更大的资源配置权，以及对资源配置的影响力。改革过程中，事权的不断下放，使地方政府承受更大的财政压力，追求地方财政收入最大化成为支配地方政府经济行为的首要目标。我国目前实行的分税制及其中央对地方的转移支付制度，使这一目标的实现转化为追求更快的经济增长率，而对地方政府政绩的评价偏重于经济因素，进一步强化了对经济增长率的追求。

在我国目前的区域发展差距下，东部发达地区与中西部地区事实上形成了"核心-外围"关系，这种关系使得东部发达地区和中西部地区在追求地方利益的博弈中处于不均衡地位。东部发达地区作为核心区，对欠发达的中西部地区具有一定的支配作用。这种支配作用使其在追求经济增长目标中占主导地位：一方面，利用区位优势、国家给予的优惠政策，以及不断流入的农民工和专业人才，吸引境外投资，发展进口替代产业、新兴产业、高附加价值产业和加工贸易产业。另一方面，利用不断扩大的市场需求发展并不具有优势的钢铁、有色金属冶炼等资源、能源密集型产业。同时，低价甚至违规提供土地和宽松的环境政策，使本该向外转移的产业得以继续生存，这在一定程度上延缓了丧失比较优势的产业向区外转移的进程。即使需要向外转移，也会采取措施，鼓励其转移至管辖区内。比如，江苏鼓励苏南企业到苏北地区投资，广东采取措施鼓励珠江三角洲丧失比较优势的产业向省内其他地区转移。

（二）财政转移支付制度安排及其对东部发达地区产业转移的影响

在一定的制度安排下，追求财政收入最大化始终是地方政府经济行为的主要目的。在日趋开放的经济系统中，地区之间的经济竞争实质上就是投资环境的竞争。因为在这种开放的系统中，地区之间的要素流动在加速，只要具备良好的投资环境，就能吸引投资者和其他稀缺生产要素的流入。投资环境是一个包含内容十分广泛的概念，但最基本的是基础设施及其他公共产品的供给能力。而投资环境的改善显然取决于地方财政收入及其相应的支出能力。我国目前实行的分税制，是在区域发展差距持续扩大的背景下，中央与地方对财政收入的制度安排，这种安排显然将扩大地区间财政收入的差距。1990 年东部地区地方财政收入占全国比重为 45.1%，1998 年上升到 52.7%，2005 年进一步上升到 60.2%。2005 年以后，随着 GDP 占全国比重下降，地方财政收入也下降到 2015 年的 56.0%。

我国现行的中央与地方财政收支体制对东部发达地区产业转移造成的负面影响主要表现在两个方面：一是这种体制使东部发达地区具有无限扩张经济规模的冲动。因为经济规模越大，地方财政收入就越多，财政支出能力就越大。从而使东部发达地区的地方政府不是根据本地区的优势及在全国地区分工中的地位进行产业发展规划，而是基于经济规模的扩张盲目引进本地区并不具有优势的产业；不是追求经济增长质量和效益，而是一味追求较快的经济增长率。显然，在这种财政体制安排下形成的发展模式，使得地方政府限制而不是鼓励丧失比较优势的产业向中西部地区转移。二是中西部地区吸引产业转移的优势是一种潜在的优势，这种主要体现为要素禀赋的优势能否转化为产业优势，关键在于中西部地区的投资环境在多大程度上得到改善。而现行的财政体制只能扩大而不是缩小中西部地区与东部地区投资环境的差距，这种差距将加大中西部地区的投资风险，降低预期投资收益率，在一定程度上弱化了基于要素价格优势而向东部发达地区产业转移的吸引力。

四、东部地区产业转移应进一步讨论的几个问题

通过以上分析不难看出，劳动力跨地区流动和我国参与国际分工的比较优势，使得劳动密集型产业在我国过度集中于东部地区，而现行的地方管理体制在很大程度上加剧了这种分布态势。但我国经济发展的国内外环境正在发生变化，为适应这种变化，东部地区只有通过产业转移，才能为经济进一步快速增长创造良好的环境，并为中西部地区经济发展创造机会。在实现东部地区产业转移中，不能完全依赖市场机制，事实证明市场机制在这种产业转移过程中是无效的，至少是滞后的，因而需要中央给予政策支持。

首先，从发展阶段看，东部地区正陆续进入工业化中期阶段，以劳动密集型产品主导经济的发展模式已不能适应这一阶段的发展要求，产业结构必须向资本密集型和技术密集型产业为主导的方向调整，这是经济发展的一般规律，违背这一规律将受到惩罚。近两年东部地区外商企业投资的减少已显示出劳动密集型产业的竞争优势正在丧失，意味着东部地区的经济发展进入产业结构调整期。在调整阶段，各省市既要合理确定本地区的产业发展方向，又要把已经丧失比较优势的产业向外转移。以北京为例，应当把调整产业结构的主导方向转移到第三产业，而不是在工业领域，不仅首钢集团要迁移到其他地区，而且其他在市区布局的工业也要迁移到其他地区。

其次，从国际市场看，东部地区的劳动密集型产品在国际市场已经遇到很大压力，一些重要市场对我国出口的劳动密集型产品设置重重障碍，以限制我国劳动密集型产品的进入规模。在这种背景下，东部发达地区把劳动密集型

产业向中西部地区转移并不丧失其参与国际分工的优势,而是通过产业结构升级和产品的技术升级,在更高层次上参与国际分工。应当说,东部发达地区目前具备在更高层次上参与国际分工的条件,发达国家正在加速向外转移资本、技术密集型产业,东部地区显然是吸引这些产业的有力竞争者。事实上,近年来跨国公司已明显提高了在东部地区直接投资的技术水平,有的甚至投资建设研发基地。东部发达地区把劳动密集型产业向中西部地区转移,不仅不会使我国劳动密集型产业丧失在国际市场上的竞争优势,反而由于中西部地区廉价的土地资源和劳动力,进一步提高其竞争优势,并扩大了我国参与国际分工的地域范围。同时,通过东部地区产业结构升级,提高了我国参与国际分工的层次和水平,使我国在参与国际分工中获得更大的利益。

第三,我国政府正在转变发展观,由片面追求经济增长转向以人为本、和谐发展。客观评价 30 多年来的经济增长,虽然经济增长率很高,平均达9.6%,东部地区更高,达到 11% 以上,但我们也为这种片面追求经济增长的行为付出了代价,环境污染加剧,收入差距扩大,广大民众享受到的福利提高程度远小于经济增长速度,尤其是农民和农民工。毫无疑问,治理污染和改善不合理的收入分配制度,将大大增加东部地区劳动密集型产业、资源和能源密集型产业的成本,使这些企业丧失竞争优势,必须向其他地区转移。

第四,东部发达地区地方政府基于本地利益对丧失比较优势的产业进行保护或者鼓励其在管辖区内进行转移,是无可厚非的。但经济发展规律表明,保护已经或者将要失去比较优势的产业,虽然可能带来地区一时的经济增长,然而丧失的却是长期的可持续增长价值。地区可持续增长的必要条件是不断提升产业结构。产业结构升级是一个"吐故纳新"过程。"吐故"就是向外转移丧失比较优势的产业,"纳新"就是发展新兴产业。当地区经济集聚到一定规模,保护已经丧失比较优势的产业,就在一定程度上限制了新兴产业的发展。比如,上海市自 20 世纪 90 年代以来的快速增长,一方面,得益于浦东的开发开放;另一方面,也是因为果断转移丧失比较优势的纺织工业,为新兴产业的发展和城市的现代化改造提供了空间。因此,发达地区地方政府在产业发展规划时,不仅要注重发展能增强地区经济竞争力的进口替代产业和新兴产业,而且要鼓励丧失比较优势的产业向欠发达地区转移。

第五,东部发达地区向中西部地区转移丧失比较优势的产业,是我国产业布局的一次大的空间结构调整。这种调整对我国区域经济协调发展,宏观经济的长期可持续增长,产业结构升级,扩大和提高参与国际分工的地域和水平都具有不可替代的作用。但发达国家的区域经济发展史表明,这种调整不能依靠市场机制来实现,或者说市场机制作用下的产业空间转移总是滞后于区域经济发展的需要,因此中央应通过政策支持加快产业空间转移进程。政策支持一方面要在中西部地区形成吸引所转移产业的"拉力",另一方面要在东部发达地区形成加快丧失比较优势产业转移的"推力"。

第五节　中部地区承接产业转移的比较优势

尽管东部地区产业转移受到一些不利因素的影响,但丧失比较优势产业向外部转移是东部发达地区产业升级的必然选择。中部地区和西部地区相比,无论是在区位上还是在人力资源方面都具有一定的优势,对东部地区产业转移具有较大吸引力。

一、中部地区承接产业转移的区位优势

（一）区位优势

中部地区在我国区域经济发展中具有显著的区位优势。按照中心地理论,就国内市场而言,中部地区所在的地理位置能够覆盖最大的市场范围。在我国统一市场建设中,特别是经济发展由出口导向向内需的主导转变中,中部地区这种区位特点将日益显示出其优势。事实上,中部地区这种优势已经吸引了国内企业的投资,尽管这种投资没有得到国家政策的支持,比如国内知名企业海尔在安徽的合肥、芜湖等地投资。

从区位上讲,中部地区与西部地区相比,其优势在于接近东部地区。东部地区目前转移的产业主要是劳动密集型产业、能源密集型产业、资源密集型产业。从劳动密集型产业看,一方面开发当地市场,但更主要的市场是在国外,关键是东部地区企业的投资可能只是最终产品的部分生产环节,在产品生产过程中还需要东部地区企业产品的配套支持,显然中部地区与东部相邻的地理位置有助于节约运输成本。从能源密集型和资源密集型产业看,其市场可能主要在东部地区,比如上海把以煤炭为原料的火电向安徽转移,然后从安徽输送电力。这些能源密集型和资源密集型产业的产品流动性较差,不适合长距离运输。

中部地区这种区位特点在吸引东部地区产业转移上的优势也得到理论上的支持。经济地理学家认为,社会经济现象的地理扩散具有接触性扩散和等级扩散特点,而空间扩散遵循距离衰减规律,即扩散的强度随着空间距离的增加而衰减,其数学表达式为:$I_{ij} = D_{ij}^{-k}$,(I 表示 i 和 j 两地间的相互作用水平,D 表示 i 和 j 两地间的空间距离,k 是经验系数)。

（二）中部地区与东部地区经济联系的交通优势

山西省属于环渤海经济圈的一部分,和这一经济圈的核心地区——京津地区有方便的交通联系通道。在铁路运输中,京石铁路和石太铁路、京原铁路和京包铁路分别把北京和山西省的太原、阳泉、大同等重要工业中心连接起来,此外大秦线和朔黄线还把山西直接与沿海港口连接起来,不过这两铁路干线主要是运输煤炭。从公路运输看,北京经石家庄与太原、北京经宣化与大同都已建成高速公路,并与山西省内的大云、太长高速公路相连接。在北京与中西部地区联结的公路网络中,距离山西省的主要经济中心阳泉、大同、太原等地最近,分别只有 393 千米、389 千米和 503 千米。

长三角地区与安徽、江西相邻,并有长江、浙赣铁路、南京到芜湖的铁路、南京到合肥的铁路、杭州到芜湖的铁路,以及多条公路等运输通道相连接。长江大通道连接上海、南京以及安徽的马鞍山、芜湖、铜陵、安庆和江西的九江,这些地区的货物可直接通过长江运至上海港口。从公路来看,上海与中西部地区较近的城市有马鞍山（369 千米）、滁州（396 千米）、芜湖（420 千米）、合肥（554 千米）等;南京与中西部地区较近的城市主要有马鞍山（47 千米）、滁州（70 千米）、合肥（154 千米）、巢湖（136 千米）、铜陵（191 千米）等;杭州与中西部地区较近的城市主要有安徽的黄山（300 千米）、芜湖（329 千米）、马鞍山（380 千米）、铜陵（355 千米）,江西的上饶（396 千米）、鹰潭（514 千米）等。

珠江三角洲与湖南、江西相邻,京广铁路和京九铁路这两条南北大通道分别把湖南、江西与珠江三角洲连接在一起,沿着这两条铁路还建成了两条高速公路。广州与中西部地区较近的城市主要有广西的梧州（278 千米）、玉林（473 千米）,湖南的彬州（454 千米）,江西的赣州（463 千米）等。

二、中部地区吸引东部地区产业转移的人力资本优势

中部地区崛起的优势在于劳动力资源丰富,这种优势包括价格优势和劳动力素质。从价格优势看,中部地区各省城镇职工的平均工资较低,且低于西部地区。表 5-5a、表 5-5b 显示,2015 年,在中西部各省区市中,河南省的年平均工资最低,倒数第二、第三、第四的分别是江西、山西和湖南。中部地区工资水平最高的安徽省只有 55139 元,在西部地区中有八个省区市超过这一工资。

从劳动力素质来看,如表 5-5a 所示,中部地区人口的受教育程度,特别是具有初高中学历的人口比例显著高于西部地区,这对于产业转移的吸引力比价格优势更大。中部地区劳动力素质的优势还在于,中部地区是我国劳动力流出最多的地区,同时也积累了大量具有在东部地区务工经验的劳动力。这些劳动力是改革开放以来我国人力资本积累的一笔宝贵财富,但受制于户籍

制度和沿海地区长期的低工资被迫返乡务农,这些劳动力以及正在东部沿海地区务工的劳动力所具有的技能和素质对于产业转移最具有吸引力。

表5-5a　2015年中部各省区市职工年平均工资及人口受教育程度分布情况

地区	工资/元	受教育程度分布情况					
		文盲/%	小学/%	初中/%	高中/%	中职/%	大学/%
山西	51803	2.98	20.69	42.96	15.19	4.21	13.40
安徽	55139	6.51	27.76	39.90	10.89	2.88	11.38
江西	50932	4.68	30.08	38.76	12.65	3.08	10.35
河南	45403	5.25	25.87	42.84	14.13	2.70	8.51
湖北	54367	5.96	24.08	36.63	13.33	4.94	14.28
湖南	52367	3.37	26.55	43.63	15.89	4.13	11.57
中部		4.93	26.02	39.92	13.72	3.56	11.22

表5-5b　2015年西部各省区市职工年平均工资及人口受教育程度分布情况

地区	工资/元	受教育程度分布情况					
		文盲/%	小学/%	初中/%	高中/%	中职/%	大学/%
内蒙古	57135	5.47	24.21	37.53	12.65	3.62	15.81
广西	52982	4.66	31.20	41.09	9.32	4.32	8.96
重庆	60543	5.59	31.56	33.17	12.51	4.61	12.17
四川	58915	8.14	33.29	33.91	10.27	3.38	10.72
贵州	59701	13.01	34.39	34.89	7.29	2.92	8.35
云南	52564	9.52	37.41	32.35	7.29	4.15	9.06
西藏	97849	37.33	36.71	14.41	4.67	1.08	7.06
陕西	54994	4.87	23.09	37.77	12.79	3.22	16.21
甘肃	52942	11.31	30.64	29.90	11.71	4.22	12.20
青海	61090	16.04	35.17	23.86	8.01	2.91	9.74
宁夏	60380	9.17	27.62	33.59	10.17	3.88	14.93
新疆	60117	4.46	29.81	36.85	9.37	4.47	13.23
西部		8.48	31.40	34.91	10.07	3.76	11.46

资料来源:国家统计局.中国统计年鉴2016[M].北京:中国统计出版社,2016.

三、中部地区吸引东部地区产业转移的市场优势

在企业跨地区投资中,当地现有的需求能力和市场潜力是影响企业投资决策的重要因素。虽然通过贸易也可以占领市场,但在当地投资更容易获得

地方政府和消费者的支持。我国区域经济发展重点正由东部沿海地区向中西部地区转移，这种转移形成的不断增长的投资需求和消费需求对商家来说是一个机遇。中央倾向于有眼光的企业在这些潜力巨大的地区投资，共同创造这个机遇，而不是仅仅通过转移支付或者政府投资为商家提供市场。中西部地区现有的市场能力和潜在的市场能力对东部企业都具有吸引力，在吸引东部企业投资中各具优势。

西部地区远离东部沿海地区，产品运输需要花费较大的成本，在当地生产则能够降低运输费用。西部地区的优势还在于，有许多地方，特别是少数民族，会利用当地特有的资源，生产主要面向本地市场的产品。其实这些产品都具有市场开拓价值，包括海外市场，缺少的是具有更高生产效率的技术、开拓市场的经验和先进的生产管理水平，这对于东部地区企业投资具有较大吸引力。

中部地区的市场优势包括以下几个方面。首先，就国内市场而言，中部地区有特殊的区位特点，相对于东西部来讲，中部地区能覆盖更大的市场范围。一个极端的例子是，如果某种产品的生产只需要一个企业并且只有一个工厂才符合规模经济，按照传统的工业区位理论，在中部地区选址和设施布局符合成本最小和利润最大化原则。这个极端例子的意义在于，中部地区这种"居中"的区位特点对于吸引企业投资的优势，在企业投资决策中的作用将更加明显。

其次，中部地区的发展水平略高于西部地区。2015 年，中部、西部地区人均 GDP 分别为 38152 元和 37079 元，中部地区人均 GDP 比西部地区高 1073元。中部、西部地区城镇居民人均可支配收入分别为 26810 元和 26473 元，中部地区比西部地区高出 337 元；农村居民人均可支配收入分别为 10919 元和9093 元，中部地区比西部地区高出 1826 元。这种收入差异，特别是农村居民收入差异，使中部地区形成较大的消费市场，2015 年中部、西部地区的社会消费品零售总额分别为 62635 亿元和 55124 亿元，中部地区比西部地区多了7511 亿元。

第三，中部地区人口密度大、经济密度大。2015 年中部、西部地区的人口密度分别为 354.94 人/平方千米和 54.71 人/平方千米，经济密度分别为1115.71亿元/万平方千米和 211.12 亿元/万平方千米。从纯经济角度看，较高的人口密度和经济密度，有利于形成具有规模效应的市场。更为重要的是，中部地区的经济发达地区主要位于京广线和长江沿线，在这些相互短距离连接的区域，已经形成了较大的市场，而且这一市场短期内发展很快，对于任何企业来讲，这一市场都具有很大吸引力。

四、国家关于中部地区承接产业转移的发展规划

2010 年国务院办公厅发布了《国务院关于中西部地区承接产业转移的指

导意见》(国发〔2010〕28 号)。在文件中提出,中西部地区承接东部地区产业转移是实现全国范围产业优化布局的重要举措,既有利于中西部地区经济发展,也有利于东部地区产业升级。同时还提出了总体要求、布局方式和促进产业转移的主要政策。工信部根据国务院的文件制定了产业转移的主要承载地区和具体目录。

(一)中部地区承接产业转移的主要载体

中部地区作为欠发达地区,各地区都需要通过承接产业转移,发展本地经济。根据工信部发布的《产业转移指导目录(2012 年本)》,中部地区承接产业转移应主要集中在以下地区:太原城市群、晋北中部城镇群、晋南中部城镇群、晋东南中部城镇群;皖江城市带承接产业转移示范区、皖北和沿淮经济区、皖西南生态经济区;赣东经济区、赣西经济区、赣南经济区、赣北经济区;河南沿陇海经济带、河南沿京广经济带、河南沿边协作经济带;武汉城市圈、鄂西生态文化旅游圈、湖北长江经济带;长株潭经济区、湘南承接产业转移示范区、环洞庭湖地区、湘西地区。

(二)中部地区各省承接的主要产业

山西省是我国能源生产和输出大省,以煤炭、焦炭、冶金、电力、化工等为支柱产业。在工信部发布的《产业转移指导目录(2012 年本)》中,山西省优先承接的是具有市场需求的以煤层气综合利用、煤精细化工产品为核心的化工产业,以大型煤矿成套综采设备、薄煤层采煤成套设备为代表的机械产业等,以及具有一定比较优势的以铁路电力及内燃机车、铁路货车、动车组设备为主体的轨道交通产业。此外,还包括果酒、特色黄酒、醋饮料和红枣、核桃、山楂、杂粮等粮食、果蔬深加工的特色食品工业,以及医药、电子信息、轻工、建材、纺织等产业。

安徽省要充分利用国务院批复的《皖江城市带承接产业转移示范区规划》带来的发展机遇,重点承接以乘用车、商用车、专用车为核心的汽车工业,以高端数控机床及功能部件、工业机器人成套系统为主的机械工业,以高效低毒杀菌剂、精细无机盐产品、生态专用肥等为主的化学工业,以及钢铁、有色金属、轻工、纺织、建材、电子信息等产业。

江西省要充分利用独特的区位优势,以及汽车航空及精密制造、特色冶金和金属制品、中成药和生物制药、电子信息和现代家电产业、食品工业、精细化工及新型建材等产业优势,优先承接发展汽车、纺织、建材、有色金属、化工、钢铁、食品、医药、航空航天等产业。

河南省是中部地区经济实力最强的省份,产业门类齐全,综合优势突出。根据工信部发布的《产业转移指导目录(2012 年本)》,河南省要重点承接以乘用车、商用车、专用汽车、发动机及关键零部件、新能源汽车及关键零部件等为主的汽车工业,以卫星通信及导航设备、移动通信系统、网络终端设备、通信测试设备等为主的电子信息产业,以数控车床、专用机床、发电机、高端铸锻件、高端轴承抽油机、采油车、矿山机械、工程机械为主的装备制造业,以及食品、轻工、有色金属、医药、化工、建材等优势产业。

湖北省以汽车、钢铁、石化、食品、电子信息、纺织、装备制造和建材为支柱产业。在工信部发布的《产业转移指导目录(2012年本)》中,湖北主要承接以光通信及设备、移动通信系统、网络终端设备、激光通信系统、激光测量仪器等产品及零部件、超大容量存储系统及设备、光通信器件、光纤光缆等为主的电子信息产业,以重型超重型数控机床、数控系统及功能部件、工业机器人、大型薄板冷轧机组成套设备、新型纺织机械等为主的装备制造业,以及汽车、钢铁、化工、航空航天等优势产业。

湖南省主要承接以数控机床、智能焊割设备、大型液密封环冷机、高端工程机械为主的装备制造业,以大功率交流传动电力机车、城轨车辆、中低速城际磁悬浮车辆、城际客运动车组、新型轨道工程车辆、铁路货车、矿山用有轨机车及机车车厢等为主的轨道交通制造业,以及有色金属、轻工、食品、医药、电子信息等优势产业。

五、中部地区承接东部地区产业转移的实证分析

从前面的论证可知,2005年是中部地区经济发展的水分岭,从国家层面看,已经启动了中部地区崛起战略,而且东部地区的经济集聚达到峰值,聚集不经济开始显性化,扩散效应逐渐发挥主导作用。东部地区的扩散效应,主要体现为已经丧失比较优势的产业向外转移,而中部地区具有承接这些产业的综合优势。本书对2005年以来中部地区承接东部地区的产业转移给予验证。

(一)中部地区外商投资额和加工贸易出口额迅速增长

改革开放以来,东部地区经济快速增长的基本经验之一,就是积极参与经济全球化,利用其优势承接发达国家和地区的产业转移。虽然东部地区在我国参与经济全球化中仍然发挥主导作用,但自2005年以来,中部地区承接产业转移的能力明显提高。以外商投资额和外商出口额为例,如表5-6所示,2005年,中部地区外商出口额为544243万美元,只占全国的1.31%;到2014年外商出口额迅速增加到5926517万美元,占全国的比重增加到5.90%。在此期间,全国外商出口总额只增长了1.43倍,而中部地区却增长了9.89倍。

中部地区外商出口额的增加是外商投资额增长的结果。如表5-6所示,截至2005年,外商累计在中部地区投资1039亿美元,占全国的7.09%,到

2014 年,中部地区累计投资达 4302 亿美元,占全国的比重提高到 9.48%。在 2005—2014 年,中部地区累计投资 3236 亿美元,占全国的比重为 10.52%。

表 5-6　2005、2014 年全国和中部地区外商投资及出口额的增长

地区	外商出口额/万美元		外商投资额/亿美元		
	2005 年	2014 年	截至 2005 年累计投资	截至 2014 年累计投资	2005—2014 年累计投资
全国	41418152	100461441	14640	45390	30750
山西	51959	442045	77	411	334
安徽	150275	811897	155	1065	910
江西	64278	697301	185	726	541
河南	84137	2944767	206	687	481
湖北	129213	674716	258	892	634
湖南	64381	355791	158	521	363
中部	544243	5926517	1039	4302	3263
中部占全国比重/%	1.23	5.89	7.08	9.47	10.52

资料来源:中国统计出版社出版的《中国统计年鉴 2006》《中国统计年鉴 2015》《山西统计年鉴 2006》《山西统计年鉴 2015》《安徽统计年鉴 2006》《安徽统计年鉴 2015》《江西统计年鉴 2006》《江西统计年鉴 2015》《河南统计年鉴 2006》《河南统计年鉴 2015》《湖北统计年鉴 2006》《湖北统计年鉴 2015》《湖南统计年鉴 2006》《湖南统计年鉴 2015》。

　　加工贸易是体现中部地区参与全球分工的主要方式,也是承接东部地区产业转移的主要类型。在参与加工贸易的生产中,既包括外商投资企业,也包括东部地区投资的企业,同时还包括本地区投资的企业。如表 5-7 所示,2005 年,中部地区加工贸易出口额为 46.83 亿美元,只占全国的 1.12%;2014 年,加工贸易出口额增加到 560.73 亿美元,占全国的比重也上升到 6.34%。2014 年,全国加工贸易出口额是 2005 年的 2.12 倍,而中部地区 2014 年加工贸易出口额是 2005 年的 11.97 倍。数据表明,自 2005 年以来,中部地区加工贸易的增长速度远高于全国的平均水平,也高于东部地区。

表 5-7　2005、2014 年全国和中部地区加工贸易出口额的增长

地区	2005 年/亿美元	2014 年/亿美元	2014 年占 2005 年比重/%
全国	4164.67	8843.60	2.12
山西	4.86	53.35	10.98
安徽	10.40	87.56	8.42
江西	3.90	48.43	12.42

地区	2005 年/亿美元	2014 年/亿美元	2014 年占 2005 年比重/%
河南	14.74	243.94	16.55
湖北	9.43	75.91	8.05
湖南	3.5	51.54	14.72
中部	46.83	560.73	11.97
中部占全国比重/%	1.12	6.34	5.66

资料来源:中国统计出版社出版的《中国统计年鉴 2006》《中国统计年鉴 2015》《山西统计年鉴 2006》《山西统计年鉴 2015》《安徽统计年鉴 2006》《安徽统计年鉴 2015》《江西统计年鉴 2006》《江西统计年鉴 2015》《河南统计年鉴 2006》《河南统计年鉴 2015》《湖北统计年鉴 2006》《湖北统计年鉴 2015》《湖南统计年鉴 2006》《湖南统计年鉴 2015》。

(二)中部地区承接东部地区产业转移的实证分析

自 2005 年以来,东部地区工业化取得重大进展。2005 年,中部工业增加值占全国的比重为 17.5%,2014 年则增加到 21.4%。在中部地区快速工业化进程中,对承接东部地区产业转移起到重要作用。本书采用区位商方法具体反映各产业在所研究时期内的相对增长速度,如果期末的区位商大于初期的区位商,表示该产业的增长速度快于该地区的增长速度,同时也快于全国同行业的增长速度。

如表 5-8、表 5-9 所示,在所列出的制造业中,2014 年的区位商都大于 2005 年的区位商。表示这些产业在 2005—2014 年的增长速度,既高于整个工业的增长速度,又高于全国同行业的增长速度,因而在推动中部地区工业快速增长中发挥了重要作用。进一步分析各产业发现,农副产品加工业,食品制造业,酒、饮料和精制茶制造业,木材加工及木竹藤棕草制品业等四个产业,在 2005 年的区位商均大于 1,是中部地区具有比较优势的产业,到 2014 年区位商进一步增加。

纺织业,纺织服装、服饰业,皮革、毛皮、羽毛及其制品和制鞋业属于典型的劳动密集型产业,一直以来都是东部地区的优势产业,2005 年,中部地区这三个产业的区位商分别为 0.64、0.37、0.44,但在 2005—2014 年中部地区这三个产业的区位商都有明显升幅,2014 年区位商分别达到 0.90、0.98、1.01,属于中部地区承接东部地区产业转移效果显著的三个产业。此外,印刷和记录媒介复制业、仪器仪表制造业也成长为具有优势的产业,区位商分别由 2005 年的 0.89、0.31 增加到 2014 年的 1.26、1.11。

家具制造业,文教、工美、体育和娱乐用品制造业,电气机械和器材制造业,计算机通信和其他电子设备制造业都属于中部地区的弱势产业,2005 年,中部地区这四个产业的区位商分别为 0.42、0.18、0.59、0.13。通过承接东部

地区这些产业的转移,到 2014 年,中部地区这些产业的区位商分别上升到
0.92、0.69、0.90、0.54。

表 5-8　2014、2005 年中部地区四省部分制造业区位商的比较

制造业	山西		安徽		江西		河南	
	2014 年	2005 年	2014 年	2005 年	2014 年	2005 年	2014 年	2005 年
农副产品加工业	0.34	0.25	1.30	0.38	0.98	1.04	1.43	2.17
食品制造业	0.38	0.44	0.83	0.89	0.88	0.86	1.85	1.98
酒、饮料和精制茶制造业	0.79	0.65	1.12	0.96	0.72	0.86	1.46	1.35
纺织业	0.06	0.11	0.71	0.65	0.94	0.71	1.05	0.73
纺织服装、服饰业	0.05	0.05	1.25	0.31	2.12	1.25	0.76	0.18
皮革、毛皮、羽毛及其制品和制鞋业	0.04	0	0.88	0.51	1.38	0.49	1.59	0.84
木材加工及木竹藤棕草制品业	0.06	0	1.40	1.29	1.07	1.81	1.00	1.00
家具制造业	0.05	0	1.17	0.15	0.89	0.29	1.15	0.73
造纸及纸制品业	0.08	0.10	0.68	0.56	0.82	0.91	1.18	1.49
印刷和记录媒介复制业	0.16	0.21	1.59	0.79	1.60	1.45	1.07	0.84
文教、工美、体育和娱乐用品制造业	0.04	0.18	0.81	0.44	1.18	0.37	0.87	0.06
橡胶和塑料制品业	0.19	0.18	1.24	1.41	0.70	0.40	0.92	0.81
电气机械和器材制造业	0.12	0.08	1.87	1.56	1.28	0.63	0.66	0.51
计算机通信和其他电子设备制造业	0.43	0.02	0.56	0.14	0.49	0.17	0.55	0.07
仪器仪表制造业	0.02	0.18	0.62	0.41	4.44	0.49	0.67	0.34

资料来源:中国统计出版社出版的《中国统计年鉴 2006》《中国统计年鉴 2015》《山西统计年鉴
2006》《山西统计年鉴 2015》《安徽统计年鉴 2006》《安徽统计年鉴 2015》《江西统计年鉴
2006》《江西统计年鉴 2015》《河南统计年鉴 2006》《河南统计年鉴 2015》。

从各省看,山西省在列的制造业中,无论是 2005 年还是 2014 年都属于弱
势产业。从整体上看,山西省承接产业转移的效果并不明显,但还是出现了一
些积极的迹象,比如,计算机通信和其他电子设备制造业的区位商由 0.02 增
加到 0.43。安徽省的农副产品加工业,纺织服装、服饰业,家具制造业,印刷
和记录媒介复制业,通过承接产业转移,都由劣势产业成长为具有一定比较优
势的产业,区位商分别由 2005 年的 0.38、0.31、0.15、0.79 增长到 2014 年的
1.30、1.25、1.17、1.59。江西省承接产业转移的效果最为明显,仪器仪表制造
业由比较劣势产业成长为具有较强比较优势的产业,区位商由 0.49 增加到

4.44。由劣势产业转化为优势产业的还有电气机械和器材制造业,皮革、毛皮、羽毛及其制品和制鞋业,文教、工美、体育和娱乐用品制造业,区位商分别由 0.63、0.49、0.37 增加到 1.28、1.38、1.18。河南承接东部地区产业转移也取得明显效果,纺织业,纺织服装、服饰业,皮革、毛皮、羽毛及其制品和制鞋业的区位商分别由 2005 年的 0.73、0.18、0.84 提高到 2014 年的 1.05、0.76、1.59,其中皮革、毛皮、羽毛及其制品和制鞋业已成为具有较强比较优势的产业。家具制造业,文教、工美、体育和娱乐用品制造业,计算机通信和其他电子设备制造业的成长速度也较快,区位商分别由 2005 年的 0.73、0.06、0.07 提高到 2014 年的 1.15、0.87、0.55。

　　湖北省也是承接东部地区产业转移取得明显效果的省份,在所列出的 15 个产业中,2005 年只有 2 个产业的区位商大于 1,到 2014 年区位商大于 1 的产业增加到 6 个,而且除了印刷和记录媒介复制业、仪器仪表制造业外,其他 13 个产业的区位商都有增加。其中,表现突出的是依赖当地资源优势的农副产品加工业,食品制造业,酒、饮料和精制茶制造业,区位商分别由 2005 年的 0.91、0.90、1.39 增加到 1.79、1.24、2.43;还有纺织业,纺织服装、服饰业,皮革、毛皮、羽毛及其制品和制鞋业,区位商分别由 2005 年的 0.97、0.73、0.10 增加到 2014 年的 1.48、1.08、0.35。湖南省在所列出的 15 个产业中,有 5 个在 2005 年的区位商大于 1,表明这些产业具有一定的比较优势。在 2005—2014 年,除了原来优势最为突出的木材加工及木竹藤棕草制品业的区位商由 1.87 降低为 1.58 外,其余 14 个产业的区位商都有所增加,意味着这 14 个产业的增长速度都高于全省工业的增长速度,同时也意味着湖南省各产业的发展趋势和整个中部地区相近,表明湖南省获得了明显的承接产业转移效应。

表 5-9　2014、2005 年中部地区部分制造业区位商的比较

制造业	湖北		湖南		中部	
	2014 年	2005 年	2014 年	2005 年	2014 年	2005 年
农副产品加工业	1.79	0.91	1.35	1.07	1.32	1.16
食品制造业	1.24	0.90	1.39	1.21	1.26	1.20
酒、饮料和精制茶制造业	2.43	1.39	1.18	0.66	1.39	1.05
纺织业	1.48	0.97	0.51	0.47	0.90	0.64
纺织服装、服饰业	1.08	0.73	0.44	0.19	0.98	0.37
皮革、毛皮、羽毛及其制品和制鞋业	0.35	0.10	0.94	0.57	1.01	0.44
木材加工及木竹藤棕草制品业	0.80	0.71	1.58	1.87	1.05	1.04
家具制造业	0.53	0.30	1.13	0.63	0.92	0.42
造纸及纸制品业	0.97	0.77	1.52	1.41	0.98	0.96

续表

制造业	湖北		湖南		中部	
	2014年	2005年	2014年	2005年	2014年	2005年
印刷和记录媒介复制业	1.21	1.24	1.62	1.03	1.26	0.89
文教、工美、体育和娱乐用品制造业	0.25	0.19	0.60	0.32	0.69	0.18
橡胶和塑料制品业	0.95	0.54	0.59	0.37	0.84	0.66
电气机械和器材制造业	0.65	0.49	0.70	0.46	0.90	0.59
计算机通信和其他电子设备制造业	0.50	0.31	0.63	0.13	0.54	0.13
仪器仪表制造业	0.47	0.52	0.90	0.28	1.11	0.31

资料来源:中国统计出版社出版的《中国统计年鉴2006》《中国统计年鉴2015》《湖北统计年鉴 2006》《湖北统计年鉴2015》《湖南统计年鉴2006》《湖南统计年鉴2015》。

综上所述,可以得出如下几点结论:第一,改革开放以来,经济向东部地区集聚是我国区域经济发展的最主要特征,这一发展趋向显著扩大了东部与中西部地区的发展差距,使我国迅速成为全世界地区发展差距最大的国家之一。第二,东部地区已经出现劳动力相对短缺的现象,特别是低端劳动力。农民工等低端劳动力价格的不断攀升,使得劳动密集型产业向更适合其发展的地区转移。第三,中部地区具有承接产业转移的综合优势,承接产业专业不仅有助于中部地区的崛起,而且有利于重塑我国制造业格局,促进各地区合理分工。第四,中部地区承接产业转移,有助于延缓我国劳动密集型产业在国际分工中的生命周期,并维持我国在制造业产品出口中的大国地位。

第六章　中部地区城市化和增长极建设

第一节　中部地区城市化的演进过程和现状分析

城市化，从本质上讲，就是人口从农村向城市不断迁移的过程。从发达国家经济现代化演进过程看，在工业化的整个进程中，都是城市化进程加快阶段。因此，工业化和城市化是相互联系、相互促进、共同推进和不可分割的两个过程。1949年后，中部地区快速的工业增长，在一定程度上推动了城市化进程。然而，中部地区和我国其他地区一样，在抑制城市发展的制度性因素约束下，城市化滞后于工业化。因此加快城市化进程，并以此推进工业化，是实现中部地区崛起的战略举措。

一、中部地区城市化的演进过程

1949年以来，中部地区的城市化，在全国经济环境、城市化政策和本区工业化进程的综合作用下，大致可以分为以下几个阶段。

（一）城市化的快速起步阶段（1952—1957）

1949年后，通过三年经济恢复阶段，我国开始执行第一个五年计划。"一五"时期，国家工业布局的重点放在内地，其中中部地区获得了国家较多的工业项目支持。这些工业项目的实施，不仅在中部地区出现了一批新的工矿业城市，而且也促进了原有城市的扩建和改造，如武汉、太原、洛阳等，并由此推动了中部地区城市化进程。

这一阶段是1949年以来中部地区城市化进程最快的时期。在1952—1957年，中部地区城市化水平由7.22％提高到1957年的10.92％，五年中，城市化水平提高了3.7百分点，城市化年均增长率为0.74％，高于全国0.4％的年均增长率，与全国城市化水平差距有所缩小。

（二）城市化起伏较大阶段（1958—1962）

1958年的"大跃进"，打乱了我国经济发展的战略安排。全民大炼钢铁，

以及其他工业项目的非理性上马,大大增加了城市人口数量。而 1959—1961
年的"三年困难时期",迫使我国政府对经济结构进行调整,工业投资下降,诸
多项目停工,并鼓励城市人口返回农村,城市人口绝对数量下降,城市化受阻。

在我国经济发展,特别是工业发展出现较大波动的环境下,中部地区和全
国一样,其城市化进程也出现较大起伏。1959 年与 1957 年相比,城市化水平
由 10.92％提高到 15.22％,年均增长率竟高达 2.15％。这种快速的城市人
口增长,超过了当时农业提供的剩余农产品,因此在"三年困难时期"之后,城
市人口被迫减少,城市化水平迅速下降,1962 年,城市化水平下降到 11.45％,
仅略高于 1957 年的城市化水平。

(三)城市化停滞阶段(1963—1977)

在 1963—1977 年的 15 年间,我国经济经历了"三年困难时期"后的恢复
阶段和"文化大革命"。在 1949 年后的 50 多年中,这 15 年的平均经济增长率
最低。虽然,这一时期,中部地区的部分地区受惠于"三线建设",得到了国家
较多的工业项目和交通建设等项目的支持,城市人口的绝对量也有一定幅度
的增长,但由于人口总量的增长率也比较高,因此城市化水平仅提高到
11.60％,比 1962 年只提高了 0.15 百分点。

(四)城市化稳步发展阶段(1978—1998)

表 6-1   1952—2014 年全国和中部地区城市化水平

单位:％

年份	全国	山西	安徽	江西	河南	湖北	湖南	中部
1952	14.42	11.14	6.04	14.19	5.44	11.45	8.49	7.22
1957	16.42	15.27	10.66	14.31	7.10	13.75	10.21	10.92
1959	20.18	19.74	17.68	17.82	10.12	16.60	15.17	15.22
1962	16.74	13.18	12.34	15.15	7.46	14.05	10.83	11.45
1978	15.82	16.26	10.69	14.42	8.06	14.62	10.68	11.60
1985	20.29	20.08	14.04	17.78	11.48	21.24	14.15	15.57
1990	20.89	22.04	14.89	18.58	12.85	22.33	15.20	16.72
1998	24.66	25.94	18.95	21.16	17.64	27.50	19.19	20.97
2000	36.64	34.90	28.00	27.70	23.19	40.21	29.80	29.28
2005	42.99	42.11	35.50	37.10	30.65	43.20	37.00	36.53
2014	54.77	53.79	49.15	50.22	42.20	55.67	49.28	49.79

资料来源:国家统计局.新中国五十年统计资料汇编[M].北京:中国统计出版社,1999.

国家统计局.中国统计年鉴 2001[M].北京:中国统计出版社,2001.

国家统计局.中国统计年鉴 2006[M].北京:中国统计出版社,2006.

国家统计局.中国统计年鉴 2015[M].北京:中国统计出版社,2015.

1978 年,我国进入以经济发展为中心的阶段。在工业化带动下,中部地区的城市化和全国一样,进入了稳定发展阶段。1978—1985 年,城市化水平获得补偿性增长,大批知识青年返城,并在大力发展乡镇企业和城镇第三产业支持下,七年间城市化水平提高了近 4 百分点。此后的 1985—1990 年,中部地区和全国一样,城市化进程较为缓慢,五年只提高了 1 百分点。20 世纪 90 年代后,城市化进入稳步发展阶段,到 1998 年中部地区的城市化水平提高到 20.97%,较 1990 年提高了 4 百分点。

(五)城市化快速发展阶段(1999 年至今)

2000 年的城市人口计算方法进行了调整,按照调整后的计算方法,居住地所有常住人口都记入城市人口,因此 2000 年城市化水平较 1998 年有较大幅度提高。2000 年以来,我国工业化和第三产业都进入快速成长阶段。按照当年价格计算,2000 年,工业和第三产业增加值分别为 39931.8 亿元和 39734.1 亿元,到 2014 年分别增加到 228122.9 亿元和 306038 亿元。而非农产业的快速扩张是城市化推进的主要动因,因此 2000 年以来我国城市化进入快速发展阶段。中部地区在这一时期城市化水平由 29.28% 提高到 49.79%,共增加了 20.52 百分点,略高于同期全国的 18 百分点。表明这一时期中部地区的工业化进程和第三产业发展快于全国平均水平,与东部发达地区的差距在缩小。

二、中部地区城市化的基本特征

(一)城市化水平低于全国平均水平

表 6-1 显示,中部地区的城市化水平一直低于全国的平均水平。截至 2014 年年末,中部地区的城市化水平为 49.79%,明显低于全国 54.77% 的平均水平。从各省看,湖北省高于全国平均水平 1 百分点,而山西省低于全国平均水平 1 百分点,其他四省都明显低于全国的平均水平,特别是我国人口最多的河南省,城市化水平与全国的差距高达 9 百分点。

(二)城市在重要交通干线的集中程度较高,城市化水平空间差异较大

城市的空间分布有两个明显特征。第一是主要城市集中在交通干线。比如,在山西省现有的 22 座城市中,有 11 座分布在同蒲铁路;河南省有 17 座地级市,8 座分布在京广线,5 座分布在陇海线上。第二是城市化水平的地区差异很大。比如,湖北省城市在空间分布上呈现东密西疏特征,若以丹江口—远安—宜昌—宜都一线分界,将省域划分成鄂东、鄂西两部分,其中鄂西面积占全省的 40.8%,而设市城市的数量不足 20%,建制镇数量也仅占 23%,城市

人口占全省城市总人口的10%左右,建制镇人口也仅占16%。与鄂西相比,鄂东不仅城镇数量多、密度高、规模大,而且还出现了以武汉为核心的城市群。湖南城市化水平的地区差异与湖北类似,如果以常德、邵阳、永州为界,包括这三个城市的以西地区,城市化水平较低,而以东地区的城市化水平相对较高,而且长沙、株洲、湘潭三个紧密相连的城市构成湖南的城市群。

(三)城市规模结构呈现两头大、中间小的特征

根据国务院办公厅于2014年11月21日印发的《国务院关于调整城市规模划分标准的通知》(国发〔2014〕51号)的规定以城区常住人口为统计口径,将城市划分为五类七档:城区常住人口在50万以下的城市为小城市,其中常住人口在20万以上50万以下的城市为Ⅰ型小城市,常住人口在20万以下的城市为Ⅱ型小城市;城区常住人口在50万以上100万以下的城市为中等城市;城区常住人口在100万以上500万以下的城市为大城市,其中常住人口在300万以上500万以下的城市为Ⅰ型大城市,常住人口在100万以上300万以下的城市为Ⅱ型大城市;城区常住人口在500万以上1000万以下的城市为特大城市;城区常住人口在1000万以上的城市为超大城市。(以上包括本数。)根据此标准,中部地区目前缺乏超大城市和特大城市,而且江西和安徽两省还没有超过300万人的Ⅰ型大城市,因此首位城市的集聚效应还没有结束。

根据沃尔特·克里斯塔勒(Walter Christaller)的中心地理论,合理的城市结构应当是,城市的规模越大,数量越少,而且随着城市规模的减小,相应规模城市的数量增长。从各规模城市数量看,中部地区各省差异很大。如表6-2所示,江西的城市规模结构最为合理,大城市、中等城市和小城市的数量比为1∶4∶16;湖南的城市规模结构较为合理,大中小城市数量比为2∶7∶20。其他四省的规模结构都存在缺陷,主要是中等城市的数量偏少。

表6-2 2015年中部地区各省城市规模结构

地区	城市总数/个	Ⅰ型大城市		Ⅱ型大城市		中等城市		Ⅰ型小城市		Ⅱ型小城市	
		数量/个	比重/%	数量/个	比重/%	数量/个	比重/%	数量/个	比重/%	数量/个	比重/%
山西	22	1	4.55	1	4.55	3	13.64	9	40.91	8	36.36
安徽	22			3	13.64	5	22.73	11	50.00	5	22.73
江西	21			1	4.76	4	19.05	10	47.62	6	28.57
河南	38	1	2.63	2	5.26	8	21.05	14	36.84	13	34.21
湖北	42	1	2.38	1	2.38	4	9.52	28	66.67	8	19.05
湖南	29	1	3.45	1	3.45	7	24.14	10	34.48	10	34.48

资料来源:住建部. 2015年城乡建设统计年鉴[EB/OL]. (2016-12-23). http://www. mohurd. gov. cn/xytj/tjzljsxytjgb/jstjnj/w02016122321.

城市首位度过高是中部地区各省的普遍现象,可能也是我国各省城市规模结构的共同特征。一方面,作为省会城市,发展经济的区位优势都比较明显,对生产要素自然具有吸引力;另一方面,在我国行政主导经济还十分普遍的体制下,省会城市在各方面都能够获得政策支持。

在城市规模结构调整中,重点是发展承担省内次级经济中心职能的地级城市。改革开放以来,我国省内行政区划已经调整到位。从行政管理角度看,就是省以下形成了市管县;从经济管理角度看,就是形成了市带县,地级市承担着市带县的职能。但大多数地级城市都是中小城市,难以发挥中心城市的功能。在安徽省的 16 个地级城市中,有 3 个大城市和 5 个中等城市,其余 8 个属于小城市。因此,着力发展中小城市,对中部地区形成合理的城市规模结构至关重要。

三、城市化面临的主要问题

(一)城市化滞后于工业化

理论和实证结果都表明,城市化和工业化之间存在相互依存、相互促进的关系。各国实践也表明,工业化推进了城市化,而且城市化进程快于工业化进程,一般来说,当工业化水平达到 40% 时,城市化水平一般接近 60%,如日本、韩国的工业化水平分别达到 36%、39% 时,其城市化水平分别达到 57%、56%。

表 6-3 显示,1949 年后,中部地区各省的工业化都取得巨大进展,1952—2005 年,工业占 GDP 比重由 11.93% 提高到 40.05%,而城市化只提高到 36.53%,比较其他国家和地区的工业化和城市化经验,城市化严重滞后于工业化。中部地区工业化和城市化之间的差距,反映了我国工业化的独特性,也和我国长期实行的鼓励工业化而抑制城市化的制度有关。

1949 年后,我国一直把工业化作为实现经济现代化的主导,工业在国民经济发展中的突出地位无论在改革开放前还是在改革开放后都没有发生变化,招商引资几乎成为各级地方政府促进经济发展的全部内容。遗憾的是,我们在倾其资源,甚至借助外资推进工业化过程中,却采取了一条抑制城市化的发展道路。改革开放前,我国工业化取得巨大进展,然而在当时的环境下,我们被迫选择了优先发展重工业的工业化道路。这种资本密集型产业的发展,是以牺牲城乡居民的消费为代价的。低消费和计划经济时期的供给制度,几乎遏制了第三产业的发展。在这种背景下,城市发展不仅不能为日益增长的农村人口提供就业机会,而且也难以吸收城市人口自然增长的就业需求,因而不得不通过知识青年上山下乡来解决城市出现的就业压力。由表 6-1 可知,1978 年全国的城市化水平与中华人民共和国成立初期的 1952 年相比,只提高了 1.40 百分点。

表 6-3 1952—2014 年主要年份全国和中部地区工业占 GDP 比重

单位:%

地区	1952 年	1978 年	1985 年	1990 年	1998 年	2005 年	2014 年
山西	14.37	54.66	46.62	43.49	46.56	50.66	42.87
安徽	7.74	31.83	30.60	33.94	39.67	33.83	45.35
江西	13.09	26.62	30.39	27.18	32.89	35.87	43.58
河南	13.25	36.10	31.96	30.87	39.98	46.24	45.25
湖北	12.93	34.55	38.60	34.46	42.63	37.37	40.10
湖南	10.57	35.30	31.42	29.66	34.78	33.63	39.76
中部	11.93	36.06	34.44	32.84	33.69	40.05	42.79
全国	17.64	44.34	38.36	36.87	40.30	42.00	38.30

资料来源:国家统计局.新中国五十年统计资料汇编[M].北京:中国统计出版社,1999.

国家统计局.中国统计年鉴 2006[M].北京:中国统计出版社,2006.

国家统计局.中国统计年鉴 2014[M].北京:中国统计出版社,2014.

改革开放后,为解决农民增收和就业问题,采取"离土不离乡"的政策,鼓励农民发展乡镇企业、村办企业。虽然村办和乡办企业在一定程度上解决了农村就业的产业转移问题,但这种地理空间布局过于分散的企业组织形式,由于不符合工业发展的空间布局规律,不仅浪费了资源、污染了环境,而且难以带动服务业的发展,使我国的服务业就业贡献率远低于工业化应该达到的水平。正是这种工业化模式违背了工业化发展的空间布局规律,在一些乡镇企业发展水平较高的地区,如江浙地区,部分成功的企业已向城市迁移。

抑制我国城市化进程的另一个制度性因素是计划经济实行的城乡分割的户籍管理制度。虽然制度建设正在弱化户籍的作用,但诸多只有户籍人口才能享受到的福利政策,在很大程度上限制了城市化进程。

(二)城市基础设施发展滞后

中部地区在城市化过程中,城市建设特别是基础设施建设取得巨大成就,诸如供水、供电、管道用气、公共绿地、垃圾处理,以及基础教育、医疗机构等。这些基础设施保障了城市居民的正常生活和企业的正常运行。从中部地区各省看,河南、湖南两省所列的五项指标,都没有达到全国的平均水平,而且与全国平均水平之间存在较大的差距,其他省份只是在部分项目上存在差距。比如,山西省的公共交通、道路面积、公共绿地,安徽和江西的公共交通、湖北的公共交通和公共绿地等。从单个项目看,只有公共交通中部地区各省都没有达到全国平均水平。从整体上看,中部地区的基础设施发展滞后,需要加大投资(见表 6-4)。

(三)城市基础设施维护和建设投资不足

城市基础设施建设需要巨大资金投入,且多数市政设施属政府补贴运营,如公共交通、垃圾处理等(见表 6-4)。虽然城市基础设施维护建设是收费项目,但投资回收期较长,因此市政设施属于公共产品或者准公共产品,需要政府财政投入。如表 6-5 所示,同样作为欠发达地区,中西部地区城市市政设施维护和投资存在较大差异。西部地区城市人口占全国的比重仅为 18.64%,比中部地区城市人口占比低 4 百分点,而城市市政设施维护和固定资产投资均明显高于中部地区,平均比中部地区高出 5 百分点。

表 6-4 2014 年全国和中部地区各省城市基础设施情况

地区	城市用水普及率/%	城市用气普及率/%	万人拥有公共交通/标台	人均拥有道路面积/米²	人均公共绿地面积/米²
全国	97.64	94.57	12.99	15.34	13.08
山西	98.54	98.77	8.85	13.34	11.30
安徽	98.63	96.81	11.60	20.33	13.20
江西	97.78	95.18	8.56	15.77	14.13
河南	92.99	83.76	9.75	11.67	9.93
湖北	98.75	94.71	11.91	16.57	11.10
湖南	97.05	91.24	12.46	13.76	9.85

资料来源:国家统计局.中国统计年鉴 2015[M].北京:中国统计出版社,2015.

表 6-5 2015 年东部、中部、西部、东北地区市政设施维护和投资比较

地区	城市人口占全国的比重/%	城市维护资金收入		城市维护资金支出		本年完成市政固定资产投资	
		金额/万元	占全国比重/%	金额/万元	占全国比重/%	金额/万元	占全国比重/%
东部	48.62	69553185	49.77	48369480	44.44	74000012	45.67
中部	22.86	27131950	19.41	24779745	22.76	36269753	22.38
西部	18.64	35105321	25.12	29827483	27.40	44457696	27.43
东北	9.88	7942202	5.70	5873352	5.40	7316940	4.52

资料来源:住建部.2015 年城乡建设统计年鉴[EB/OL].(2016-12-23). http://www. mohurd. gov. cn/xytj/tjzljsxytjgb/jstjnj/wo2016122321.

第二节　加快推进中部地区城市化的主要对策

基于中部地区城市化进程中存在的各种问题,在推进中部地区城市化过程中,地方政府应当勇于破除制约城市化的体制障碍,科学规划城市体系和城市结构,采取有力措施促进生产要素向城市集聚。

一、制定科学的城市化战略和城市发展规划

中部地区各省的城市化水平落后于全国的平均水平,也滞后于工业化且无法满足经济发展的需要,今后相当长时期的经济发展必然带动城市化水平的提高,反过来,城市化进程也会成为推动经济增长的主要动力源泉。为了使城市化健康有序地向前推进,首先各省要制定本省的城市化发展战略,描绘出未来十年、二十年城市化发展蓝图,明确城市化发展的目标、方向、战略重点、战略举措和战略步骤,用以指导本省城市化建设。

在全省城市规划中,要根据城市化现状、经济发展水平和潜力、区位条件、环境和资源的约束和供给状况,合理确定城市群、中心城市的发展规模,各时期的发展重点和发展方向,使其最大限度地体现增长极的功能。在全省的城市规划中,要在空间上合理布局特大城市、大城市、中等城市和小城市,促进各等级城市协调发展。应根据中部地区各省各等级城市发展现状,合理布局和重点发展大中城市,提高次级增长极的经济实力和辐射能力。

二、应根据城市的辐射范围合理调整行政区划

行政区划要配合城市体系建设。各省要根据城市规模结构、职能分工、空间布局,建立科学的城市体系。行政区划要适应城市体系和区域经济协调发展的需要,通过合理的调整变更,消除体制性障碍,促进资源优化配置。中部地区各省的行政区划,已经根据城市化进程进行了调整,初步建立了"市管县"的行政管理体制。这种体制的建立是在城市化尚未完成的背景下实现的。一方面,所确立的中心城市不一定有发展潜力,而有些县级市有可能成长为具有较强辐射能力的大城市,因此应当调整行政区划,以适应城市体系的变化。另一方面,现有的行政区划是在原有行政区划基础上形成的,许多中心城市的规模较小、发展潜力有限,"小马拉大车"的情况相当普遍,建议增加地级城市,缩小这些城市的管理范围,使中心城市在区域经济发展中真正起到应起的核心作用,这种作用对管辖区内的县(市)更多的是给予而不是索取。

三、以工业化促进城市化

前面已经简单阐述了工业化和城市化的关系。需要再次指出的是,城市化是工业化的结果。工业和农业布局的最根本差别是集聚,即工业要求集中布局。许多具有投入产出关系的工业企业在地理上的集中,能获得集聚效应。正是这种集聚效应,导致人口和劳动力、资本,以及其他生产要素在地理上集中,这些生产要素的集中过程,就是我们所说的城市化过程。虽然现代城市经济结构中第三产业发挥越来越重要的作用,但第三产业的发展建立在工业增长的基础上。如果缺乏工业的支撑,城市就像无源之水,既缺乏活力,又缺乏成长的动力。

从中部地区城市化进程看,改革开放前,国家工业投资重点集中在中西部地区。虽然西部地区投资增长率高,尤其在"三线"建设时期,但在"三线"建设的工业项目多数按照"山、散、洞"进行布局,这些项目对城市化进程贡献较小。而国家在中部地区投资的大型工矿企业,多数依托原有城市,或者依托这些项目建立新的城市,从而使中部地区在此期间的城市化进程加快,如1949年东中西三大经济地带城市非农业人口占全国的比重分别为68.9%、20.7%和10.4%,到1978年则分别为49.5%、34.2%、16.3%。改革开放后,我国工业又向东部地区集中,中部地区工业的增长率低于全国平均水平,更低于东部地区,因此中部地区的城市化水平增长率也低于全国平均水平。

应当认识到,工业活动本身,以及工业衍生出的各种产业是共同构成城市发展的动力源泉,因此城市化的速度和设施建设要适应工业化和工业发展的需要。过去抑制城市发展违背了工业化过程的布局规律,但不考虑工业化水平,盲目推进城市化进程,同样违背经济发展规律。比如,在中部地区一些城市建设中,盲目建设星级宾馆、高尔夫球场等高消费设施,大大提高了商务成本。这些高消费设施的建设,不仅不会优化投资环境,反而会恶化投资环境。

中部地区城市的工业发展,不仅仅是规模问题,更主要还是结构问题。从规模看,中部地区的工业发展一直没有受到足够的政策支持,诸多优势都没有得到充分发挥。从我国区域经济发展的整体态势看,未来是中部地区工业化的机遇期。第一,中部地区的优势产业在国内市场的需要支持下,将获得快速发展;第二,东部发达地区将加速向中西部地区转移产业,而中部地区具有承接这些产业的比较优势;第三,国家制定的促进中部地区崛起的战略将使本地区获得一定的政策支持。在这一因素综合作用下,预期中部地区在未来一段时期将成为我国工业增长的中心之一。

从结构上看,中部地区许多城市建立在能源和资源基础上,形成了诸多资源型城市,其中部分城市的资源已经枯竭或者进入衰退期,比如,山西省的大同市、阳泉市等。在我国特殊的体制下,这些城市基本没有形成接替产业,并且煤炭开发和粗加工带来严重的环境生态问题,致使这些城市的投资环境较差。基于此,国家应当对中部地区的资源型城市采取特殊政策,主要是通过发展接替产业提升城市经济的可持续增长能力。

除了资源型城市,中部地区多数城市的形成和发展建立在一个或者若干个国有大中型企业基础上,城市经济中国有经济比重普遍过高。国有企业在改制过程中产生大量下岗职工,给城市就业带来很大压力,因此应采取措施吸引区外的劳动密集型产业。

在工业化中,要注重城市之间的合理分工。各省要通过产业政策地区化,首先根据各城市的产业基础、资源条件等确定各城市的产业发展重点,特别是主导产业的发展方向,避免城市主导产业的雷同。其次通过产业集群的方式以开发区为载体体现政府的产业规划意图,避免开发区在吸引外资中的过度竞争。

四、建立能带动区域经济发展的城市群

在各国城市化进程和我国东部地区城市化进程中,一个显著事实是,城市在地理空间上呈集群分布。比如,东部地区,城市主要集中在三个地区。最南部是以广州和深圳为中心的珠江三角洲城市群,东南部是以上海为中心的长江三角洲城市群,北部是以天津为中心的环渤海城市群。

根据中部地区的文化、地理特点,现有城市的集中程度、区位特点,以及在全国重要发展轴线中的地位,中部地区已经形成了长江中游城市群和中原城市群。按照《发展改革委印发关于长江中游城市群发展规划》(发改地区〔2015〕738号),长江中游城市群是以武汉城市圈、环长株潭城市群、环鄱阳湖城市群为主体形成的特大型城市群,包括:湖北的武汉市、黄石市、鄂州市、黄冈市、孝感市、咸宁市、仙桃市、潜江市、天门市、襄阳市、宜昌市、荆州市、荆门市;湖南的长沙市、株洲市、湘潭市、岳阳市、益阳市、常德市、衡阳市、娄底市;江西的南昌市、九江市、景德镇市、鹰潭市、新余市、宜春市、萍乡市、上饶市及抚州市、吉安市的部分县(区)。国土面积约31.7万平方千米,2014年实现地区生产总值6万亿元,截至2014年年末总人口达1.21亿人,分别约占全国的3.3%、8.8%、8.8%。

按照《国家发展改革委印发关于中原城市群发展规划的通知》(发改地区〔2016〕2817号),中原城市群以河南省郑州市、开封市、洛阳市、平顶山市、新乡市、焦作市、许昌市、漯河市、济源市、鹤壁市、商丘市、周口市和山西省晋城市、安徽省亳州市为核心发展区。联动辐射河南省安阳市、濮阳市、三门峡市、南阳市、信阳市、驻马店市,河北省邯郸市、邢台市,山西省长治市、运城市,安

徽省宿州市、阜阳市、淮北市、蚌埠市,山东省聊城市、菏泽市等中原经济区其他城市。2015年,中原城市群国土面积为28.7万平方千米,人口为1.58亿人,GDP为5.56万亿元。

五、加快实现城市建设资金来源的多元化

在城市建设中,政府主要投资公共部门和基础设施。由于中部地区财政能力弱,为城市公共设施建设提供的资金十分有限,因此中央应当在国债资金分配中适当向中部地区城市建设倾斜,以减轻地方财政压力。另外,在近几年城市改造和扩建中,利用土地增殖为城市建设筹措资金几乎是全国各地的普遍行为。应当说,我国近几年城市建设和城市化取得的进展和经营土地有非常密切的关系。但在利用这一渠道筹措资金时,应注意协调好政府和拆迁居民,以及失地农民的利益分配关系,在国家法律的规范下进行拆迁和征地,并确保拆迁户和失地农民的利益得到充分保障。

应当认识到,依赖中央的政策倾斜和土地收益为城市建设筹措资金,都是十分有限的,难以弥补由于财政能力较弱带来的资金缺口。通过引进民间资本和外资进入过去由政府投资经营的部门和行业,是缓解资金供求矛盾的主要途径。事实上,在城市公共设施中,相当一部分产业或者行业是可以引入民间资本和外资,并由私人企业和外商企业经营的。比如,供水、污水处理,供气和供热,部分体育设施,以及经营性的文化、教育、医疗设施等。目前,政府财政收入中补贴这类机构和部门的支出占很大比例。引入民间资本和外资进入这些行业,既可以减轻地方财政负担,同时又可以为其他外部性较强的公共设施建设提供更多的资金。

六、改革现行的户籍管理制度

城市化过程,从本质上讲,就是农村人口向城市迁移的过程。目前在我国城市就业的劳动力中,来自农村的劳动力已经占相当大的比例。在餐饮、建筑、环卫、采掘、家政等行业,以及其他劳动密集型产业中,来自农村的劳动力都占主导地位。这些农村劳动力在为城市发展和正常运行做出巨大贡献的同时,却不能和城市居民获得同等的待遇。农村劳动力从事的工作往往劳动强度大、环境条件差、安全缺乏保障,但获得的报酬却普遍较低,而且较低的劳动报酬还常常不能按时足额兑现。另外,农村劳动力在为城市创造巨大财富的同时,他们的子女却不能和城市的同龄人获得同等的受教育权利。事实上,这些农村劳动力,虽然在城市就业,并成为城市不可或缺的组成部分,但他们仍不能融入所工作和生活的城市中。刘易斯所说的城乡二元结构,并不能因为农村劳动力进入城市就业而发生变化,变化的只是由城乡二元结构转化为城

市内的二元结构。

造成我国城市内存在"二元经济"并逐步演化为"二元社会"的根本原因就是在计划经济时代形成的户籍管理制度,其仍然在很大程度上制约着人口和劳动力从农村流向城市。其实,户籍制度不仅限制了农村人口流向城市,也限制了人口和劳动力的跨地区特别是跨省区的流动。这种制约人口自由流动的户籍制度越来越不适应我国社会主义市场制度的建设,更不适合全国统一大市场的形成。虽然现行户籍管理制度的弊端日益显现,各省市对此都进行了有益的探索,但仍然没有从体制层面彻底解决。中部地区流向外省的劳动力最多,这些劳动力在发达地区从事相关产业的劳动中通过"边干边学"提升了自身的技能,是中部地区最有优势的资源或者财富。由于户籍等体制以及心理、文化、生活习惯等原因,这些外出的劳动力始终被"边缘化",难以融入、流入地区。同时,这些外出的劳动力已经熟悉了城镇生活,希望通过劳动被城镇接受。中部地区各省,尤其是流出劳动力较多的省份,应当首先打破城乡分割、地区分割的户籍管理制度,建立全省城乡统一的户口登记制度。在全省范围内的任何城市,只要有稳定的工作、合法的住所,就应当登记为当地户口,并在就业、劳动报酬、子女就学、养老保险等方面实行非歧视政策。

七、改革土地使用制度

人多地少是我国的基本国情,减少耕地的占用在我国土地使用制度中始终处于核心地位。这一基本国情通常被忽视,地方政府主导下的土地非法占用案例层出不穷,20世纪主要是各种开发区,近几年主要集中在房地产领域。中部地区的城市化和工业化将进入快速发展阶段,城市化必然要占用土地,特别是质量较好的耕地。如何尽可能保护耕地,又保证建设用地,推进城市化健康发展,是中部地区各省需要解决的矛盾之一。其实,在我国经济发展中,一方面,存在耕地保护问题;另一方面,又存在土地利用效率问题;同时还存在土地使用体制方面的问题。

对于耕地保护,一是改变目前在行政区内实现土地动态平衡的政策,实行全省范围内土地动态平衡,主要是解决城市群和城镇化进程较快地区用地多而难以补充耕地的矛盾,努力做到不因土地问题影响项目建设和城市发展。二是减少农村宅基地用地面积。首先要遏制农村宅基地占用耕地的扩张趋势;其次要有在政府的资助下通过自然村合并、整体搬迁等方式,减少宅基地占有土地的面积。三是对开发区进行整顿。首先要坚决取缔未经批准的开发区,主要是乡村级建设的开发区;其次对现有的开发区进行合并,撤销开发程度较低的开发区。四是鼓励乡镇企业适当集聚,逐步解决乡镇工业布局过度分散问题,通过集中布局从而提高土地利用效益。

在城市建设中,要集约使用土地。城市规划,包括道路、广场等公共用地规划,要本着节约用地原则,切忌盲目地求宽贪大。加快"城中村"改造,以此改善城市土地供给不足问题。

第三节　区域发展的空间布局理论

城市是人口和现代经济的主要载体,因此城市结构和现代经济活动的空间布局一直是区域经济学研究的主要领域,并形成了诸多研究成果。其中最有影响的是克里斯塔勒的中心地理论、增长极理论,以及中国著名地理学家提出的点-轴空间开发理论。

一、中心地城市体系的空间结构

生产要素和经济在地理空间的集聚形成了大小不同的城市,这些规模差异极大的城镇是如何在空间分布的呢? 德国地理学家克里斯塔勒最早关注这一问题,并在理论上建立了非常完美的城市分布的空间结构模型。克里斯塔勒认为,在一个理想的单一中心地的空间,最优的空间结构应当是以城市为中心地的圆形结构。而在开放的空间地域中,存在多个中心地市场对服务范围的竞争,在理想状态下,竞争的结果,形成了正六边形的区域空间结构,而且在这个空间结构中的城市之间按其服务范围形成了一定的等级关系。

克里斯塔勒还从市场、交通和行政管理三个方面研究了中心地最优的服务范围。他认为服务市场最优,理论上高一级的中心地的服务范围应当是低一级的中心地市场服务范围的三倍。这一模型的缺陷在于,高一级中心地和低一级中心地之间缺乏最短距离的交通线,为此他又建立了以交通最优为原则的模型,在该模型中,高一级的中心地的服务范围应当是低一级的中心地市场服务范围的四倍。克里斯塔勒还注意到中心地承担的行政管理职能,在市场最优和交通最优模型中,高一级中心地的服务范围都只能覆盖一个完整的低一级区域,其他的低一级区域被肢解为不同部分,分别被不同的高一级中心地覆盖。考虑到行政职能,克里斯塔勒把中心地服务的低一级市场范围纳入统一的区域中,这样高一级的中心地市场的服务范围应当是低一级的中心地市场服务范围的七倍。

奥古斯特·勒施(August Losch)在克里斯塔勒的研究基础上推导出更一般的中心地结构体系,在他的中心地体系中,克里斯塔勒的三种模型都只是特例。勒施认为,市场区内存在各种各样商品,而各种商品的进入门槛和最大销售距离各不相同。在这个六边形市场区网络系统中,可能出现稀疏区域和密集区域,但他们仍然拥有共同的中心。因此,在勒施的模型中,中心地服务范围内的次级中心不是均匀分布,而是呈现出密集区和稀疏区交替出现的景观。勒施以最低运费确定各种商品的市场范围,并以此确定中心地网络体系中的等级结构。

克里斯塔勒和勒施的模型都是一种理想化的理论模型。在这些理论化城市结构模型中,城市按等级在空间均匀分布,而且城市规模等级数量呈金字塔状。而城市的形成和发展受多种因素的影响,包括自然因素、社会因素、历史原因等,城市的空间结构并没有呈现出严格的等级体系,往往在重要的交通干线和枢纽地区会出现双中心城市结构和高密度城市集聚地区。

克里斯塔勒建立的城市空间结构模型不仅具有理论意义,而且对城市发展规划具有重要的参考价值。任何城市的发展规模、城市功能和服务范围都受制于在区域城市体系中的位置。我国近几年在加快推进城市化,一些仅具有地方意义的城市也把发展定位为国际化大都市;一些甚至还没有设市的县城,动辄修建能容纳数万人的广场,造成大量的资源浪费。

二、增长极理论

中心地理论侧重于研究城市的等级体系和空间结构,而在构建城市等级体系中是以商品的服务范围为确定城市等级的标准。很显然,城市作为现代经济发展的主要载体,在日益开放的系统中,城市提供的商品的服务范围已远远超过中心地理论确定的边界,在一些机群特征突出的小城镇,如我国浙江的一些县其或乡镇,所生产的产品的市场范围具有世界意义。因此,城市在区域经济发展中的功能远比中心地理论描述的要复杂。

由佩鲁开创的增长极理论把城市的经济增长功能以及与区域互动研究推向新的高潮。虽然佩鲁定义的增长极主要是指创新推动型的产业,但他又认为,增长极的地理布局集中在特定空间。这种特定的并以集中布局为特征的空间一般都依托城市,并首先成为城市的增长极。经济地理学家把增长极研究推广到经济活动的空间集聚,认为增长极在区域经济发展中的功能主要由极化作用体现,而极化作用的结果将促使技术、资金、劳动力向增长极集聚。

在发展中国家和地区,这种增长极的极化作用所导致的集聚过程,就是城市化过程。从城市规模和地理分布看,增长极可以以单个城镇为载体,也可以以城市群为载体,或者以城市带为载体。一般来讲,城市的规模与增长极的作用范围成正相关关系,即城市的规模越大,其作用范围也就越大;同时城市的极化作用强度,即城市的成长力强度也和极化作用范围成正相关关系。由于增长极是在与更大的地域空间互动中体现其极化作用的,因此与其他地区联系的方便程度在一定程度上制约着增长极的作用空间,这样交通干线和交通枢纽往往成为增长极的发源地。

三、点-轴空间结构系统

在中心地和增长极理论的基础上,我国地理学家陆大道在20世纪80年代提出了点-轴理论。经过20年的发展和完善,特别是在全国和地方国土开发规划及区域规划中广泛应用,点-轴模式已经成为社会经济空间结构理论之一。这一理论认为,点-轴扩散原理反映了生产力空间运动的客观规律,人们根据这个规律就可以对生产力的各要素及组成部分进行最佳组合。其中最主要的是要求科学地规定今后一段时期内各级区域的重点发展轴线和中心点,以建成为相应区域的密集产业带和经济中心。

点-轴理论首先反映了空间经济运动规律。在地区发展的初期阶段,资本、技术等资源稀缺,只能集中区域有限资源构建能促进区域经济起飞的增长极。增长极一般都产生于交通枢纽,以便于与腹地和其他地区形成经济联系,而增长极之间的经济联系,特别是建立在分工基础上形成的稳定经济联系,必然增加他们之间的客货运输密度,对运输能力提出新的需求,促使交通运输条件的进一步改善。而运输条件的改善,不仅有助于原有增长极极化作用和扩散作用的增强,而且还会形成新的增长极。这种循环就在区域形成经济密集地带,即经济密集轴线。其次,点-轴理论在区域开发中的意义在于,可以根据区内主要城市和交通干线布局,选择重点开发轴线,同时还可以在欠发达地区通过选择开发条件较好的区域建设运输通道,以促进增长极和开发轴线的成长,带动区域经济快速增长。

第四节 中部地区增长极建设

在促进中部地区崛起中,必须建设能支撑其经济发展的增长极。以武汉为核心的长江中游城市圈和以郑州为核心的中原城市群都属于跨省区的增长极,具有建成具有全国意义的一级增长极的潜力。中部地区各省也要根据本省城市结构特点建设能带动其经济发展的增长极。

一、一级增长极建设

我国经济在东部沿海地区集聚程度较高,并形成了以深圳和广州为中心的珠三角增长极、以上海为中心的长三角增长极、以天津为中心的环渤海增长极。中部地区的崛起,显然需要规划和建设优先发展并能对区域经济起到带动作用的增长极。然而,中部地区是一个人为划分的地区,无论是从历史看,还是从现实看,各省之间并没有自然形成的分工体系和密切的经济关系,很难形成以上地区的经济中心。但中部地区的武汉和郑州都具有非常重要的区位优势和较强的经济实力,并且其经济影响范围超过了本省范围,具有成为一级增长极建设的有利条件。

(一)以武汉为中心的长江中游地区增长极

1.地理位置和交通条件

我国政府已规划建设长江经济带,而武汉是长江经济带中游地区最大的城市,在我国长江经济带建设中将发挥重要作用,并且通过京广铁路与郑州和长沙相连,具有十分重要的区位优势。长江经济带,作为联通东部、中部、西部三大地区的国家一级开发轴线,对于长江流域开发和实现东部、中部、西部地区协调发展都具有十分重要的战略意义。长江经济带建设,在中部地区包含了湖北、湖南、江西和安徽四省。很显然,长江经济带的开发建设对于实现中部地区崛起会起到重要作用。

沿长江经济带在中部地区的主要港口城市有:宜昌、荆州、石首、岳阳、城陵矶、武汉、黄冈、黄石、九江、安庆、铜陵、芜湖、马鞍山等。把沿长江经济带扩展到长江流域,湖南的长沙、湘潭、株洲经济圈,江西的南昌、景德镇,安徽的合肥也包含其中。由此可见,长江经济带建设在中游地区包含了湖北、湖南、江西、安徽的主要经济发达地区。

武汉无论从地理位置看,还是从经济实力看,都是长江经济带中游地区最重要的城市,理应成为中心城市和增长极。武汉通过长江水运大动脉与湖南的岳阳、江西的九江、安徽的安庆、铜陵、芜湖相连接,而且武汉与长沙、南昌的铁路和公路距离在300~400千米,相互间的高速公路车程在3小时左右,高铁在1小时左右。这三大城市都修建了能起降大型客货飞机的国际机场,并有连接这三大城市和其他城市的水运通道。武汉素有"九省通衢"之称,历史上就是我国最重要的交通枢纽之一,目前也是全国最大的综合性交通枢纽之一。便利的交通条件,特别是多层次、多种运输方式构成的综合运输体系,能够满足区内各种层次的运输需求,有助于区内建立密切的经济关系,按照亚当·斯密(Adam Smith)的分工决定市场范围定律,在我国经济发展重点由东部向中西部、由出口导向转向内需主导过程中,十分发达的对外运输通道以及正在建设的新型运输通道,将更加突出该地区的优势。

2.经济实力

武汉依托江汉平原,水资源丰富,自古就是我国著名的"鱼米之乡",目前的农业仍然是最具优势和竞争力的产业。武汉和大冶还是我国最早的工业基地,1949年后,这一地区发展工业的优势得到进一步发挥,形成了钢铁、机械、汽车制造、纺织、化工等一批有竞争优势的产业部门,并在高新技术产业发展中具有独特优势。2014年武汉的人口规模达1033.80万人,是中部地区最大的城市,GDP总量9507.03亿元、工业增加值3942.75亿元、地方财政收入1101.02亿元,均居中部地区省会城市之首。

3.科技和人才资源

以武汉为核心的湖北省,在人才培养、科研能力等方面也具有一定优势。武汉是中部地区乃至全国科技资源和高等教育最集中的地区之一。2014年,湖北省拥有普通高校123所,其中武汉有80所;在校大学生141.97万人,其中武汉有96.21万人;高校专任教师82821人,其中武汉有56494人。湖北的科技资源丰富,科研能力较强,2014年科研活动人员38.84万人,其中R&D(研究与开发)人员21.81万人,R&D经费支出510.9亿元。

（二）以郑州为核心的中原增长极

河南是我国人口最多的省份,2014年,人口总量达10662万人。蕴藏着丰富的人力资源,是该增长极最具潜力的生产要素和优势。另外,河南省也是各种资源丰富的省份,这些资源优势的充分发挥,使河南经济近年来增长很快,明显高于全国的平均水平,2014年,GDP总量达34938.24亿元。以郑州为核心的河南中北部地区,已经形成城市密集分布且经济集聚程度较高的增长极,通过发达的高速运输网络,把洛阳、开封、新乡、焦作、许昌、漯河、平顶山、济源等次级经济中心连接在一起,其中与新乡、焦作、许昌、开封的距离在100千米以内;与济源、洛阳、平顶山、漯河、周口的距离在200千米以内。本地区面积占全省的35.1%,2014年人口、GDP分别占全省的40.5%和58.6%,城镇化水平和人均GDP分别高出全省7百分点和44百分点。该地区在长期的发展中已经形成机械、纺织、农副产品加工、能源、有色金属冶炼等具有优势的产业。

郑州是我国最重要的南北向铁路京广线和东西向铁路陇海线的枢纽,通过陇海线这条亚欧大陆桥,可以便捷地参与国际分工,其产品既可以通过陆路进入中亚乃至欧洲地区,也可以通过连云港进入世界其他地区。这一增长极在中部地区通过太焦线连接以太原为核心的晋中增长极,通过京广线与武汉、长沙相连。因而在我国区域经济空间布局中具有较为优越的地理位置。

二、中部地区次级增长极建设

（一）以太原为核心的晋中增长极

山西省是我国最重要的以煤炭生产为主导的能源基地,在各地区都形成了支撑本地区经济发展的增长极,但以太原为中心的晋中区域仍然是本省经济集聚程度较高的地区,因而成为山西省的增长极。该增长极位于山西省的中部,包括太原、晋中、阳泉、忻州等20多个县市。太原市与忻州、晋中、阳泉等次级经济中心都有铁路和高速公路连接,公路和铁路的距离只有100千米左右。该增长极覆盖的国土范围占全省的25%,人口占33.25%,GDP占全省的37.86%,人均GDP则是全省的1.14倍。该地区煤炭产业在经济中的地位也很突出,钢铁、机械、化工等产业也具有相当竞争力和优势。

(二)以合肥和芜湖为核心的皖中南增长极

皖中南增长极属于典型的双核增长极,其核心城市分别是省会城市合肥和工业中心芜湖。合肥市是全省的政治、经济、高等教育、科技和文化中心,并且在全省的位置适中。芜湖的位置偏向东南,但处于安徽省经济较为发达的东南部地区的中心位置,是该地区的交通枢纽,距离合肥、马鞍山、宣城、铜陵等次级经济中心只有不到100千米。该增长极人口占全省的21.78%,而GDP占全省的42.32%,人均GDP是全省的1.93倍。该地区通过长江、铁路和高速公路与长江三角洲相连接,是中部最接近长江三角洲的地区,在融入长三角的过程中能获得较大的发展机遇。

(三)以南昌为核心的赣中北增长极

江西省的城市空间分布较为分散,缺乏以城市集中布局为支撑的经济集聚区。南昌作为本省的政治、经济、文化、教育和科技中心,无可争议地成为本省的增长极,2014年,人均GDP为70373万元,是全省人均GDP的2.03倍,GDP总量占全省的24.79%。其他次级经济中心与南昌相距较远,与抚州、九江、鹰潭、景德镇的公路和铁路距离在100~250千米。赣中北增长极以南昌为核心,包括这些次级经济中心,是该省经济较为发达地区,并具有良好的基础和发展潜力。

(四)以武汉为核心的鄂中东增长极

以武汉为核心的湖北中东部地区,已经形成城市密集分布且经济集聚程度较高的增长极。武汉位于长江和陇海铁路的中枢地区,不仅具有重要的区位优势,而且经济、高等教育、科技实力在全国特大城市中都位居前列。以武汉为核心,通过发达的水运、铁路和高速公路在其周围的100千米的范围内聚集了鄂州、黄冈、黄石、仙桃等城市,在200千米的范围内又集聚了天门、阳新、赤壁、随州等城市。这些地区发展经济的条件优越,其农业、工业、交通运输和其他产业的发展在湖北都占据非常突出的地位,具有良好的发展前景和潜力。

（五）以长沙为核心的湘中增长极

以长沙为核心的增长极，又称为长株潭增长极，包括长沙、株洲、湘潭三个城市的市区，以及所辖的 15 个县和县级市。2014 年人口 1408.8 万人，占全省的 20.9%，GDP 总量为 11556.38 亿元，占全省的 42.742%，人均 GDP 为 82425 元，是全省平均水平的 2.04 倍。该地区集中了湖南省的高等学校、科研机构和大型国有企业，科技人才和工程技术专业人才储备丰富，是本省科技创新基地。由此可以看出，该增长极的发展水平明显高于全省的平均水平，是全省经济发展的精华所在，对于支撑湖南省经济崛起具有不可替代的作用。

（六）省内次级增长极

增长极是现代经济增长在空间上的最主要表现形式。我国是一个大国，需要在全国范围内构建布局合理的增长极，各省也需要建设能带动本省经济增长和发展的增长极，形成经济密度较大、城市密集分布的城市群。但同时应当看到这样一个事实，城市群的形成，以及最终的成长规模，要受到多种因素的影响，是各种因素综合作用的结果。在中部地区，尽管"中三角"地区和以郑州为核心的中原地区具有成为更高层次增长极的条件，但其区位特征、自然条件、经济基础都明显逊于珠江三角洲和长江三角洲地区，因此即使在长期内也难以达到这两个地区在我国经济的影响力。同时，增长极规模过大，超过了区域的环境、基础设施的承载能力，还可能造成规模不经济。

由此可见，中部地区各省在构建具有全省意义增长极的同时，要根据各地区的工业基础和条件、经济发展水平，以工业化为主导，以发挥优势为基础，以中心城市为载体，积极推进省内次级增长极的规划和建设。

三、加强增长极建设的主要对策

（一）增强增长极的经济实力

我国比较有影响的增长极是长三角和珠三角地区，它们对于沪苏浙和广东的经济快速发展起到十分重要的作用。由于长三角增长极跨越沪苏浙三省市，而珠三角全部位于广东省境内，对于中部地区各省增长极的培育更具有参考价值。如表 6-6 所示，从主要经济指标看，中部地区各省的增长极与珠三角相比，还有很大的差距。从经济总量看，中部地区六省所有的增长极 GDP 之和仅为 64513.4 亿元，仅略高于珠三角的经济总量。从经济集聚度看，珠三角 GDP 总量占广东省的 85.12%，而中部地区各省增长极占本省 GDP 最高的是赣中北增长极，仅为 55.58%，最低的晋中增长极仅为 37.86%。表明中部地区各省的增长极还处于极化过程,需要引导生产要素向增长极集聚。此外,从经济密度、利用外资、财政收入等方面看,中部地区的增长极和珠江三角洲,也都有较大差距。因此,中部地区现有增长极的经济实力还需要加强。

表 6-6　2014 年中部地区各省增长极与珠三角主要经济指标比较

增长极	GDP/亿元	GDP 占本省比重/%	密度/(亿元·km⁻²)	实际利用外资/亿美元	地方财政收入/亿元	人均地方财政收入/元
晋中增长极	4831.4	37.86	0.15	17.10	503.23	4148
皖中南增长极	8823.1	42.32	0.32	60.23	854.93	6452
赣中北增长极	8735.3	55.58	0.24	49.82	930.30	5004
中原增长极	15483.0	44.44	0.24	78.83	1421.12	5029
鄂中东增长极	15084.2	55.09	0.23	72.06	1464.52	5547
湘中增长极	11556.4	42.74	0.15	56.21	959.56	6811
珠三角增长极	57650.0	85.02	1.06	248.61	5375.37	9326

资料来源:中国统计出版社出版的《中国统计年鉴 2015》《山西统计年鉴 2015》《安徽统计年鉴 2015》《江西统计年鉴 2015》《河南统计年鉴 2015》《湖北统计年鉴 2015》《湖南统计年鉴 2015》。

(二)促进增长极内核心城市和其他城市协调发展

高层次的增长极是由多个城市构成的经济密集地区,或者说这样的增长极不是以单个城市为载体,而是由地理上相连的诸多城市,即城市群为载体。在城市群中,既有核心城市,又有外围城市,核心城市和外围城市合理分工、相互作用,共同促进增长极的形成和发展。珠江三角洲作为改革开放后我国经济增长最快的增长极之一,经济成长并不是由核心城市发动,而是由外围城市发动的,正是由于外围城市的快速增长,促进了该地区的快速发展。由表 6-7 可以看出,珠三角新成长城市的人均 GDP 水平甚至高于核心城市,比如深圳的人均 GDP 就高于省会城市广州,而且增长极内各城市的发展水平较为接近。

　　从中部地区各省增长极看,湘中增长极的三个城市,发展水平相当,而且三个城市之间的距离接近,是中部地区发展水平较高的增长极;皖中南增长极的几个城市的发展水平也比较接近,但各城市的发展依赖特有的优势,城市之间缺乏相互联系和作用的机制。表 6-7 还显示,中部其他省份的增长极,核心城市和其他城市之间形成明显的梯度,表明核心城市对其他城市的经济扩散作用十分有限,而且外围城市的欠发达状态,也在很大程度上弱化了核心城市的可持续发展。从珠三角地区的成长路径看,促进外围城市和地区的经济增长可能更有助于增长极的快速成长。

表 6-7　2014 年珠三角和中部地区各省增长极内各城市人均 GDP 比较

地区或城市	人均 GDP /元	人均 GDP 占全省人均 GDP 比重/%	地区或城市	人均 GDP /元	人均 GDP 占全省人均 GDP 比重/%
珠三角地区	100448	1.58	新余	77730	2.24
深圳	149495	2.36	南昌	70373	2.03
佛山	101617	1.60	九江	37097	1.04
肇庆	45795	0.72	宜春	27764	0.80
东莞	70605	1.11	中原增长极	54787	1.48
广州	128478	2.02	开封	32154	0.87
珠海	116537	1.84	焦作	52421	1.41
江门	46237	0.73	郑州	72992	1.97
惠州	63657	1.00	洛阳	49417	1.33
中山	88682	1.40	许昌	48471	1.31
晋中增长极	39787	1.14	鄂中东增长极	57136	1.21
晋中	31465	0.90	黄石	49796	1.06
阳泉	44382	1.27	黄冈	23609	0.50
太原	59023	1.68	武汉	97962	2.08
忻州	21796	0.62	孝感	27891	0.59
皖中南增长极	66606	1.93	咸宁	38770	0.82
芜湖	64039	1.86	湘中增长极	82425	2.04
合肥	67689	1.95	株洲	54741	1.36
马鞍山	60091	1.75	长沙	107683	2.67
赣中北增长极	46990	1.35	湘潭	55960	1.39
萍乡	45867	1.32			

资料来源:中国统计出版社出版的《中国统计年鉴 2015》《山西统计年鉴 2015》《安徽统计年鉴 2015》《江西统计年鉴 2015》《河南统计年鉴 2015》《湖北统计年鉴 2015》《湖南统计年鉴 2015》。

（三）加强增长极内外的交通运输建设

增长极内各地区的经济合作和分工的前提是，便捷的运输通道。亚当·斯密曾经说过，分工受市场范围的影响，而影响市场范围的主要是运输成本。增长极内各城市和地区不是孤立的经济体，而是联系紧密的经济共同体，各城市经济联系越密切，就越能在合作中体现增长极的经济价值。长三角、珠三角、京津冀地区，其内部各城市之间都具有联系方便的各种运输通道。虽然中部地区各省增长极内各城市之间的交通建设也取得巨大进步，但区内各种运输网络密度和这些地区还有较大差距，需要进一步加强。

作为增长极，其影响范围在很大程度上受到交通运输的制约。东部沿海地区这些增长极之所以能够成长为"世界工厂"，主要得益于沿海的港口使其接近世界市场。同时沿海地区之间也形成了快捷的运输通道，为地区间形成的各种经济合作和分工提供了便利的条件。基于此，国家在全国交通运网布局中，应重点考虑包括中部地区在内的欠发达地区的对外交通通道建设，另外中部地区各省的运网布局和重点线路安排也要注重与其他省份的衔接。

第五节 中部地区崛起的重要经济轴线

中部地区是连接我国东西和南北的必经之地，因此京广、京九、陇海，以及长江水运大通道都通过中部地区，且把中部地区的主要增长极和城市都连接起来。这些连接东西和南北的交通大动脉就构成中部地区的主要经济发展轴线。

一、长江经济带的中游地区

长江经济带覆盖上海、江苏、浙江、安徽、江西、湖北、湖南、重庆、四川、云南、贵州等11省市，面积约205万平方千米，2015年人口和生产总值分别占全国的42.9%和42.2%。2014年9月，国务院办公厅印发《国务院关于依托黄金水道推动长江经济带发展的指导意见》（以下简称《意见》）。《意见》指出，依托黄金水道推动长江经济带发展，打造中国经济新支撑带，有利于挖掘中上游广阔腹地蕴含的巨大内需潜力，促进经济增长空间从沿海向沿江内陆拓展；有利于优化沿江产业结构和城镇化布局，推动中国经济提质增效升级；有利于形成上中下游优势互补、协作互动格局，缩小东部、中部、西部地区发展差距；有利于建设陆海双向对外开放新走廊，培育国际经济合作竞争新优势。

2016年9月，国家发改委发布了《长江经济带发展规划纲要》（以下简称

《纲要》)。在《纲要》中提出,上海、武汉和重庆作为核心和增长极分别引领长江经济带的下游地区、中游地区和上游地区繁荣建设和开发。长江经济带在中部地区涵盖安徽、江西、湖北、湖南四省,是中部地区东西向最主要发展轴线和经济密集带。长江在中部地区主要流经安徽和湖北两省,因而该经济带也涵盖了这两省的主要经济中心。在安徽省,马鞍山、芜湖、铜陵、池州、安庆五市处于该经济带,2014 年,五市共有人口 1467.78 万人,GDP 为 64174.7 亿元,人均 GDP 为 43722 元,是全省人均 GDP 的 1.27 倍。该省的省会城市合肥距离芜湖只有 120 千米,巢湖和宣城距离芜湖只有 50~70 千米,因而安徽中南部地区都可以依托现有的沿江城市实现经济崛起。

湖北的武汉、黄石、黄冈、鄂州、荆州、宜昌等六个经济中心都位于长江沿岸。2014 年,这些地区人口有 2995.73 万人,占全省人均 GDP 的 51.51%;GDP 为 18064.53 亿元,占全省的 65.98%,人均 GDP 是全省的 1.28 倍。由此可见,湖北省的长江沿线地区的经济较为发达,是该省经济密集带。省内的咸宁、孝感、仙桃、荆门等城市,都具有连接沿岸城市的铁路和高速公路,完全可以通过参与沿江开发得到发展。江西和湖南虽然分别只有九江和岳阳位于长江经济带,但南昌和长株潭这两个各自省内的最主要经济中心都距离这两个城市较近,并且有铁路和高速公路连接。因而,长江经济带对于赣北和湘北地区经济崛起具有重要的促进作用。

二、以京广线为依托的经济轴线

京广铁路连接中部地区的河南、湖北、湖南三省的省会城市和多个省内次级经济中心,是中部地区发展水平和集聚程度较高的经济带。京广铁路是我国陆地最主要的南北运输大通道,而且目前在中部地区境内已建成高速公路,大大增加了该经济带的运输能力,为各地区之间进一步加强经济联系奠定了基础。同时,该经济带在南北两端连接珠江三角洲和京津冀经济圈,分别通过陇海铁路、长江和浙赣、湘赣、湘黔铁路连接东部和西部地区,具有承东启西的发展优势。

该经济带在中部地区从北到南分别有郑州、武汉、长沙三个一级经济中心,安阳、鹤壁、新乡、许昌、漯河、驻马店、信阳、孝感、咸宁、岳阳、湘潭、株洲、衡阳、郴州等 14 个次级经济中心和 90 个县(市)构成。2014 年,人口总数为 9503.94 万人,GDP 总量为 48529.59 亿元,人均 GDP 为 51063 元,比全国人均还高出 9.5%。该经济带涵盖中部地区三个经济实力最强的省会城市和各省的重要经济中心,在中部地区崛起中将发挥重要作用。

三、以北同蒲—太焦—焦枝铁路为依托的经济轴线

北同蒲—太焦—焦枝铁路是我国一条重要的南北向运输干线,这条铁路被学术界规划为我国的二级开发轴线。这条铁路完全位于中部地区,因而是中部地区唯一的一条独立的二级开发轴线。这条开发轴线的北部主要集中在山西省境内,大同、朔州、忻州、太原、晋中、长治、晋城等主要经济中心都位于该经济带,集中了山西省的经济精华,是该省经济集聚程度最高的地带。2014年,这些地区的人口共有1847.83万人,占全省的50.65%,其中城镇人口占64.20%;GDP为7945.54亿元,占全省的62.36%,人均GDP是全省人均GDP的1.23倍。该经济开发轴线的中南部主要在河南和湖北境内,从河南的焦作、济源、洛阳、平顶山、南阳和湖北的襄樊、荆门一直到沿江小城——枝城。河南境内的焦作、济源、洛阳、平顶山都是经济较为发达的城市,其中焦作、平顶山和山西境内的大多数城市都是我国重要的煤炭基地,因此,该经济开发轴线在我国煤炭和能源生产中占有突出的地位。

该经济带在湖北境内主要包括襄樊、荆门等地区,而且襄樊与荆门之间已建成高速公路,并向北与南阳相连,对于沿线地区开发和经济崛起起到十分重要的作用。南阳、襄樊、荆门原属于各自省份经济较为落后的地区,自然条件复杂,工业基础薄弱,经过长期开发,这些地区的人均GDP已达到或接近本省的平均水平。该经济带向南通过支流线自然延伸到湖南境内,主要包括经济较为落后的张家界和怀化地区,因此该经济带在湖南境内延伸部分的开发,对于加快湘西地区经济发展具有十分重要的作用。

四、以京九铁路为依托的经济轴线

京九铁路是改革开放后我国修建的一条位于京广和京沪之间的南北向铁路大动脉,在中部地区经过河南、安徽、湖北、江西四省。从北向南主要经过河南的商丘,安徽的亳州、阜阳,河南和湖北的东部地区,江西的九江、南昌、吉安、赣州。在京九线经过的地区,除九江和南昌的经济较为发达外,其他地区都是各自省内经济较为落后的地区。2014年,亳州和阜阳地区的人均GDP分别只有13930元和11308元,相当于安徽省人均GDP的40.36%和32.76%;商丘的人均GDP为18758元,相当于河南省人均GDP的50.67%;吉安和赣州的人均GDP分别为25447元和21670元,相当于江西省人均GDP的73.39%和62.49%。这些地区的自然条件复杂,经济基础薄弱,比较缺乏地方性经济中心,因而难以带动当地经济发展。中央和地方政府应当继续加大这些地区的基础设施建设,包括高等级公路,使沿线地区初步具备吸引投资的能力。

五、加快经济轴线建设的主要措施

(一)促进生产要素向经济轴线流动

经济轴线开发是区域经济发展和生产力布局的一般规律,改革开放后,我国生产要素向沿海地区流动,推动了沿海经济轴线的迅速崛起。我国区域经济发展重点已经转向中西部地区,从而为连接东中西三大经济地带的长江经济带、陇海经济轴线的快速发展提供了良好的政策环境,同时京广经济轴线、同蒲经济轴线、太焦—焦枝线、京九线,也会在这种政策环境下以及这些经济带所具有的优势支持下获得发展机遇。经济轴线连接着地区的主要经济中心,本身具有较强的生产要素集聚能力,同时要充分利用政策环境,通过制度创新,在更大的地域范围内吸引生产要素,促进经济轴线的开发。

(二)促进沿线地区的合理分工

经济轴线开发依托发达的交通通道,而交通通道本身为沿线地区的人流、物流提供了便利。轴线内各地区尤其是各级经济中心之间的合作途径是分工,通过合理的地域分工,能充分利用轴线内各种生产要素以及各地区的优势,避免地区间的恶性竞争,在分工中相互促进,共同发展,分享轴线开发带来的利益。

综上所述,中部地区的城市化与全国一样,都落后于工业化和经济发展的需求。为此,加快城市化进程就成为推动工业发展和实现经济崛起的必然选择。然而,中部地区在推进城市化进程中,要正确处理好与工业化的关系,使城市建设适应本区工业化的需要。同时,要认识到城市集群带动中部地区经济发展的作用,努力建设长江中游城市群和中原城市群。另外,要通过制度创新,努力实现城市建设资金来源的多元化。最后,要建立城乡一体化的劳动力市场,消除农村劳动力进入城市就业的制度障碍。

中部地区在长期的发展中已经初步形成了能带动经济发展和崛起的增长极。长江中游城市群和中原城市群是有可能成长为具有全国意义的增长极。无论是长江中游城市群还是中原城市群都是跨省份的城市群,在我国行政主导的特殊经济体制下,如何进一步突破行政障碍,对于增长极建设至关重要。

中部地区各省在积极参与跨省区合作的同时,应规划和建设省内增长极。目前的现实情况是,各省的省会城市都成为本省的经济中心和经济集聚程度最高的地区,在我国特殊的体制和省会城市所具有的各种优势下,积极发展以省会城市为核心的增长极和城市群,是实现本省经济崛起的必然选择之一。然而,省会城市承担着各种职能,即使从经济职能看,重点也在第三产业和技术密集型产业。而中部地区发展工业的优势在于能源、原材料,以及承接东部地区转移的劳动密集型产业,因此各省在构建本省的增长极中,要高度重视次级增长极建设,以形成合理的空间经济结构。

第七章 中部地区可持续发展能力建设

第一节 中部地区崛起面临的可持续发展压力

人类在运用先进技术开发利用自然资源的过程中，对环境造成了可能危及人类安全的破坏。在世界各国的努力下，多个国家于2016年签署了保护地球的《巴黎协定》。我国作为全球最大的能源消费国，在节能减排中必然要承担很大责任，同时基于我国经济社会发展中面临的资源约束趋紧、环境污染严重、生态系统退化等问题，习近平同志在十九大报告中指出，要"加快生态文明体制改革，建设美丽中国"。这种背景对中部地区崛起战略的实施，既带来挑战，也产生机遇。

一、《巴黎协定》及其中国承诺

人类自工业革命以来过度使用煤炭、石油等能源排放的二氧化碳已经对气候环境带来直接威胁到人类自身生存的变化。在此背景下，在联合国组织下，各国于2016年4月22日共同签署了《巴黎协定》，这是继1992年《联合国气候变化框架公约》、1997年《京都议定书》之后，人类历史上应对气候变化的第三个有约束力的国际法律文本。《巴黎协定》制定了控制气温的长远目标，确保全球平均气温较工业化前水平升高控制在2摄氏度之内，并为把升温控制在1.5摄氏度之内付出努力。各方承诺将尽快实现温室气体排放不再继续增加，并力争2050年后的某个时间点，使人为碳排放量降至森林和海洋能够吸收的水平。

2015年11月30日，国家主席习近平出席了气候变化巴黎大会开幕式，并发表题为《携手构建合作共赢、公平合理的气候变化治理机制》的重要讲话，承诺中国将于2030年左右使二氧化碳排放达到峰值并争取尽早实现，2030年单位国内生产总值二氧化碳排放比2005年下降60%～65%，非化石能源占一次能源消费比重达到20%左右，森林蓄积量比2005年增加45亿米³左右。

中国承诺的意义在于，中国是世界上第一碳排放国。据中国行业研究网提供的数据,2014年,全球碳排放总量为357亿吨,而中国排放量占到全球的29.2%,接近第二碳排放国——美国的2倍。因此,中国主动参与《巴黎协定》的制定,对于实现碳排放的控制目标具有重要意义。但中国作为发展中国家,又处于工业化中期阶段,经济增长和人民生活水平的提高都需要能源维持一定的增长,因此中国只能承诺大幅度降低单位GDP的二氧化碳排放,并且在能源消费结构中尽可能增加非化石能源。比如,中国的电力生产中,主要使用化石能源的火电发电量在2005年占81.88%,2010年占比下降到79.20%,2015年进一步下降到75.56%。

事实上,中国作为负责任大国,在促进经济发展过程中,一直努力控制碳排放,并积极制定和实施符合国情的应对气候变化的国家战略。早在2007年6月中国制定了《应对气候变化国家方案》;2008年10月出台了《中国应对气候变化的政策与行动》,制定了中国应对气候变化的政策路线图,并每年都出台中国应对气候变化的政策与行动的年度报告;2013年11月颁布了《国家适应气候变化战略》;2014年9月出台了《国家应对气候变化规划(2014—2020年)》,提出了中国2020年前应对气候变化的主要目标和重点任务。国家十三五规划纲要中提出单位GDP能源消耗年均累计下降15%,单位GDP二氧化碳排放年均累计下降18%。

二、加强生态文明建设是实现我国经济可持续增长的必然选择

(一)传统增长方式下积累的环境问题

虽然自党的十八大以来,自上而下都十分重视对环境污染的治理,也取得了明显成效,但30多年来经济快速增长积累的环境问题,不是短时期能够解决的。据环境保护部发布的《2016年中国环境状况公报》,2016年在全国338个地级及以上城市中,254个城市环境空气质量超标,占75.1%。338个城市发生重度污染2464天次、严重污染784天次,以PM2.5为首要污染物的天数占重度及以上污染天数的80.3%,以PM10为首要污染物的占20.4%。在所进行的474个城市(区、县)降水监测中,酸雨城市比例为19.8%,酸雨频率平均为12.7%。酸雨区面积约69万平方千米,占国土面积的7.2%,其中,较重酸雨区和重酸雨区面积占国土面积的比例分别为1.0%和0.03%。

从地表水的水质看,2016年,1940个国家考核断面中,Ⅰ类47个,占2.4%;Ⅱ类728个,占37.5%;Ⅲ类541个,占27.9%;Ⅳ类325个,占16.8%;Ⅴ类133个,占6.9%;劣Ⅴ类166个,占8.6%。2016年,112个重要湖泊(水库)中,Ⅰ类水质的湖泊(水库)8个,占7.1%;Ⅱ类28个,占25.0%;Ⅲ类38个,占33.9%;Ⅳ类23个,占20.5%;Ⅴ类6个,占5.4%;劣Ⅴ类9

个,占 8.0%。从地下水水质看,国土资源部门对全国 31 个省区市 225 个地市级行政区的 6124 个监测点(其中国家级监测点 1000 个)开展了地下水水质监测。评价结果显示:水质为优良级、良好级、较好级、较差级和极差级的监测点分别占 10.1%、25.4%、4.4%、45.4% 和 14.7%。

据国家统计局提供的数据,2015 年全国废水排放总量 7353227 万吨。在废水中的主要污染物排放量,化学需氧量 2223.50 万吨、氨氮 229.9 万吨、总氮 461.33 万吨、总磷 54.68 万吨;在全国排放的废气中,二氧化硫 1859.12 万吨、氮氧化物 1851.02 万吨、烟(粉)尘 1538.01 万吨。2015 年,全国一般工业固体废物产生量 327079 万吨,突发环境事件 334 起,发生地质灾害事件 8355 起。

(二)加强生态文明建设符合经济增长规律

经济增长有其自身的规律,因而要求人们必须遵循这种规律,否则将付出代价。经济增长的规律表现在它的阶段性,罗斯托的经济增长阶段理论已经在一定程度上揭示了这种规律。其实,经济理论中阐述经济增长阶段的理论非常丰富,其中包括人们熟知的劳动密集型产业→资本密集型产业→技术密集型产业的变动规律。

我国经济发展正由资本密集型阶段向技术密集型阶段转变,即经济增长方式由要素投入推动型向技术创新推动型转变。在资本密集型发展阶段,资源、能源的消耗将持续性增长,而且这些产业的发展对环境带来的影响也比较大。而在技术创新推动发展阶段,人们的生活需求由物质需求为主转向包括环境需求在内的享受型需求,而通过技术创新又可以有效治理生产生活中产生的废物,因此可以通过供求两个层面推进环境治理。

(三)坚持生态文明建设符合以人为本的发展目标

经济发展的目标本应该是为了满足人民对物质和精神产生的不断增长的需要。我国政府最近提出经济发展要"以人为本",是对经济发展本质的回归,也符合社会主义社会的基本发展目标,同时也表明过去的在经济发展中普遍存在的偏离"以人为本"的倾向,尤其在近年来表现得更为突出。经济学一般用消费占 GDP 的比重反映居民能在多大程度上分享经济增长的利益,我国这一比例一直偏低,而且近几年下降很快。比如,2012 年我国居民消费占 GDP 的比重仅为 38.0%,而美国达 70.9%,我国居民消费占 GDP 比重明显偏低。由此可见,我国居民实际获得的经济利益比我国 GDP 显示的实力要小得多。同时,由于环境污染普遍加剧,城乡居民被迫接受的经济增长代价或者负效应越来越大。

我国目前存在的资源浪费和环境污染问题,在很大程度上是地方政府片面追求经济增长的结果。为了招商引资,低价征用甚至违规征用农民的耕地,致使大量农民失去了生存的土地;为了招商引资,不惜以牺牲环境为代价,在企业排放污染物的监管中缺位,至少是不到位。加强生态文明建设有助于地方政府纠正粗放式的经济增长方式,使经济增长回归到以提高人民群众生活和健康水平为目的的健康轨道。

(四)加强生态文明建设符合子孙后代的长远利益

习近平总书记在党的十九大报告中指出:"建设生态文明是中华民族永续发展的千年大计。"可持续发展战略是在二战后全球经济快速增长,以及由此导致的对资源,特别是不可再生资源的过快消耗和环境污染加剧的国际背景下提出的,其目的在于协调经济增长和资源消耗、环境污染的关系,提醒人们不能为满足当前需要而牺牲子孙后代的长远利益。我国是一个各种资源都相对短缺的国家,目前普遍存在的资源浪费性开采、耕地的过度占用,以及使用的低效率,已经使我国许多资源的使用年限大大缩短,同时对资源能源的过度需求已经使我国成为资源性产品的进口大国。如果不改变目前的经济增长方式,不仅我们当代人要承受更大经济增长的负效应,而且会危及子孙后代的发展和利益。

三、实行节能减排和绿色发展对中部崛起的影响

(一)节能减排对中部地区工业发展的压力

自实施中部崛起战略以来,中部地区工业发展取得巨大成就,各省的工业增长速度都超过全国平均水平,使中部地区的工业增加值占全国的比重由2005年的17.5%提高到2014年的21.4%。在2005—2014年全国工业占GDP的比重由41.81%下降到35.97%,而中部地区工业占GDP的比重则由2005年的40.06%提高到2014年的42.78%。意味着中部地区工业增长是这一时期经济增长的主要推动力。尽管如此,中部地区的工业化水平和东部发达地区相比仍然有较大差距,比如,2015年,江苏省人均工业增加值3.51万元,而河南省人均工业增加值只有1.67万元,不及江苏的一半。由此可见,在未来较长时期内,中部地区各省的工业依然要保持较快的增长速度,以缩小与发达地区的差距。

在能源消费中,工业占有较大比重。2015年,我国能源消费总量425806.07万吨标准煤,工业消费总量为295686.44万吨标准煤,工业能源消费占全国能源消费总量的69.44%。因此,在单位GDP能耗降低过程中,中部地区各省由于工业快速增长而面临更大的压力。从工业结构看,中部地区能耗较

大的采掘业、原材料工业占整个工业的比重较大,这在很大程度上又进一步增加了中部地区降低单位 GDP 能耗的难度和压力。

（二）实施绿色发展战略对中部崛起的影响

国家发改委、国家统计局、环境保护部、中央组织部等四部门于 2016 年12 月发布了《绿色发展指标体系》和《生态文明建设考核目标体系》,国家统计局根据《绿色发展指标体系》公布了 2016 年各省的绿色发展指数,湖北、湖南的指数较高,分别位居第 7 位和第 8 位;江西的指数居中,位居第 15 位;安徽、河南、山西排名靠后,分别位居全国的第 19 位、22 位和 26 位。数据表明,中部地区各省,尤其是位置靠后的安徽、河南和山西在实现绿色发展中面临较大的压力。

从分项看,中部地区的资源利用水平较低,在六省中,除湖北位居第 4 外,河南、湖南位置居中,分别位居第 15 和第 16 位,而安徽、江西和山西的排位明显靠后,分别位居第 19、20 和 29 位。从环境治理排位看,中部六省中,除江西位居第 24 位,排位明显靠后外,其他五省的排位都在前一半之列,其中湖北、安徽的排位进入前 10 位,分别排在第 7 和第 9 位,湖南、河南和山西则分别排在第 11、12 和 13 位。环境质量的排位总体状况较差,进入前一半的分别为湖南、江西和湖北,但排位靠后,分别排在第 10、11 和 13 位;安徽、河南和山西的排位分别在第 20、26 和 29 位。生态保护水平在全国的位次也较低,江西和湖南进入前 10 位,分别排在第 6 和第 9 位;其余四省的排位都在后一半中,湖北的排位为第 17 位,山西、安徽和河南的排位分别为第 20、22 和 24 位。增长质量水平在全国的排位相对较高,进入前 10 位的为湖南和安徽,分别排在第 8 和第 9 位;进入前 20 的还有湖北、江西和河南,分别排在第 13、15 和 17 位;只有山西的排位靠后,为第 21 位。从绿色生活来看,整体绿色发展指数较低的山西、河南的排位靠前,分别在第 4 和第 1 位;江西和湖北的位次居中,分别排在第 14 和第 17 位;安徽、湖南的排位靠后,分别为第 23 和第 25 位。从公众满意度看,进入前一半的为湖南和江西,分别排在第 7 和第 13 位;湖北、安徽、河南和山西分别排在第 20、21、26 和 27 位。

综合中国的环境、生态和资源利用状况,其绿色发展水平整体较低,即使在这样的背景下,中部地区的整体绿色发展水平仍居于全国的中部靠后位置,需要提升的空间还很大。因此,在加快中部地区经济发展过程中,面临的保护生态、治理环境、控制污染的压力会更大。

第二节　中部地区水资源的可持续利用

中部地区水资源可持续利用面临较大挑战。水资源时空分布不均,导致区域性缺水和水资源浪费并存,而现有水利设施难以满足合理利用水资源的需要,部分地区酸雨现象严重。

一、中部地区水资源时空分布特点

(一)水资源的时间分配不均衡

地表水在水资源总量中占主体地位,是最重要的水源。由于降水量的年际变化较大,致使径流量的年度差异很大。用径流的最大量与最小量年比值表示,长江以南地区大约在 5 左右,而北方地区则在 10 以上。径流的年际变化,将产生明显的枯水年和丰水年,不仅造成旱涝灾害,对农业生产和城乡居民生活带来严重影响,而且增加了水资源利用的成本和困难。

中部地区和我国其他大多数地区一样,受气候影响,降水年内分布很不均衡。如太原的降水量集中在 6～9 月,合计占全年降水量的 73.2%;郑州的降水量主要集中在 5～8 月,合计占全年降水量的 74.47%。径流的年内变化,产生明显的枯水期和丰水期。在丰水期,径流增加,河水上涨,甚至造成洪水;在枯水期,径流减少,北方多数河流甚至断流。年内径流的过大变化,一方面,造成水资源浪费,甚至造成灾害;另一方面,由于要修建水库等设施,以调节水资源的供求矛盾,从而增加了水资源的使用成本。

(二)水资源的地区分布不均衡

中部地区各省水资源分布严重不均衡。2015 年,江西、湖南的水资源较为丰富,人均占有量分别达到 4394.5 米^3 和 2839.1 米^3,明显高于全国人均2039.2 米^3 的平均水平。其他四省的人均水资源都低于全国平均水平,湖北、安徽的人均水资源分别占全国的 85.3% 和 73.3%。山西、河南两省,属于严重缺水地区,人均水资源仅分别为全国的 12.6% 和 14.7%。

二、水资源利用现状

(一)水资源利用及其地区差异

如表 7-1 所示,2015 年,中部地区用水总量为 1463.0 亿米^3。其中地表水用量 1233.6 亿米³,占全部供水量的 84.3%;地下水用量 219.9 亿米³,占全部供水量的 15.0%。显然,在用水结构中,以利用地表水为主。

由于中部地区的人均水资源量略低于全国平均水平,而中部地区的种植业和耗水量大的工业在经济中所占比重较大,是参与全国地区分工的优势产业,因而水资源的利用率较高,2015 年,中部地区水资源利用率为 23.5%,高于全国 21.8% 的均值。从各省水资源利用情况看,差异很大,水资源丰富的江西、湖南的利用率较低,分别为 12.2% 和 17.2%,其他四省的水资源利用程度都比较高,尤其是山西和河南,已高达 78.3% 和 77.4%,水资源利用率已达到极限。

从地表水利用情况看,中部地区的利用率为 20.7%,明显高于 16.8% 的全国平均水平。除江西、湖南外,其他各省都明显高于全国平均水平,其中严重缺水的山西省,地表水的利用率高达 68.7%。从地下水利用情况看,中部地区利用率为 13.5%,略低于全国 13.7% 的平均水平。但各省地下水利用率差异很大,沿长江的江西、湖南、湖北三省的利用率较低,水资源利用以地表水为主;而山西、河南两省的利用程度较高,利用率分别高达 38.4% 和 69.4%。

表 7-1　2015 年全国和中部地区用水量及水资源利用率

地区	总用水量/亿米³	总利用率/%	地表水用量/亿米³	地表水利用率/%	地下水用量/亿米³	地下水利用率/%
全国	6103.2	21.8	4971.5	16.8	1069.2	13.7
山西	73.6	78.3	37.1	68.7	33.2	38.4
安徽	288.7	31.5	253.9	29.7	32.5	16.7
江西	245.8	12.2	235.6	11.8	8.2	1.8
河南	222.8	77.4	100.6	53.7	120.7	69.4
湖北	301.7	29.7	292.2	29.6	9.1	3.3
湖南	330.4	17.2	314.2	16.4	16.2	3.7
中部	1463.0	23.5	1233.6	20.7	219.9	13.5

资料来源:国家统计局.中国统计年鉴 2016[M].北京:中国统计出版社,2016.

(二)用水结构

由表 7-2 可知,中部地区的用水结构与全国的用水结构基本相似,农业用水占主体地位。2015 年,农业用水总量为 835.9 亿米³,占全部用水量的 58.0%,低于全国 64.5% 的平均水平,单位面积耕地用水量也略低于全国平均水平。工业用水总量为 404.8 亿米³,占全部用水量的 28.1%,高于全国 22.3% 的平均水平,单位工业增加值用水量显著高于全国平均水平。生活用水 199.8 亿米³,占全部用水量的 13.9%,略高于全国 13.26% 的平均水平,人均城乡居民生活用水量也略高于全国平均水平,但山西、河南两省,居民生活用水量较低,分别只有全国的 0.2% 和 0.6%。

表 7-2　2015 年全国和中部地区用水结构

地区	农业用水		工业用水		生活用水	
	总量/亿米³	每公顷耕地用水量/米³	总量/亿米³	万元工业增加值用水量/米³	总量/亿米³	人均用水量/米³
全国	3861.5	2860.0	1334.8	567.5	794.2	445.1
山西	45.1	1111.1	13.7	314.2	12.3	301.3
安徽	157.5	2681.8	93.5	1009.1	32.8	472.3
江西	154.1	4998.8	61.6	890.4	27.9	539.8
河南	125.9	1553.2	52.5	331.7	35.4	235.6
湖北	158.1	3008.0	93.3	809.1	49.2	516.5
湖南	195.2	4703.6	90.2	824.1	42.2	488.7
中部	835.9	2738.6	404.8	688.9	199.8	550.9

资料来源:国家统计局. 中国统计年鉴 2016[M].北京:中国统计出版社,2016.

三、水资源利用面临的主要问题

(一)区域性缺水日益严重

根据前面提供的有关资料,中部地区水资源的省际分布严重不均衡。江西、湖南的水资源相对丰富,水资源对经济发展的负面影响不大,甚至可以利用水资源的优势发展相关用水量较大的产业。安徽、湖北的水资源利用程度已经明显高于全国平均水平,但水资源也不构成经济发展的制约性因素。山西、河南两省的水资源不足,且利用程度较高,属于水资源严重短缺地区,水资源供给不足已经严重影响到工农业发展和城乡居民生活。随着工业化和城市化进程的加快,工业用水和城乡居民用水将日益增加,水资源的供求矛盾更加突出,跨地区工程引水是解决这两省供水紧张的根本出路。

(二)供水工程不能充分发挥效应

在中部地区全部供水中,地表水占 84.3%,居主体地位。多数供水工程和引水工程,尤其是服务于农业的供水和引水工程,建于改革开放前。由于重供水工程建设,轻引水工程建设,致使整个工程的效应不能充分发挥。另外,相当一部分工程,老化失修严重,不少工程超期使用或者带病运行。流域内土地利用不合理,或者长期缺乏流域的生态建设,水土流失加剧,导致泥沙淤积,影响供水工程蓄水能力。

（三）水资源浪费严重

由于我国长期没有把水作为一种经济学意义上的资源,因而没有从价格上反映其稀缺性程度。事实上,在各地区的农业用水和农村用水中,水资源本身几乎是不记入成本的,由此造成水资源浪费非常严重,即使在缺水地区也是如此。从农业用水看,山西、河南等缺水严重的地区,农业灌溉水利用系数不足0.5,水田灌溉定额达到22500米³/公顷,大水漫灌的现象普遍存在。在城市居民用水中,长期的低价政策,使得居民没有养成良好的节水习惯,节水的技术措施也难以实施。工业用水的低价政策,使得水资源的稀缺程度不能构成工业项目实施的限制性因素,因而一些缺水地区也盲目上马耗水量大的项目。

（四）部分省份酸雨严重

2015年,江西省降水pH年均值为5.26,酸雨污染较为严重,全省城市降水酸雨频率为61.0%,南昌市的酸雨频率高达100%。2016年,安徽省降水pH年均值为5.68,平均酸雨频率为10.9%,合肥、滁州、宣城、池州、安庆、铜陵和黄山等七个市出现酸雨。2016年,湖北省在采集降水样品2692个,其中酸雨样品166个,占降水样品总数的6.2%,武汉、黄石、宜昌、黄冈、咸宁、恩施等六个城市出现酸雨,酸雨频率在0.9%（黄石）～26.5%（宜昌）。2016年,湖南省除张家界和吉首外,其他12个城市都出现酸雨污染,全省酸雨频率达56.2%,全省pH均值为4.75,酸雨污染严重。

四、实现水资源可持续利用的主要对策

（一）水资源合理配置

水资源配置包括流域间和流域内两个层次。本区的山西、河南两省属于严重缺水地区,需要通过跨流域调水和流域内水资源合理配置才能有效缓解水资源供求矛盾。山西、河南都属于黄河流域,而黄河流经地区的水资源都比较短缺,因而流域内的水资源配置最为困难。从短期看,南水北调的中线工程已经开工,应当给予河南更多的用水指标,同时河南可以在黄河水资源分配中让出部分指标给山西,以保证万家寨和其他引黄工程的供水需要。从长期看,要通过南水北调西线工程的实施,才能有效解决包括山西、河南在内的沿黄河地区用水紧张的矛盾。同时,在安徽要实施引江济淮工程,以增加淮河的供水能力,满足沿淮地区经济发展和城乡居民生活对水资源的需求。

由于水资源地域分布不均衡，即使在水资源丰富的省份，部分地区也会出现水资源供给不足的问题，比如，沿江省份的山丘地区。对于局部严重缺水的地区，要通过省内小流域调水，解决地区间水资源供求不均衡的矛盾。

（二）水资源短缺地区应合理控制农业用水

中部地区是我国水资源较为缺乏的地区，同时又是我国最主要的农区，种植业是参与国内分工的重要产业。目前农业用水在缺水地区的用水结构中仍占有较高比重，山西为 58.7%，河南为 57.9%。从本区工业化和城市化发展趋势看，工业和城乡居民生活用水的绝对量和相对量都要增加。在水资源约束下，供水能力的增加十分有限，尤其是山西、河南两省对水资源的利用几乎达到极限。因此，用水结构变动的基本趋势是，农业用水的减少。在水资源短缺地区，农业用水不仅是相对比重的降低，而且是绝对量的减少。

在我国人多地少的背景下，农业用水的减少还不能影响农业可持续发展。这就要求：第一，在水资源短缺地区，比如，山西、河南两省，要建立节水型农业结构，推广节水措施在农业灌溉中使用，提高水资源利用效率。第二，在农作物品种改良中，应支持耐旱品种的培育和推广使用。第三，要发挥价格杠杆在配置水资源中的作用，实现水资源利用效率的最大化。

（三）合理利用地下水，充分利用地表水

从中部地区水资源利用看，地表水和地下水利用程度都高于全国平均水平，尤其是河南、山西两省。由于地表水不足，开发利用程度已经接近极限，因此普遍存在过度超采地下水现象，部分地区的地下水位急速下降，已严重危及当地城乡居民的生活和工农业发展。在缺水省份，要合理规划地下水的开采范围和开采规模，遏制地下水的过度超采，实现地下水的可持续利用。在地下水严重超采地区，除了实施节水措施外，还要采取工程措施，从富水区或者河流调水，以满足区内经济发展和城乡居民生活的需要。

由于地表水分布不均衡，即使在水资源严重缺乏的省份，也有相对富水区，比如，山西省的晋东南地区的水资源就比较丰富，著名的红旗渠的水源就来自晋东南地区。因此，对于缺水省份，要根据省内各地区的水资源供求状况，通过工程引水调节地区间水资源的余缺，并通过地表水的再配置，使其得到合理开发和充分利用。

第三节 中部地区土地资源的可持续利用

中部地区是我国最重要的粮油等重要农作物生产集聚地,但耕地等土地资源长期重用轻养,水土流失严重,同时在工业化和城市化加速推进中,非农业用地较多,给耕地等土地资源的可持续利用带来严峻挑战。

一、土地资源类型及其利用

(一)耕地资源

1.土地资源数量

耕地资源是人类社会赖以生存的基础资源,也是生产率水平最高的土地资源。由于自然条件制约,相对于我国巨大的人口规模而言,我国的耕地资源极为稀缺,人均耕地只有世界平均量的1/3。中部地区平原面积在土地资源中所占比重大,而耕地资源主要集中在平原地区,因此中部地区的土地垦殖率较高,耕地资源较为丰富。中部地区耕地总量为5098.53亿公顷,占全国的36.66%,人均水平是全国平均水平的111.13%,土地垦殖率是全国的212.33%。

2.地区差异

中部耕地资源的地区分布差异很大,主要分布在华北平原、长江中游平原,以及汾河谷地。河南、安徽土地面积小,但平地较多,且人口规模大,因而土地垦殖率高,分别达52.47%和49.38%。由于两省地处我国暖温带向亚热带过渡地区,耕地的复种率较高,分别达170%和180%。江西、湖北、湖南三省的山地、丘陵在土地资源中所占比重大,适宜耕作的平地较少,因而土地垦殖率较低,分别只有9.97%、21.33%、12.64%。由于三省地处亚热带地区,或者暖温带向亚热带过渡地区,降水丰富,耕地以水田为主,复种率较高,分别达208.9%、200.8%、209.4%。虽然人均占有耕地面积明显低于全国平均水平,但耕地质量好、生产率高。

山西省地处黄土高原,以山地和丘陵为主,适宜耕作的土地资源较少。优质耕地主要集中在汾河谷地,多数为水田和水浇地,占全省耕地的20%左右。东西两山的低山丘陵以旱地为主,占全省耕地的80%,过度开垦现象十分严重。

（二）林地资源

在中部地区的林地资源较为丰富，但各省分布不均衡。河南、安徽两省的土地垦殖率较高，林地资源相对不足。河南省的林地资源为281.52万公顷，占土地资源的17%，主要分布在西部山地丘陵地带；安徽省的林地资源为418.07万公顷，占土地资源的30%，主要分布在山地丘陵地区。山西省的山地丘陵多，宜林地资源丰富，但由于过度开垦，实有林地面积仅有317.07万公顷，占土地面积的20.22%。

湖南、江西、湖北三省，以山地丘陵为主，土地垦殖率较低，宜林地较多。湖南现有林地面积0.09亿公顷，占土地面积的40.38%。另外，还有宜农宜林地0.02亿公顷，宜林宜牧地0.04亿公顷。江西的宜林地是土地资源的主体，面积达0.09亿公顷，占土地面积的56.90%。其中，一等宜林地0.03亿公顷，分布在海拔800米以下的低山丘陵；二等宜林地0.05亿公顷，分布在海拔300～1200米的山地丘陵。湖北在沿江三省中，土地垦殖率较高，林地资源相对较少，现有宜林面积0.06亿公顷，占土地面积的29.9%，其中有林面积0.04亿公顷。

二、土地资源利用存在的主要问题

（一）土地利用结构不尽合理

土地的利用应因地制宜。所谓因地制宜，就是宜农地发展种植业和耕作业，宜林地发展林业，宜牧地发展畜牧业。但改革开放前，人口的过快增长给粮食生产带来很大压力，各省农业发展的主导思想是增加粮食产量，因而在一定程度上忽视了林牧渔业的发展。为了增加粮食产量，不仅对宜农荒地进行了大规模开发，而且许多缺乏宜农荒地的省份，对宜林、宜牧的广大丘陵山区进行了开发。由于盲目开垦，造成森林植被破坏，水土流失加剧，生态环境恶化。

改革开放后，农业发展强调以市场为导向进行产业结构调整，一些地区进行退耕还林发展林果业，但有些地区在发展林果业中占用大量优质耕地，甚至在平原地区推广栽培林果树。在沿江有些省份，不适当强调发展水产业，占用耕地挖鱼塘，造成耕地的不合理使用。

（二）耕地资源重用轻养，生产力普遍下降

耕地资源是人类赖以生存的最宝贵的资源，中部地区作为我国农耕文明的主要发祥地之一，在与耕地共生中，形成了一套完整的合理开发利用土地的方式。目前农村实行的家庭承包责任制，不能确保家庭经营的长期稳定，特别是耕地流转带来的短期经营问题更为突出。对于短期经营者来讲,对耕地重开发、轻建设,重产出、轻投入,重用轻养,势必造成土地的生产力下降。在低山丘陵地区,大多数农民利用土壤的自然肥力进行农业生产,当土壤肥力下降后,农民就弃耕而开垦新的土地,从而造成土地肥力的普遍下降,并导致水土流失。

（三）非农业用地占用较多,优质耕地减少趋势明显

非农业用地,主要指城乡居民点、工矿企业及交通用地。1949年后,中部地区的人口增加、城市化进程、工矿企业发展,以及交通运输建设,都占用了大量耕地。据测算,在1949—1990年,山西省减少耕地46.9万公顷,河南省减少40.6万公顷,安徽减少51.0万公顷,湖北减少49.7万公顷,湖南减少45.0万公顷。

自20世纪90年代末以来,以房地产开发为主导的我国城市发展进入快速扩张阶段。1998年,全国城市建成区面积21379.6平方千米,到2015年,城市建成区则增加到52102.3平方千米,是1998年的2.44倍。1998年,中部地区全部城市建成区面积5168.7平方千米,2015年增加到10619.2平方千米,是1998年的2.05倍。

非农业用地,特别是建成区面积的扩大,开发区建设,一般占用的是优质耕地,而开荒和复耕的耕地质量明显偏低。因此,在耕地总量没有减少的情况下,优质耕地资源在明显较少。

（四）生态环境恶化,水土流失严重

中国是全球水土流失最严重的国家之一。据2013年水利部发布的《第一次全国水利普查水土保持公报》,全国土壤侵蚀总面积294.91万平方千米,占普查范围总面积的31.12%,其中水力侵蚀总面积129.32平方千米,风力侵蚀总面积165.59万平方千米。中部地区各省,水土流失类型以水力侵蚀为主,山西、安徽、江西、河南、湖北和湖南水力侵蚀的面积分别为70283平方千米、13899平方千米、26497平方千米、23464平方千米、36903平方千米和32288平方千米。在中部六省中,山西省的水土流失最为严重,水力侵蚀占山西省总国面积的44.85%。中度以上侵蚀面积占62.60%,高于全国48.38%的平均水平。严重的水土流失使得土地的地力减退,耕地面积减少,沙化面积增加,生态环境恶化,在一定程度上加剧了自然灾害的发生,并制约着社会经济的健康发展。

三、实现土地资源可持续利用的主要对策

(一)因地制宜,调整土地利用结构

为了实施可持续发展战略,统筹人与自然协调发展,必须坚持因地制宜的原则,合理调整土地利用结构。中部地区土地利用中存在的普遍问题是,耕地过度开发,而林地、牧地利用不充分,各地区都因为土地资源的过度开发和不合理使用带来一定程度的环境生态问题。土地利用结构调整的基本思路是,各地区要根据经济发展和生态环境的需要,按照国家的整体安排,对坡度较大的现有耕地有步骤地进行退耕还林、还牧。需要指出的是,在我国人多地少的背景下,不可能完全按照土地的适宜性进行退耕还林、还牧,因此改善区域生态环境的重点,应集中于对现有林地、牧地充分利用,使其更大限度地发挥生态效应。

(二)保护耕地资源,控制非农业用地规模

耕地是我国最稀缺的土地资源,是维持中华民族生存和发展的基础。为了确保主要农产品的国内供给,必须珍惜十分宝贵的耕地资源。在保护耕地资源时,目前面临的最大困难是,如何减少非农业用地的规模。中部地区正处于工业化和城市化加快发展阶段,与此相应的是,工业用地、城镇用地和交通建设用地都将呈现快速增长态势。为了协调经济发展和保护耕地的矛盾,应采取如下措施:一是在城镇化过程中,一定要合理规划公共用地规模,不能盲目贪大、求宽,应当适应城镇的发展规模。在城镇住宅建设中,应推广高层建筑和密集建筑,以提高人口密度。在城镇空间拓展中,应当根据人口规模和经济规模的增长来确定城镇空间扩展规模,而不是通过拓展城镇空间来吸引人口。二是在广大农村,遏制宅基地的扩张,经济发达地区应按照农村城镇化趋势规划农村居民点建设,通过居民点集中布局和向高层发展,为非农产业发展提供土地。三是在交通线路的技术升级中,不能弃旧路建新路,而是尽可能利用原有路基进行技术升级。

(三)山丘地区要开展小流域综合治理

中部地区山地、丘陵地区在土地资源中所占比重大,这些地区水土流失严重,环境生态恶化。国内外成功的经验是,进行小流域综合治理。具体来讲,就是按照自然地理单元,对河、川、沟进行全面的规划、利用和治理。通过生物、工程措施,以及合理调整土地利用结构,控制水土流失,建立能实现土地可持续利用的生态环境。在小流域治理中,要探索适应本地特点的方式和途径,本着谁投资、谁收益的原则,鼓励本地居民、企业,以及区外资本投资小流域治理。

第四节 中部地区人力资源的开发和利用

中部地区劳动力总量丰富,但素质有待提高。中部地区与东部地区的发展差距,造成劳动力,特别是高素质劳动力流失严重,加之人力资本投入不足,因而使得劳动力有可能演变为制约中部地区崛起的重要因素。

一、人力资源特征

(一)人力资源丰富

人口数量巨大、人力资源丰富,是中部地区实现经济崛起的基础和实施可持续发展战略的基本前提。2014 年,中部地区人口总量为 36262 万人,占全国的 26.5%;劳动力总量为 26033.7 万人,占全国的 25.9%。14 岁以下人口占总人口比重18.5%,高于全国 16.5%的平均水平,表明中部地区后备人力资源丰富。在我国人口老龄化的背景下,潜在劳动力供给相对充裕将成为支撑经济可持续增长的重要基础。

(二)高素质劳动力缺乏

中部地区人力资源丰富,但质量较低。由表 7-3 显示,全国人口中大专及以上学历的人口占总人口比重为 11.53%,中部地区各省都低于全国平均水平,最低的江西省仅为 8.15%,表明中部地区高素质的劳动力比较缺乏。我国经济正由中等收入向高收入阶段迈进,包括传统产业在内,都在通过智能化提高生产效率和竞争力,丰富的劳动力资源只是经济增长的条件,而高素质劳动力才是提高地区经济竞争力的关键。因此,中部地区要把劳动力的数量优势转化为经济优势,要着力提高劳动力的受教育水平。

表 7-3 2014 年全国和中部地区各省不同学历人口占总人口的比重

单位:%

地区	大专及以上	高中	初中	小学
全国	11.53	16.70	40.18	26.24
山西	9.85	19.03	45.90	21.75
安徽	10.48	14.98	40.39	26.93
江西	8.15	17.57	41.29	29.10
河南	10.36	16.21	42.97	25.48

续表

地区	大专及以上	高中	初中	小学
湖北	11.42	19.91	37.94	24.97
湖南	9.19	17.46	42.22	27.54

资料来源:国家统计局.中国统计年鉴2015[M].北京:中国统计出版社,2015.

二、人力资源开发和利用存在的主要问题

(一)人力资本投入不足

人力资本是指为提高人的劳动能力所进行的投资。按经济学界普遍接受的观点,人力资本的形成,包括用于教育和培训的费用、用于医疗保健的费用和用于变换就业机会的迁移费用。当然,在人力资本的各种形成途径中,教育占据绝对主导地位,因而在学术界一般都用教育经费投入和国民的平均受教育年限表示人力资本投入。

中部地区作为中华民族主要发祥地之一,传统上人们非常重视教育,而且这种传统根深蒂固地延续到现在,但受制于地方财政能力,投入明显不足。2014年,地方政府教育投入占财政支出比例为16.86%,而中部的山西、安徽、江西、河南、湖北、湖南各省分别为16.44%、15.93%、18.31%、19.93%、15.67%、16.60%,江西和河南的教育投入占比明显高于全国平均水平,而其他四省都低于全国的平均水平。从地方财政人均教育投入看,2014年全国平均为地方财政支出的人均教育经费为1593元,而中部地区平均只有1315元,仅相当于全国的82.5%。

从教育经费来源看,表7-4显示,中部地区财政性经费占比低于全国平均水平,主要是湖北、湖南两省较低,其实山西、安徽、江西三省财政性经费占比都略高于全国水平。中部地区民办学校经费投入和教育事业费占比都明显高于全国水平。在民办学校投入占比中,河南、湖北占比都高于全国水平的两倍,表明中部地区民办教育相对较发达。

表7-4 2014年全国及中部地区各类教育经费占比

单位:%

地区	财政性经费	民办学校经费投入	社会捐款	教育事业费
全国	82.09	0.53	0.22	15.18
山西	82.63	0.70	0.06	15.08
安徽	82.53	0.45	0.14	15.74
江西	83.68	0.32	0.11	14.66

地区	财政性经费	民办学校经费投入	社会捐款	教育事业费
河南	81.21	1.28	0.04	15.86
湖北	74.65	1.07	0.18	20.18
湖南	78.34	0.58	0.13	18.34
中部	80.46	0.79	0.11	16.66

资料来源:国家统计局.中国统计年鉴2015[M].北京:中国统计出版社,2015.

(二)剩余劳动力多,就业压力大

中部地区作为欠发达地区,劳动力利用中存在的最突出问题是,剩余劳动力多。按照刘易斯的二元经济理论,农村存在大量剩余劳动力。虽然中部地区的工业化、城市化和农村非农产业发展,以及大量劳动力流向外省,为农村剩余劳动力提供了大量就业机会,但中部地区目前在第一产业就业的劳动力比重明显偏高。以安徽省为例,2015年,在第一产业就业的劳动力数量高达1396.2万人,占全部就业人数的31.2%。同年,浙江省的第一产业就业人数只有462.69万人,占全部就业人数的13.19%。由此可见,中部地区仍然在第一产业中滞留了大量剩余劳动力。

(三)人力资源流失

中部地区与东部地区日趋扩大的经济发展差距以及与之相邻的地理位置,使中部地区成为我国劳动力流出最多的地区。2014年,河南和安徽流向省外的人口分别高达1226万人和853万人,主要流向上海、浙江、江苏、北京、广东等东部发达地区。农民工的流出,特别是接受较多教育的农民工的流出,已经使中部地区也出现了"民工荒"。近来,一些农村劳动力流出严重的地区,也已出现招工难问题,中部地区吸引东部地区产业转移的优势受到削弱。比如,江西赣州市,比邻珠江三角洲,这种优势吸引珠三角地区的劳动密集型产业向赣州转移,但由于劳动力的大规模流出,当地也出现了"民工荒",地方政府采取各种措施鼓励农民在当地务工,甚至到贵州为企业招工。

与农民工流出相比,中部地区高素质人才的流失更为严重。在我国,农民工流动基本还属于过剩劳动力的流动,这种跨地区流动,在一定程度上还可以称为双赢甚至多赢。而高素质人才属于稀缺资源,各地区为获得这些资源都采取了一定优惠政策,东部地区的"先发优势"导致这类资源从中西部地区流入该地区。据统计,江西省人才流入和流出的比例为1:7,且流出的基本是单位的骨干和高新技术人才,而以高校毕业生最为显著。江西每年培养的计算机人才,硕士生和博士生都流到沿海地区,本科学历的只有20%在本省工作。湖北自改革开放以来,流向省外的本科以上文化程度的高达54万人;湖南流向广东等地的科技人才接近10万人。

三、人力资源开发与利用的对策

(一)确立以人力资源开发为主导的社会经济发展战略

从中部地区现有优势产业看,资源密集型产业占主导地位。由于长期过度开发,许多优势资源已经枯竭,或者后备资源严重不足。在这种状况下,支持中部地区经济崛起的最主要优势已经由矿产资源转化为丰富的人力资源。只有充分利用这一优势,更有效地发挥人力资源在经济发展中的作用,中部地区才能顺利实现经济转型和结构升级,以及经济的可持续增长。这就要求各级地方政府把资源开发的重心由物质资源向人力资源和人才资源转移。

根据前面的论述,中部地区具有发展劳动密集型产业的优势,但中部地区能否在我国劳动密集型产业发展中取得更大份额,能否吸引更多的境外企业和东部企业投资,关键不在于中部地区的劳动力价格,而在于劳动力的质量。这就要求各级地方政府转变"重物不重人"的落后观念,加大教育投入,全面提高人口的教育水平和文化素质。

(二)重视农村的义务教育和职业教育

中部地区各省九年制义务教育的基础较好,但城乡发展不平衡。这种不平衡主要表现在经费投入、办学条件和师资水平方面,其核心是经费投入不足。由于经费不足,地方政府不愿意接受素质较高的大中专毕业生从事农村义务教育工作,而低价聘请代课教师,致使农村师资水平长期得不到提高。我国县、乡、村的发展水平差异很大,中部地区县、乡两级财政都比较困难,特别是贫困县和以农业为主要收入来源的县、乡,因此中央政府和省级政府应更多地承担起农村义务教育的责任,增加对财政收入较低地区的农村义务教育补贴,确保欠发达地区农村义务教育的基本投入。

"三农"问题是中部地区经济崛起中面临的最大挑战。而"三农"问题的根源是农民素质较低,不能适应城市化、工业化和农村非农产业发展的需要。为此,中央及各级地方政府对农村经济社会发展的资金支持,应更多地转向农村劳动力的职业转型教育。同时,鼓励和支持民间资本投资于农村职业教育,使更多的农民能够低成本获得优质教育。

（三）采取措施,遏制人才流失

人才是中部地区最宝贵、最稀缺的资源,是实现经济崛起的核心要素。人才的大量流失,已经使中部地区国有企业、高等院校等人才密集行业的发展出现危机,至于知识密集型产业的发展,更是无从谈起。基于中部地区经济快速增长对人才需求的增长,以及全国乃至全球范围内对人才的争夺,中部地区各级地方政府,特别是人才密集的单位和行业,应当从战略高度认识人才的重要性,改革现存的计划色彩较浓的人才管理制度和使用制度,积极采取措施,遏制人才的流失。

第五节　节能减排与环境污染治理

一、废水排放及其治理

中部地区以能源重化工为优势和特色的工业结构,造成严重的环境污染。总体来讲,中部地区排放的废水、废气和固体废物中,有害物质较多,导致主要水域和河流污染严重,主要城市空气质量较差,环境治理面临较大压力。同时,中部地区单位 GDP 能耗较高,且处于工业快速成长阶段,节能减排压力较大。

（一）工业废水排放

中部地区在工业化和城市化过程中,消耗的水资源越来越多。与此同时,排放的工业废水和城市生活污水也与日俱增。表 7-5 显示,2015 年中部地区工业废水排放总量为 1710489 万吨,占全国的 23.26%。在排放的主要污染物中,化学需氧量 547.28 万吨,占全国的 24.61%;氨氮 63.12 万吨,占全国的 27.45%;总氮 121.73 万吨,占全国的 26.39%;总磷 14.64 万吨,占全国的 26.77%;石油类 4512.6 吨,占全国的 29.70%。主要污染物排放占全国的比重都高于工业和 GDP 占全国的比重,因此中部地区废水中主要污染物的排放量高于全国的均值。

表 7-5　2015 年全国和中部地区废水及主要污染物排放量

地区	废水/万吨	化学需氧量/万吨	氨氮/万吨	总氮/万吨	总磷/万吨	石油类/吨
全国	7353227	2223.50	229.91	461.33	54.68	15192.0
山西	145252	40.51	5.01	8.93	1.06	739.4
安徽	280626	87.11	9.68	18.62	2.01	666.2
江西	223232	71.56	8.46	10.72	1.52	673.0
河南	433487	128.72	13.43	42.66	5.05	912.6
湖北	313785	98.61	11.43	18.55	2.29	940.8
湖南	314107	120.77	15.11	22.25	2.71	580.6
中部	1710489	547.28	63.12	121.73	14.64	4512.6

资料来源：国家统计局.中国统计年鉴 2016[M].北京：中国统计出版社,2016.

（二）主要河流的污染状况

据中部地区各省环保厅发布的环境状况报告提供的资料,2016 年山西省年地表水水质属中度污染。在监测的 100 个断面中,水质优良（Ⅰ～Ⅲ类）的断面有 48 个,占监测断面总数的 48.0%,重度污染（劣Ⅴ类）的断面 28 个,占监测断面总数的 28.0%。在安徽省的 253 个地表水监测断面（点位）中,Ⅰ～Ⅲ类水质断面（点位）占 69.6%;劣Ⅴ类水质断面（点位）占 6.7%。江西省Ⅰ～Ⅲ类水质断面（点位）占 81.0%。在河南省 141 个监测断面中,水质符合Ⅰ～Ⅲ类标准的断面有 72 个,占 51.1%;符合Ⅳ类标准的断面有 28 个,占 19.9%;符合Ⅴ类标准的断面有 11 个,占 7.8%;水质为劣Ⅴ类的断面有 27 个,占 19.1%;主要污染因子为化学需氧量、五日生化需氧量和总磷。在湖北省 179 个监测断面中,水质优良符合Ⅰ～Ⅲ类标准的断面占 86.6%（Ⅰ类 1.7%、Ⅱ类 48.0%、Ⅲ类 36.9%）,水质较差符合Ⅳ类、Ⅴ类分别占 6.7%、2.8%,水质污染严重为劣Ⅴ类的断面占 3.9%;河流主要超标项目是总磷、氨氮和化学需氧量,断面超标率分别为 10.6%、8.9% 和 8.4%。2016 年湖南省 98 个河流监测断面中,Ⅰ～Ⅲ类水质断面（点位）占 98.0%。综合中部六省地表水污染状况,湖南、湖北和江西的河流的水质较好,山西、河南的污染较为严重。

（三）水污染的治理

中部地区各省十分重视污水处理,2015 年山西、安徽、江西、河南、湖北、湖南的污水处理率分别达到 89.20%、96.68%、87.74%、93.57%、93.41%、92.74%。但毋庸置疑的事实是,水污染依然严重,特别是在山西、河南等省份,因此各省须进一步加大污水治理力度。把所有主要河流和湖泊都纳入重点监测和治理范围,进一步加大制浆造纸、纺织印染、化工等重点涉水行业废水深度治理力度,主要排污企业要重点监管,污染物排放达到相关行业污染排放标准特别限值标准,各省要制定降低单位工业增加值化学需氧量和氨氮排放量的刚性指标。各省要对城市现有污水处理设施进行升级改造,完善配套管网,强化脱氮除磷功能。对于人口规模较大的建制镇要限期建设污水处理设施,现有污水处理厂排放标准要提高到一级 A 标准,积极推进水循环再利用。

二、废气污染物的排放与大气环境治理

(一)废气中主要污染物的排放

中部地区的工业结构以能源重化工业为主。这种工业结构造成单位产值排放的废气、有害气体较多。表 7-6 的数据显示,2015 年,中部地区二氧化硫排放量为 442.00 万吨,占全国的 23.77%,万元工业增加值二氧化硫排放量为 7.51 千克,低于全国 7.90 千克的平均值,但山西省的单位工业增加值排放量是全国均值的 3.25 倍。氮氧化物的放量 441.83 万吨,占全国的 23.87%,万元工业增加值氮氧化物排放量 7.51 千克,低于全国 7.87 千克的平均值,但山西省的单位工业增加值排放量是全国均值的 2.71 倍。烟(粉)尘排放量 422.30 万吨,占全国的 27.46%,万元工业增加值烟尘排放量 7.17 千克,高于全国 6.54 千克的平均值,山西省的单位工业增加值排放量较高,是全国均值的 5.08 倍,其他五省都低于全国平均值。

表 7-6　2015 年全国和中部地区废气中排放的主要污染物

地区	二氧化硫		氮氧化物		烟(粉)尘	
	总量/万吨	万元工业增加值/千克	总量/万吨	万元工业增加值/千克	总量/万吨	万元工业增加值/千克
全国	1859.12	7.90	1851.02	7.87	1538.01	6.54
山西	112.06	25.70	93.08	21.34	144.89	33.23
安徽	48.01	5.18	72.10	7.78	54.59	5.89
江西	52.81	7.63	49.27	7.12	48.06	6.51
河南	114.43	7.23	126.24	7.98	84.61	5.35
湖北	55.14	4.78	51.45	4.46	44.70	3.88
湖南	59.55	5.44	49.69	4.54	45.45	4.15
中部	442.00	7.51	441.83	7.51	422.30	7.17

资料来源:国家统计局.中国统计年鉴 2016[M].北京:中国统计出版社,2016.

（二）主要城市的空气污染状况

中部地区城市和我国其他地区城市一样，都面临较为严重的空气污染。空气中有害物质和细微颗粒的过量存在，会直接影响到居民的身体健康。与全国地级以上城市空气质量各项指标平均值相比，中部地区国家重点监测城市的空气质量相对较差。根据表 7-7，从二氧化硫浓度看，中部地区重点监测的 24 个城市中，有 15 个城市超过全国平均水平，特别是山西、河南两省，所有

表 7-7　2015 年全国和中部地区各市环保重点城市空气质量状况

地区	二氧化硫年平均浓度/(微克·米⁻³)	二氧化氮年平均浓度/(微克·米⁻³)	PM10 年平均浓度/(微克·米⁻³)	一氧化碳日均值第 95 百分位浓度/(毫米·米⁻³)	臭氧日最大 8 小时第 90 百分位浓度/(微克·米⁻³)	PM2.5 年平均浓度/(微克·米⁻³)	空气质量达到和好于二级天数/天
全国	25	30	87	2.1	134	50	280
太原	71	38	114	3.1	131	62	230
大同	44	27	87	2.8	139	40	292
阳泉	60	41	113	2.8	132	54	265
长治	50	37	106	3.6	161	65	242
临汾	64	33	90	4.5	114	59	266
合肥	16	33	92	1.8	108	66	238
芜湖	20	37	81	1.9	72	58	282
马鞍山	24	35	87	2.2	141	61	272
南昌	19	31	75	1.4	131	43	311
九江	24	30	78	1.4	134	51	290
郑州	33	58	167	2.7	159	96	136
开封	31	41	128	2.7	132	74	220
洛阳	44	42	125	3.3	132	73	204
平顶山	50	43	143	2.0	173	88	131
安阳	53	51	152	5.0	148	92	160
焦作	49	50	150	3.9	150	87	168
三门峡	47	42	134	2.8	146	75	194
武汉	18	52	104	1.8	170	70	189
宜昌	20	35	107	1.7	122	70	248
荆州	26	36	109	1.8	172	70	219
长沙	18	38	76	1.5	147	61	257
株洲	26	35	86	1.6	139	55	277
湘潭	24	41	89	1.4	145	57	268
岳阳	26	25	92	2.6	154	53	261

资料来源：国家统计局.中国统计年鉴 2016[M].北京：中国统计出版社,2016.

城市的二氧化硫浓度都大幅高于全国的均值。从二氧化氮浓度看,在所有 24 个城市中,除大同和岳阳低于全国均值、九江与全国均值持平外,其余 21 个城市都高于全国均值。从 PM10 浓度看,中部 24 个城市中,南昌、九江、长沙、芜湖、株洲的 PM10 浓度低于全国均值,大同、马鞍山与全国均值持平,其余 17 个城市的 PM10 浓度超过全国的均值。从一氧化碳日均值第 95 百分位浓度看,中部地区 24 个城市中,13 个城市的浓度超过全国均值,浓度较高城市主要集中在山西、河南两省。从臭氧日最大 8 小时第 90 百分位浓度看,中部地区 24 个城市中,有 14 个浓度高于全国均值。从 PM2.5 年平均浓度看,除大同和南昌外,其余 22 个城市的 PM2.5 浓度都高于全国均值。从空气质量达到和好于二级的天数看,除大同、芜湖、南昌、九江外,其余 20 个城市空气质量达到和好于二级的天数都低于全国均值。

(三)空气污染治理

1.强化主要排污行业治理

对于火电工业,要加大脱硫、脱硝和除尘力度,限期不能稳定达标排放的企业要进行更新改造或关闭淘汰。支持钢铁烧结机烟气脱硫脱硝的一体化工程,开展二氧化硫、氮氧化物、二噁英等多种污染物协同控制。强化水泥行业脱硝工程,按照《水泥行业准入条件》对现役企业进行脱硝改造。实施焦化行业焦炉煤气精脱硫工程,控制焦炉煤气硫化氢标准大气压下每米^{3}含量小于 50 毫克,加强锅炉、炉窑烟气治理工程,建设工业炉窑烟气脱硝示范工程。

2.加强对机动车氮氧化物排放控制

提高准入门槛,从源头控制机动车氮氧化物排放。中部地区各省要全面实施国家第 IV 阶段机动车排放标准,对于省会城市和大城市,以及空气污染严重城市要实施国家第 V 阶段排放标准。加速淘汰老旧汽车和其他机动车辆,对于未取得环保合格标志的道路运输营运车辆,交通运输管理部门不予发放道路运输营运许可。全面提升车用燃油品质,推进车、油同步升级。大力推进新能源汽车的普及,在省会城市和大城市的出租车、公交车和公务用车要优先使用新能源汽车。

三、固体废弃物的排放与处理

(一)固体废物的排放

根据《中国统计年鉴 2016》提供的数据,2015 年,中部地区一般工业固体废物排放总量为 85228 万吨,占全国总量的 26.06%。其中山西、安徽、江西、河南、湖北和湖南的固体废物排放量分别为 31794 万吨、13059 万吨、10777 万吨、14722 万吨、7750 万吨和 7126 万吨,而山西一般工业的固体废物排放量就占到中部地区的 37.3%。从亿元工业增加值产生固体废物看,全国平均为 1.39 万吨/亿元,中部地区的河南、湖北、湖南分别只有 0.93 万吨/亿元、0.67 万吨/亿元和 0.65 万吨/亿元,明显低于全国均值;但山西单位工业增加值产生固体废物高达 7.29 万吨/亿元,是全国均值的 5.24 倍;安徽和江西也高于全国均值,分别为 1.41 万吨/亿元和 1.59 万吨/亿元。

(二)固体废物和生活垃圾处理情况

中部地区各省对一般工业产生的固体废物大都进行了综合利用或者有效处置。从表 7-8 提供的数据看,1998—2015 年,中部地区固体废物综合利用率为66.8%,高于全国 61.4% 的均值。从各省的情况看,差异很大,山西、江西的固体废物利用率均低于全国均值,分别为 55.4% 和 57.1%;其他四省利用率较高,最高的安徽达到 90.1%。从固体废物的处置率看,中部地区为 22.9%,略高于全国 22.3% 的均值,各省固体废物处置率差异也很大,山西、湖北和河南的处置率都高于全国的均值,而安徽、江西的处置率分别只有 8.0% 和 2.5%。综合一般工业固体废物的综合利用率和处置率,在中部地区各省中,除江西外,其他五省都高于全国的平均水平。

表 7-8　1998—2005 年全国和中部地区环境污染的情况

地区	一般工业固体废物综合利用情况		一般工业固体废物处置情况		城市生活垃圾清运和处理情况			
	利用量/万吨	利用率/%	处置量/万吨	处置率/%	清运量/万吨	无害化处理率/%	卫生填埋率/%	焚烧率/%
全国	198807	61.4	73034	22.3	19141.9	94.1	60.0	32.3
山西	17617	55.4	11305	35.6	447.0	97.2	69.2	27.9
安徽	11763	90.1	1049	8.0	491.9	99.6	58.5	41.0
江西	6152	57.1	272	2.5	329.3	94.4	94.4	0
河南	11456	77.8	2786	18.9	891.8	96.0	79.0	17.0
湖北	5253	71.4	2078	26.8	832.2	91.5	41.9	46.8
湖南	4683	65.7	2014	28.3	638.2	99.8	92.6	7.2
中部	56924	66.8	19504	22.9	3630.4	96.1	70.3	25.2

资料来源:国家统计局.中国统计年鉴 1999[M].北京:中国统计出版社,1999.

国家统计局.中国统计年鉴 2006[M].北京:中国统计出版社,2006.

从城市生活垃圾处理看,中部地区的无害化处理率为 96.1%,高于全国

94.1％的均值。在各省中,除湖北的无害化处理率低于全国均值外,其他五省都高于全国的平均水平。在处理方式上,中部地区的填埋率为70.3％,明显高于全国60.0％的均值;而焚烧占比为25.2％,低于全国32.3％的均值。从各省看,安徽和湖北填埋的占比相对较低,分别为58.5％和41.9％;焚烧占比相对较高,分别达41.0％和46.8％。江西的无害化处理完全以填埋方式进行,湖南也主要以填埋方式为主。

四、中部地区降低能耗成效及进一步节能措施

(一)降低能耗成效

2005年,我国能源消费为261369万吨标准煤,2014年增加到425806万吨标准煤。中部地区能源消费总量从2005年的56705万吨标准煤增加到2014年的88755万吨标准煤,能源消费占全国的比重由2005年的25.39％降低到2015年的20.80％。与此同时,中部地区GDP占全国的比重由2005年的18.8％上升到2014年的20.3％。这两组数据的变化反映的基本事实是,中部地区在此期间能耗降低幅度明显高于全国平均水平,对全国能耗降低做出了较大贡献。

如表7-9所示,在2005年,中部地区单位GDP能耗为1.52吨标准煤,高出全国平均值1.19吨标准煤27.7％,到2014年降到0.64吨标准煤,并略低于全国的均值。单位GDP的电力消耗也由2005年的1272.2度,降到2014

表7-9　2005、2014年全国及中部地区能耗比较

地区	单位GDP能耗/吨标准煤		单位GDP电耗/度		单位工业增加值能耗/吨标准煤	
	2005年	2014年	2005年	2014年	2005年	2014年
全国	1.19	0.67	1335.8	889.2	1.98	1.29
山西	2.95	1.55	2264.2	1431.0	6.57	2.94
安徽	1.21	0.64	1082.9	760.0	3.13	0.88
江西	1.06	0.51	966.3	648.1	3.11	0.84
河南	1.38	0.66	1277.7	904.7	4.02	1.06
湖北	1.51	0.60	1210.0	677.2	3.50	0.96
湖南	1.40	0.57	1035.8	559.8	2.88	0.87
中部	1.52	0.64	1272.2	790.2	3.95	1.14

资料来源:国家统计局.中国统计年鉴2006[M].北京:中国统计出版社,2006.

国家统计局.中国统计年鉴2015[M].北京:中国统计出版社,2015.

年的 790.2 度。需要特别指出的是,中部地区 GDP 能耗降低的根本原因是工业能耗的降低,2005 年中部地区各省的工业能耗都高于全国均值,中部地区单位工业增加值能耗为 3.95 吨标准煤,是全国均值的 2.0 倍;到 2014 年,中部地区万元工业增加值能耗降低为 1.14 吨标准煤,低于全国 1.29 吨标准煤的均值。

(二)进一步节能减排的措施

节能和降低碳排放是我国最高领导人在巴黎气候大会上做出的庄严承诺,国家在"十三五"规划和未来的经济发展中将会以更加严格的措施实施节能减排。基于这样的背景,中部各地区要通过以下措施实现节能减排的目标:一是大力发展风电、太阳能等非化石能源,改善能源生产结构;二是大力发展装备制造业,降低原材料工业在工业结构中的比重;三是对主要耗能行业进行节能减排改造。

综上所述,中部地区在促进经济快速增长的过程中,要实现人口、资源、环境协调发展。坚持以人为本的发展理念,促进人口质量和劳动力素质的不断提高。必须坚持生态文明建设,善待和逐步治理我们赖以生存的生态环境,通过技术手段和经济手段对排放物进行无害化处理和资源的循环利用。采取一切有效措施进行节能减排,以完成《巴黎协定》确立的既定目标。

第八章　中部地区产业结构调整和优化

第一节　中部地区三次产业结构演进及优化调整

在中部地区经济增长的同时,产业结构也随之发生显著变动。从三次产业结构演变看,第一产业占 GDP 的比重显著减少,而第二、第三产业占 GDP 的比重持续增加。与全国三次产业演变相比,自实施中部地区崛起战略以来,中部地区第二产业占 GDP 的比重还在增加,而全国第二产业占 GDP 的比重却在减少。根据三次产业结构演变的一般规律,中部地区即将进入第三产业快速增长阶段,中部地区第三产业占 GDP 的比重将会逐步提高。

一、三次产业结构演变的一般规律

英国经济学家威廉·配第(William Petty)早在 17 世纪就发现劳动力在产业间转移的现象,并据此提出,制造业比农业,进而商业比制造业能够得到更多的收入,这种存在于产业间的收入差异会促使劳动力由低收入部门向高收入部门转移。科林·克拉克(Colin G. Clark)在 1940 年出版的《经济进步的条件》一书中,首次提出了三次产业划分理论,并据此提出,随着经济发展,劳动力首先由第一产业向第二产业转移,进而再向第三产业转移。

美国经济学家西蒙·库兹涅茨(Simon S. Kuznets)在配第和克拉克的基础上,对产业结构演进进行了更加深入的研究,他在出版的《各国的经济增长》一书中,从国民收入和劳动力两个方面,阐述了随着经济发展,产业结构的演变规律。他认为,随着经济发展,第一产业实现的国民收入和第一产业劳动力占全部劳动力比重一样,处于不断下降之中;在工业化阶段,第二产业创造的国民收入和使用的劳动力所占比重都会提高,其中前者上升的速度会比较快,但进入工业化后期阶段或者进入后工业化阶段,则第二产业的国民收入比重和劳动力所占比重都会下降;第三产业创造的国民收入和劳动力所占比重会持续处于上升状态。

二、中部地区三次产业结构演进

(一)我国经济体制变革及其对产业结构演变的影响

中部地区及其各省的产业结构演进基本依循了上述的产业结构演变的一般规律。但需要指出的是,1949 年以来,我国的经济发展经历了计划经济和改革开放两个阶段。在计划经济时期,经济资源的配置,包括各省的资源配置,在很大程度上是由国家确定,尤其是国家在资源配置中的地区战略,直接影响到各地区的工业化进程和产业结构的演变。1978 年后,我国经济通过渐变式改革,逐渐接受了市场在配置资源中的作用,即使如此,我国的经济发展在很大程度上仍然受到国家政策的影响,特别是区域经济政策。这些政策不仅影响到中部地区各省的经济发展,也影响到产业结构的演进,因此在中部地区及其各省的产业结构演进中,并不是严格遵循库兹涅茨阐释的一般规律。

(二)中部地区三次产业结构发生巨大变化

由表 8-1a、表 8-1b 可以看出,无论是从各省看,还是从中部地区整体看,三次产业结构在 1949 年后 60 多年中都发生了很大变化。从中部地区整体看,三次产业的比重已经由 1952 年的 64.3∶15.7∶20.0 演变到 1978 年的 39.2∶42.5∶18.3,以工业为主导的第二产业首次超过第一产业,标志着中部地区经济已经由农业为主导转向以工业为主导。1978 年后,第一产业占比持续下降,第二、三产业占比持续上升,2014 年三次产业结构已演变为 11.1∶49.7∶39.2。进一步与全国进行比较,不难发现,中部地区在 60 多年的经济发展中产业结构的演进速度要快于全国的平均水平,第一产业下降了 53 百分点,第二、三产业分别上升了 34 和 19 百分点,而全国第一产业下降幅度只有大约 41 百分点,第二、三产业的上升幅度分别只有 22 和 20 百分点。

(三)各省三次产业结构演变差异

从各省的三次产业结构演变看,在这 50 多年中,都发生了根本性变化,但各省工业化进程不同,导致三次产业结构演进的速度也不同。安徽省是工业化起点最低的省份,1952 年,三次产业结构为 75.1∶9.9∶15.0,第一产业超过全国平均水平 25 百分点,也超过中部地区平均水平 11 百分点,因此在这三次产业结构中的演进速度也最快,第一产业下降了大约 63 百分点。山西省1952 年的三次产业结构为 58.7∶16.9∶24.4,产业结构与湖北省接近,第一产业比重较低。在 60 多年的发展中,第一产业下降到 2014 年的 6.2%,明显低于全国的平均水平,与经济较为发达的江苏、浙江、广东较为接近。湖北省

表 8-1a　1952—2014 年主要年份中部地区四省三次产业结构变化

单位:%

年份	山西	安徽	江西	河南
1952	58.7:16.9:24.4	75.1:9.9:15.0	65.6:13.1:21.3	62.2:22.8:15.0
1957	39.4:32.2:28.4	67.8:15.4:16.8	55.7:18.5:25.8	46.2:34.4:19.4
1960	17.7:56.9:25.4	42.9:38.5:18.6	40.2:25.8:34.0	30.3:51.0:18.7
1962	34.2:37.6:28.2	57.5:20.0:22.5	56.6:19.7:23.7	39.5:32.6:27.9
1967	31.8:46.1:22.1	60.1:21.3:18.6	56.6:22.3:21.1	52.4:29.1:18.5
1975	29.8:49.7:20.5	51.6:30.0:18.4	49.0:29.2:21.8	43.6:39.4:17.0
1978	20.7:58.5:20.8	47.2:35.6:17.2	41.6:38.0:20.4	39.8:42.6:17.6
1985	19.3:54.8:25.9	42.6:35.6:21.8	40.4:30.6:23.0	38.4:37.7:23.9
1990	18.8:48.9:32.3	37.4:38.2:24.4	41.1:31.2:27.7	34.9:35.5:29.6
1995	15.4:49.9:34.7	29.0:45.4:25.6	30.1:38.5:31.4	25.4:47.3:27.3
2000	9.7:46.5:43.8	25.6:36.4:38.0	24.2:35.0:40.8	23.0:45.4:31.6
2005	6.3:56.3:37.4	17.8:41.6:40.6	17.9:47.3:34.8	17.9:52.1:30.0
2014	6.2:49.3:44.5	11.5:53.1:35.4	10.7:52.5:36.8	11.9:51.0:37.1

资料来源:中国统计出版社 1999 年出版的《新中国五十年统计资料汇编》;中国统计出版社出版的
《山西统计年鉴 2006》《山西统计年鉴 2015》《安徽统计年鉴 2006》《安徽统计年鉴 2015》
《江西统计年鉴 2006》《江西统计年鉴 2015》《河南统计年鉴 2006》《河南统计年鉴 2015》。

表 8-1b　1952—2014 年主要年份中部地区四省三次产业结构变化

单位:%

年份	湖北	湖南	中部	全国
1952	56.7:15.6:27.7	67.3:12.3:20.4	64.3:15.7:20.0	50.5:20.9:28.6
1957	49.8:23.7:26.5	58.4:16.5:25.1	53.1:23.7:23.2	40.3:29.7:30.0
1960	37.1:37.1:25.8	32.1:39.8:28.1	33.3:42.2:24.5	23.4:44.5:32.1
1962	56.2:20.4:23.4	53.1:20.7:26.2	50.1:24.6:25.3	39.4:34.3:29.3
1967	55.3:26.5:18.2	54.5:27.1:18.4	52.6:28.2:19.2	40.3:33.9:25.8
1975	44.7:37.9:17.4	46.4:35.4:18.8	44.7:36.8:18.5	32.4:45.7:21.9
1978	40.7:42.5:16.8	40.7:40.7:18.6	39.2:42.5:18.3	27.9:47.9:24.2
1985	36.5:44.0:19.5	42.2:36.3:21.5	37.5:40.2:23.2	28.2:42.9:28.9
1990	35.1:38.0:26.9	37.5:33.6:28.9	37.1:37.1:28.2	26.9:41.3:31.8
1995	26.7:43.1:30.2	31.2:37.1:31.7	26.7:43.6:29.7	19.8:47.3:33.0
2000	18.7:40.5:40.8	22.1:36.4:41.5	21.2:40.4:38.4	14.8:45.9:39.3
2005	16.6:43.1:40.3	19.3:39.9:40.8	16.6:46.8:36.6	12.6:47.5:39.9
2014	11.6:46.9:41.5	11.6:46.2:42.2	11.1:49.7:39.2	9.2:42.7:48.1

资料来源:中国统计出版社 1999 年出版的《新中国五十年统计资料汇编》;中国统计出版社出版的
《中国统计年鉴 2006》《中国统计年鉴 2015》《湖北统计年鉴 2006》《湖北统计年鉴 2015》
《湖南统计年鉴 2006》《湖南统计年鉴 2015》。

1952 年的三次产业结构为 56.7∶15.6∶27.7,与中部其他省份相比,第一产业所占比重最低,且与全国的产业结构差异最小。60 多年中,湖北省的三次产业结构的演变速度最低,第一产业只下降了大约 45 百分点,明显低于中部地区第一产业下降的平均水平。江西、河南、湖南的三次产业结构演进基本接近中部地区的平均水平。

(四)三次产业结构演变的阶段和波动

虽然中部地区三次产业结构演进基本遵循了产业结构演进的一般规律,但在 50 多年的经济发展以及由此导致的产业结构演进中,和经济发展一样,产业结构演进也经历了挫折,也走过一些弯路。第一个弯路发生在 20 世纪 50 年代后期和 60 年代初期,"大跃进"使中部地区及各省的三次产业结构发生急速变化,由 1957 年的 53.1∶23.7∶23.2 迅速演变为 1960 年的 33.3∶42.2∶24.5。三年中,第一产业下降了 20 百分点,第二产业则增加了大约 19 百分点,换句话说,这次经济"大跃进",主要是工业"大跃进"导致第二产业大幅度增长。由于这种"大跃进"违背经济规律,因此必然要受惩罚,加上在 20 世纪 60 年代初期我国经历了"三年困难时期",使得中部地区的产业结构和全国一样,在 1962 年又回归到 50.1∶24.6∶25.3。与 1960 年相比,第一产业提高了大约 17 百分点,第二产业则下降了 18 百分点。在 1967 年,三次产业结构又进一步回归为 52.6∶28.2∶19.2。需要指出的是,1967 年第一产业所占比重比 1960 年又上升了 2.5 百分点,但第二产业也有较大幅度的回升,提高了 3.6 百分点,而第三产业则下降了 6.1 百分点。此后,一直到 1978 年,中部地区的三次产业结构又演变为 39.2∶42.5∶18.3,第一产业下降了大约 13 百分点,第二产业上升了 14 百分点,第三产业又下降了大约 1 百分点。其实,从全国三次产业结构演进看,第三产业也在下降,主要是我国实行的计划经济,由政府配置资源、并直接管理生产和流通环节,减少了生产和流通过程中耗费的社会资源,同时较低的国民实际收入,使城乡服务业的发展也受到抑制。

改革开放后,中部地区三次产业结构的演进进入新的阶段。在经济快速增长的推动下,三次产业结构发生了巨大变化,由 1978 年的 39.2∶42.5∶18.3 演变为 2014 年的 11.1∶49.7∶39.2。主要演变特征是,第一产业显著下降和第三产业的快速上升,第一产业共下降约 28 百分点,同时第三产业上升了大约 21 百分点。值得指出的是,第二产业的变化依然发生了剧烈震荡,在 1978—1990 年,第二产业持续下降,共下降约 5 百分点;在 1990—1995 年,第二产业又有较大幅度回升,共提高了约 6 百分点;在 1995—2000 年,第二产业所占比重下降了大约 3 百分点;2000—2014 年,第二产业则提高了 9 百分点。与全国相比,在 2005 年之前,演变轨迹相似,之后则存在明显差异。从中部地区看,主要表现为第一产业的下降和第二、三产业的上升;而从全国来看,则是第一、二产业的下降和第三产业的上升。

三、中部地区三次产业的劳动力结构变化

(一)中部地区三次产业劳动力结构发生巨大变化

按照前述产业结构演进规律,在产业结构演进中,三次产业的劳动力结构也发生相应的变化。由于中部地区山西和湖北两省缺乏 1978 年以前的资料,表 8-2 列出了中部地区湖南、安徽、江西、河南四省三次产业劳动力结构变动相关数据。由表 8-2 可以看出,总体来讲,中部四省三次产业的劳动力结构变动趋势是符合我国劳动力结构演进一般规律的。以湖南为例,三次产业劳动力结构由 1952 年的 83.2∶6.5∶10.3 变动到 2014 年的 40.8∶23.7∶35.5,第一产业劳动力共下降大约 42 百分点,第二、三产业劳动力所占比重分别上升了大约 17 百分点和 25 百分点。

(二)第一产业劳动力所占比重演变的阶段和波动

但需要指出的是,各产业的变动在各时期表现出较大的差异。1960 年,各省第一产业劳动力所占比重和产业的变动一样曾出现显著的下降,1962 年又恢复到较高比重。1962 年后,各省比较一致的变动是,第一产业劳动力所占比重一直在下降,所不同的是,各个时期劳动力比重下降的幅度存在较大差异。在 1962—1978 年,第一产业劳动力所占比重的下降幅度较小,河南只下降了不到 4 百分点,下降幅度最大的江西也只有 8 百分点。1978—2014 年,第一产业劳动力所占比重下降速度加快,下降幅度最小的湖南省也有 37 百分点,而安徽和江西省的下降幅度最大,都超过 46 百分点。

(三)第二、三产业劳动力比重变化特点

纵观第二产业劳动力所占比重的变化,总体趋势是上升的,但在 20 世纪 60 年代初期和"九五"计划时期出现了两次下降。第一次下降和"大跃进"以及其后"三年困难时期"相联系,1962 年与 1960 年相比,各省第二产业劳动力所占比重都有大幅度下降,当然这次下降和之前的显著上升有关,是对"大跃进"造成的经济结构不协调的调整的结果。自 1962—1995 年,各省第二产业劳动力所占比重都是上升的,但 1995—2000 年,除湖南外,其他三省都出现程度不同的下降。而在 2000—2005 年,除湖南外,其他三省又出现较大幅度的上升。比较表 8-1 和表 8-2 的数据,在 1995—2005 年和 1985—1995 年两个时期,湖南、安徽、江西、河南四省第二产业上升幅度平均为 7 和 5 百分点,而劳

动力所占比重分别上升了 4.5 和不到 2 百分点,表明第二产业增长过程中吸纳劳动力的能力越来越弱。2005—2014 年,各省第二产业劳动力所占比重都有所上升,但上升幅度差异较大。湖南仅上升了 2 百分点,江西、安徽、河南则分别上升了 5、6 和 8 百分点。

中部四省第三产业劳动力所占比重在 1962 年前的表现缺乏统一性,1962—1975 年,平均来讲还略有下降,基本和第三产业在经济中所占比重变动趋势一致。1975 年以后,不论第三产业在经济中所占比重如何变动,中部四省第三产业劳动力所占比重都有持续提高,显示出第三产业在吸纳劳动力中具有不可替代的突出作用。

表 8-2　1952—2014 年主要年份中部地区四省三次产业劳动力结构变化

单位:%

年份	湖南	安徽	江西	河南
1952	83.2∶6.5∶10.3	95.2∶2.8∶2.0	87.9∶5.4∶6.7	89.8∶4.4∶5.8
1957	83.8∶6.9∶9.3	92.3∶3.5∶4.2	89.4∶5.1∶5.5	86.2∶6.1∶7.7
1960	67.8∶13.2∶19.0	—	79.5∶13.6∶6.9	67.3∶9.3∶23.4
1962	84.2∶7.0∶8.8	88.4∶5.0∶6.6	85.5∶7.1∶7.4	84.0∶4.1∶11.9
1967	84.2∶8.1∶7.7	—	84.3∶7.5∶9.1	83.5∶4.3∶12.2
1975	80.9∶11.9∶7.2	87.0∶7.1∶5.9	80.1∶11.3∶8.6	84.7∶8.5∶6.8
1978	78.4∶13.4∶8.2	81.6∶10.2∶8.2	77.2∶12.9∶9.9	80.6∶10.5∶8.9
1985	71.3∶16.8∶11.9	72.2∶15.1∶12.7	66.7∶20.2∶13.1	73.0∶14.9∶12.1
1990	68.9∶17.5∶13.6	69.2∶15.7∶15.1	65.7∶20.3∶14.0	69.3∶16.4∶14.3
1995	59.7∶21.8∶18.5	60.6∶17.9∶21.5	51.0∶25.0∶24.0	62.4∶20.6∶17.0
2000	59.3∶23.5∶17.2	58.5∶16.9∶24.6	46.6∶24.4∶29.0	63.9∶17.5∶18.6
2005	48.6∶21.5∶29.9	48.6∶21.4∶30.0	39.9∶27.2∶32.9	55.4∶22.1∶22.5
2014	40.8∶23.7∶35.5	34.4∶27.3∶38.3	30.8∶32.2∶37.0	40.7∶30.6∶28.7

资料来源:中国统计出版社 1999 年出版的《新中国五十年统计资料汇编》;中国统计出版社出版的《湖南统计年鉴 2006》《湖南统计年鉴 2015》《安徽统计年鉴 2006》《安徽统计年鉴 2015》《江西统计年鉴 2006》《江西统计年鉴 2015》《河南统计年鉴 2006》《河南统计年鉴 2015》。

四、三次产业结构调整的基本方向

以上分析表明,中部地区在 1949 年后,特别是改革开放以来的工业化和经济快速发展,导致产业结构发生了巨大变化,但作为欠发达地区,三次产业结构仍然会沿着库兹涅茨总结的各国经验而演进。如表 8-3 所示,比较中部地区各省和改革开放后经济增长较快的江苏、浙江、广东等省的三次产业结构可以发现,从产值结构看,在中部地区各省中,除山西外,其他五省与东部这些发达省份还有较大差距,其中第一产业所占比重偏高。如果进一步考察劳动力结构(注:表8-1、表8-2和表8-3中数据存在差异,表8-3全部数据来自中国统计年鉴,表8-1和表8-2的各省数据取自各省统计年鉴),这种差异会更大。表8-3显示,2014年,中部地区各省第一产业就业的劳动力占全部劳动力的比重,河南、湖北、湖南三省都超过40%,高出全国均值10百分点,超过江苏、浙江、广东三省20百分点。因此,中部地区三次产业结构调整的基本思路是,继续夯实农业基础,加快推进工业化,全面发展第三产业。

表8-3　2014年全国和中部地区各省与发达省份三次产业结构比较

单位:%

地区	第一产业		第二产业		第三产业	
	增加值	劳动力	增加值	劳动力	增加值	劳动力
全国	9.2	29.5	42.7	29.9	48.1	40.6
山西	6.2	35.5	49.3	27.1	44.5	37.4
安徽	11.5	34.3	53.1	37.3	35.4	38.3
江西	10.7	30.8	52.5	32.2	36.8	37.0
河南	11.9	40.7	51.0	30.6	37.1	28.7
湖北	11.6	40.3	46.9	22.6	41.5	37.1
湖南	11.6	40.8	46.2	23.7	42.2	35.5
江苏	5.6	19.3	47.4	43.0	47.0	37.7
浙江	4.4	13.5	47.7	49.7	47.9	36.8
广东	4.7	22.4	46.3	41.4	49.0	36.2

资料来源:中国统计出版社出版的《中国统计年鉴2015》《山西统计年鉴2015》《安徽统计年鉴2015》《江西统计年鉴2015》《河南统计年鉴2015》《湖北统计年鉴2015》《湖南统计年鉴2015》《江苏统计年鉴2015》《浙江统计年鉴2015》《广东统计年鉴2015》。

第一产业在我国经济中的地位并没有随着所占比重的下降而下降。中部地区在我国农业生产中占有突出地位,尤其是粮棉油等主要农产品。我国目前主要农产品市场供求基本平衡,但这种平衡是低水平的平衡。随着人口数量的继续增加,城市化、城乡居民生活水平的提高,对第一产业生产的各种产品都将产生持续增长的需求。因此,中部地区作为我国重要的农产品生产基地,应当继续强化农业的基础地位。

中部地区崛起过程,从本质上讲,就是工业化加速过程。事实上,中部地区和东部地区的发展差距,主要表现在工业方面,即工业的总体规模、增长速度和工业化水平。因此大力推进工业化在相当长时期内仍然是中部地区经济发展的主旋律。应当看到,我国在工业化过程中,产业结构演进有别于其他国家的一般经验,主要区别在于,城市化滞后,并由此抑制了第三产业的健康发展。东部地区江、浙、粤等工业化进程较快的省份,第三产业所占比重甚至达不到全国的平均水平,明显滞后于工业化进程。

中部地区崛起的环境和东部地区环境已经发生较大变化，推进城市化和加快发展第三产业已上升到我国经济社会发展的战略层面。前面的分析也表明，自 2000 年以来，我国的城市化进程大大加快。全面加快第三产业的发展，不仅可以为工业化的推进提供更好的条件和创造更好的环境，而且按照产业结构演进的一般规律，第三产业的发展可以吸收更多从第一产业转移的劳动力。因此，中部地区在经济崛起中，要实现第三产业与第二产业同步增长、相互促进和协调发展。

第二节　第一产业结构调整和优化

一、中部地区第一产业结构演化

（一）影响第一产业内部结构变化的因素

在我国，第一产业主要包括农林牧渔业，是满足国民生存的基础产业。第一产业除了提供食品及其原料外，还为其他工业（如纺织业）发展提供原料。一个国家或者地区第一产业结构及其演化要受多种因素的影响。首先是自然条件约束，农林牧渔业的发展各自需要不同的土地资源。农业发展的基础是耕地资源；林业主要使用的是山地和不宜耕作的坡地；牧业包括圈养畜牧业和放牧畜牧业，其中放牧畜牧业的发展主要依赖草原；渔业的发展主要依赖水域，包括淡水养殖和海洋捕捞。其次是经济发展以及由此带动的人民生活水平的提高。由于第一产业主要满足人民的食品需求，而食品需求结构的变化和收入相关联。随着收入的提高，一般来讲，人们直接消费粮食的数量越来越少，而消费的如蛋奶等高营养产品的数量越来越大。这种收入变化导致需求结构的变化将直接影响到生产业结构的变化。

（二）中部地区第一产业结构变化的基本特征

在中华人民共和国成立后的 50 多年中，中部地区第一产业内部结构发生了巨大变化，主要表现在农业所占比重显著下降，而牧渔业所占比重有较大幅度上升。表 8-4b 显示，中部地区第一产业结构由 1952 年的 85.4：3.2：10.8：0.6 演变为 2014 年的 56.7：4.9：30.0：8.4，其中农业占第一产业的比重由 85.4% 下降到 56.7%，共下降约 29 百分点。林业在第一产业中所占比重只上升了 1.7 百分点，而牧业提高大约 28 百分点，渔业提高幅度大约为 7 百分点。

（三）中部地区第一产业结构演变的阶段

中部地区第一产业结构的演变可以明显地划分两个阶段。1978年以前属于第一阶段，这一阶段，第一产业结构虽然也发生了变化，但变动的幅度较小，而且主要发生在1952—1957年。表8-4b显示，1952年的第一产业结构为85.4：3.2：10.8：0.6；1957年为81.5：4.0：13.3：1.2；1978年为81.6：4.5：13.3：0.6。在1952—1957年，第一产业结构发生了明显的变化，而且变化的基本趋向符合经济发展的一般规律，即农业所占比重下降，而林牧业所占比重提高。在1957—1978年，第一产业结构几乎没有发生多大变化。1978年后，第一产业结构发生了巨大变化，或者说1949年后第一产业结构的变化主要发生在改革开放以后。表8-4b数据显示，在1978—2005年，第一产业结构的变化比较稳定，农业所占比重持续匀速下降，而牧渔业所占比重则是持续上升。但2005年之后，第一产业中的农业所占比重由51.7％上升到2014年的56.7％，而牧业则由35.8％下降为30.0％。

（四）各省第一产业结构变化的差异

表8-4a显示，中部地区各省的第一产业结构演变也出现较大的差异。从变动幅度看，山西农业的下降幅度只有24百分点，而安徽农业的下降幅度则高达35百分点，湖北农业的下降幅度也达30百分点。从变动的产业看，农业的显著下降和牧业的大幅度上升是各省第一产业结构变动的共同特征。从林业变动看，江西省的林业下降幅度较大，由1952年的14.9％下降到2014年的10.4％；山西、安徽的升幅较大，分别由1952年的0.9％和0.1％上升到2014年的6.8％和8.2％。从渔业的变动看，各省都有明显的增幅，但安徽、江西、湖北的增幅最大，其中增幅最低的安徽渔业高达12百分点。

表8-4a　1952—2014年主要年份中部地区四省第一产业结构演化

单位：％

年份	山西	安徽	江西	河南
1952	92.2：0.9：6.9：0	89.4：0.1：9.8：0.7	73.8：14.9：10.6：0.7	88.3：0.1：11.4：0.2
1957	86.8：1.7：11.5：0	87.5：0.3：10.6：1.6	68.7：15.9：14.3：1.1	88.4：0.6：10.7：0.3
1962	90.4：1.5：8.1：0	84.6：1.0：13.2：1.2	69.9：14.3：13.9：1.9	87.8：0.6：11.5：0.2
1967	85.5：2.8：11.7：0	80.3：1.9：17.1：0.7	72.9：11.3：14.8：1.0	88.2：1.3：10.3：0.2
1975	85.3：4.1：10.6：0	83.1：2.3：13.8：0.6	75.0：10.5：13.6：0.9	86.5：2.9：10.4：0.2
1978	82.6：6.0：11.4：0	83.6：1.6：14.2：0.6	74.0：11.9：12.6：0.6	85.7：2.7：11.4：0.2
1985	76.9：6.5：16.4：0.2	73.3：4.1：20.6：2.0	64.6：12.3：19.9：3.2	78.1：4.3：17.0：0.6
1990	71.2：6.3：22.1：0.4	70.3：4.6：22.1：3.0	60.1：9.4：26.4：4.1	74.1：4.1：20.9：0.9
1995	67.8：4.4：27.3：0.4	65.1：4.0：25.1：5.8	52.5：6.6：33.1：7.8	66.4：2.9：30.0：0.7

续表

年份	山西	安徽	江西	河南
2000	67.7：3.9：27.8：0.6	55.4：5.2：28.6：10.8	46.5：7.8：29.9：15.8	64.7：3.6：30.5：1.2
2005	62.7：3.7：33.1：0.5	50.6：4.8：34.2：10.4	45.3：7.8：32.4：14.5	57.9：2.8：37.9：1.4
2014	68.0：6.8：24.5：0.7	54.6：8.2：24.5：12.7	43.4：10.4：30.9：15.3	61.9：2.1：34.6：1.4

资料来源：中国统计出版社 1999 年出版的《新中国五十年统计资料汇编》；中国统计出版社出版的《山西统计年鉴 2006》《山西统计年鉴 2015》《安徽统计年鉴 2006》《安徽统计年鉴 2015》《江西统计年鉴 2006》《江西统计年鉴 2015》《河南统计年鉴 2006》《河南统计年鉴 2015》。

注：每项四个数值分别代表农业、林业、牧业、渔业。

表 8-4b　1952—2014 年主要年份全国和中部地区第一产业结构演化

单位：%

年份	湖北	湖南	中部	全国
1952	83.1：5.4：10.2：1.3	82.7：2.1：13.9：0.3	85.4：3.2：10.8：0.6	85.9：1.6：11.2：1.3
1957	78.2：5.6：14.5：1.7	75.5：4.3：19.2：1.0	81.5：4.0：13.3：1.2	82.7：3.3：12.2：1.8
1962	82.1：5.3：11.2：1.4	84.7：4.0：10.1：1.2	82.9：4.5：11.5：1.1	84.7：2.2：10.9：2.2
1967	—	78.6：4.8：15.1：1.5	81.6：4.0：13.7：0.7	—
1975	—	78.2：4.1：16.7：1.0	81.9：4.3：13.2：0.6	81.0：3.1：14.2：1.7
1978	—	79.3：3.9：15.8：1.0	81.6：4.0：13.8：0.6	79.9：3.4：15.0：1.7
1985	67.4：4.2：20.3：8.1	72.4：5.5：20.0：3.1	71.9：5.5：19.9：2.7	69.2：5.2：22.1：3.5
1990	62.9：3.5：24.4：9.2	59.5：5.4：29.7：5.4	66.9：3.2：24.4：3.5	64.7：4.3：25.7：5.3
1995	61.9：2.8：27.1：8.2	50.8：6.2：35.7：7.3	61.6：4.1：29.3：5.0	58.4：3.5：29.7：8.4
2000	54.7：3.6：30.1：11.6	50.6：4.1：38.8：6.5	55.8：4.6：31.7：7.9	55.7：3.8：29.7：10.8
2005	53.2：2.1：31.1：13.6	46.9：5.0：41.3：6.8	51.7：2.2：35.8：8.3	51.1：3.7：34.7：10.5
2014	53.2：3.2：27.5：16.1	57.3：6.1：28.8：6.8	56.7：4.9：30.0：8.4	55.7：4.4：29.4：10.5

资料来源：中国统计出版社 1999 年出版的《新中国五十年统计资料汇编》；中国统计出版社出版的《湖北统计年鉴 2006》《湖北统计年鉴 2015》《湖南统计年鉴 2006》《湖南统计年鉴 2015》。

注：每项四个数值分别代表农业、林业、牧业、渔业。

二、粮食在农业结构中的变化

所谓农业，狭义上一般指种植业，其发展都依赖耕地资源。粮食作为最基本的农产品，在农业结构乃至第一产业结构中，甚至在国民经济中都始终处于核心地位。围绕粮食作物的农业结构调整，一方面受到需求的影响，另一方面受到收益的影响。1949 年后，中部地区各省和全国一样，粮食作物种植面积占播种总面积的比重总体上呈下降趋势，但不同阶段表现出不同的变化。

由表 8-5 可知，中部地区粮食作物种植面积所占比重由 1952 年的 85.3% 下降到 2014 年的 66.9%，62 年时间里共下降了 18.4 百分点。粮食作物种植面积的下降，一方面，表明粮食单产水平的提高，从而为其他农作物发展提供了耕地资源;另一方面,也表明城乡居民生活水平的提高,对其他农产品的收入需求弹性较高;同时也表明粮食种植的比较利益低,并由此造成中部地区和全国一样,粮食作物种植面积所占比重在波动中下降。比如,1962 年所占比重恢复到接近 1952 年的水平;1990 年相对于 1985 年又提高了 1.8 百分点;1990—2000 年下降幅度高达 9.5 百分点。2000 年之后,又出现小幅回升,2005 年上升到 65.2%,2014 年又上升到 66.9%。各省的粮食作物所占比重在这 60 多年中下降的幅度有很大的差异,湖南省下降了大约 27 百分点,而江西省只下降了大约 10 百分点。

中部地区与全国相比较,虽然在 60 多年中粮食作物播种面积下降幅度一样,都是 20 百分点,但在不同时期的下降幅度显示出一定的差异。在 1978 年以前,中部地区平均下降约 10 百分点,而全国平均下降约 7 百分点,中部地区平均下降的幅度显然比较大。1978 年以后,中部地区平均下降约 9 百分点,而全国平均下降约 12 百分点。

表 8-5　1952—2014 年主要年份全国和中部地区粮食作物播种面积的变化

单位:%

年份	山西	安徽	江西	河南	湖北	湖南	中部	全国
1952	89.4	89.9	75.8	88.4	79.1	81.1	85.3	87.7
1957	85.7	89.8	72.5	85.2	78.6	81.7	83.3	84.9
1962	88.2	91.4	70.9	90.2	81.5	82.3	85.1	86.7
1967	85.9	84.7	66.1	86.4	75.7	71.1	78.9	82.2
1975	84.8	77.2	67.2	84.7	70.2	69.4	75.8	80.9
1978	84.1	77.2	67.0	83.3	69.9	69.0	75.2	80.3
1985	77.0	72.0	67.4	77.3	69.7	69.0	72.4	75.8
1990	81.9	75.1	64.2	78.3	70.6	73.8	74.2	76.5
1995	80.9	70.0	59.0	72.6	64.4	65.2	68.5	73.4
2000	78.8	66.1	58.8	68.7	54.8	62.8	64.7	69.4
2005	79.9	68.4	66.0	65.7	55.0	62.6	65.2	67.1
2014	86.8	74.1	66.4	70.3	56.7	53.9	66.9	68.1

资料来源:中国统计出版社 1999 年出版的《新中国五十年统计资料汇编》;中国统计出版社出版的《山西统计年鉴 2006》《山西统计年鉴 2015》《安徽统计年鉴 2006》《安徽统计年鉴 2015》《江西统计年鉴 2006》《江西统计年鉴 2015》《河南统计年鉴 2006》《河南统计年鉴 2015》《湖北统计年鉴 2006》《湖北统计年鉴 2015》《湖南统计年鉴 2006》《湖南统计年鉴 2015》。

三、中部地区第一产业结构调整的基本方向

（一）农业所占比重仍将进一步下降

农业在第一产业中所占比重将延续下降的基本态势，而林牧渔业在第一产业中所占比重将持续提高。众所周知，农业的发展依赖耕地资源，但耕地资源作为我国最稀缺的资源之一，尽管受到政府的高度保护，但绝对量减少是一个必然的趋势，在中部地区减少的幅度可能更大。一是因为中部地区的工业化和城市化低于全国的平均水平，加快工业化和城市化是实现中部地区崛起的基础和主要推动力，然而无论是工业化还是城市化都将以占用耕地为前提，而且占用的耕地都是生产率较高的优质耕地；二是中部地区耕地中相当一部分是不适合用来种植农作物的，主要是位于山区的坡地，随着国家进一步实施退耕还林、退耕还草，这部分耕地也将退出种植业。

（二）林牧渔业所占比重进一步提高

中部地区林地资源丰富，和全国相同的是，丰富的林地资源并未创造出与其相适应的价值，2014 年，产值占第一产业的比重仅为 4.9％，略高于全国 4.4％的平均水平。林地资源得不到有效利用的根本原因是产权制度改革滞后，而改革试点取得的成效，预期将在全国范围内推广，这将在很大程度上提高林地的产出效益。同时，消费水平的提高，特别是对绿色食品、健康食品需求的增加，将加大社会对林地的投入，从而进一步提高产出水平。

牧业所占比重的提高是中华人民共和国成立后 60 多年来第一产业结构调整的最主要特征，这种演变趋势还有进一步发展的可能。一方面，牧业的发展，是第一产业中唯一可以不受资源约束的产业，除了牧区畜牧业。影响牧业发展的最主要因素是需求，中部地区城乡居民，特别是农村居民消费牧业产品的潜力巨大，同时比邻我国牧业产品供求缺口最大的沿海地区的区位优势，为本区牧业发展提供巨大市场，从而会促进牧业的进一步发展。

渔业是改革开放后迅速增长的产业，产值占第一产业的比重由 1978 年的 0.6％提高到 2014 年的 8.4％。由表 8-4b 还可以看出，改革开放后，中部地区渔业占第一产业的比重是持续匀速增加的。从资源利用情况看，中部地区的水域基本都得到了最大限度地利用，资源扩张的潜力十分有限，但仍然具有良好的发展前景。一是通过加大投入和科学养殖，提高单产水平和品种质量；二是我国政府加大水污染治理力度，将改善水域环境质量，由此会扩大渔业的可利用水域。

第三节 工业结构调整和优化

在中部地区工业化进程中,工业结构也发生显著变化。在实施中部地区崛起战略之前,工业结构主要表现为具有优势的采掘业和原材料工业占工业比重持续增加,在一定程度上体现了中部地区在全国工业分工中的优势。自实施中部地区崛起战略以来,工业结构演变的最主要特征是,原材料工业占工业增加值的比重显著下降,而装备制造业占比大幅度增加,在很大程度上体现了中部地区工业化水平的提高。

一、1990—2005 年中部地区工业结构变化

在我国经济快速增长中,工业一直发挥主导作用,多年来工业在 GDP 构成中一直占 40% 左右,而且我国已经成为世界制造业大国,其规模和出口量都位居世界第一。在工业化快速推进过程中,内部结构也随之发生变化。根据我国区域发展战略转变,把工业结构演化分析划分为两个阶段,第一个阶段是 1990—2005 年,第二个阶段是 2005 年之后。为了分析方便,按照学术界公认的分类依据,把工业的 40 个行业合并为采掘业、原材料工业、轻纺工业和装备制造业四大类。20 世纪 80 年代,由于人民群众长期被抑制的消费需求增长,消费品工业和轻纺工业发展很快;进入 90 年代后,快速工业化造成对原材料和机器设备的需求增长,从而使我国工业进入重化工业主导阶段(见表 8-6)。

表 8-6　1990、2005 年全国和中部地区工业结构演变

单位:%

地区	采掘业		原材料工业		轻纺工业		装备制造业	
	1990 年	2005 年	1990 年	2005 年	1990 年	2005 年	1990 年	2005 年
全国	5.94	12.24	28.66	31.23	38.90	26.37	24.42	27.99
山西	23.94	40.40	37.05	49.14	19.90	4.96	15.79	5.48
安徽	5.06	12.94	30.86	40.21	45.73	22.35	19.62	24.50
江西	8.14	7.41	33.36	47.22	36.44	29.19	21.78	16.18
河南	9.59	15.49	23.28	38.02	37.95	31.72	20.20	14.76
湖北	1.53	3.10	31.94	43.80	43.39	23.88	25.09	29.21
湖南	5.75	7.01	34.95	43.74	36.44	32.05	24.08	17.19
中部	8.22	15.03	31.52	42.15	37.02	25.46	21.53	17.13

资料来源:中国统计出版社 1991 年出版的《中国工业经济统计年鉴》;中国统计出版社出版的《山西统计年鉴 2006》《安徽统计年鉴 2006》《江西统计年鉴 2006》《河南统计年鉴 2006》《湖北统计年鉴 2006》《湖南统计年鉴 2006》。

二、2005 年以来中部地区工业结构变化

2005 年后,随着中部地区崛起战略实施的效果开始逐步显现,中部地区的工业化进程也驶入快车道,工业增长速度明显快于全国平均水平。2005 年中部地区工业增加值占全国的比重为 19.21%,到 2014 年迅速上升到 26.09%。在中部地区快速工业化进程中,工业结构也发生明显变化。

如表 8-7 所示,从整体看,长期支撑本地区工业发展的采掘业、原材料工业所占比重下降,而轻纺工业和装备制造业所占比重明显上升。这种变化,一方面反映了支持中部地区工业化的要素禀赋在发生变化,另一方面也反映了中部地区工业化水平在提高。从要素禀赋看,中部地区的采掘业难以支持原材料工业的进一步扩张,而中部地区的农产品优势和人力资源优势推进了轻纺工业等劳动密集型产业的发展。装备制造业所占比重的较大幅度上升,反映了中部地区在部分先进制造业中形成了竞争优势。

表 8-7　2005—2014 年中部地区工业结构演变

地区	采掘业		原材料工业		轻纺工业		装备制造业	
	2014 年/%	2014 年相比 2005 年增长百分点	2014 年/%	2014 年相比 2005 年增长百分点	2014 年/%	2014 年相比 2005 年增长百分点	2014 年/%	2014 年相比 2005 年增长百分点
山西	55.26	14.86	30.63	−18.51	5.59	0.63	8.51	3.03
安徽	7.88	−5.06	33.35	−6.86	24.93	2.58	33.83	9.33
江西	5.25	−2.16	42.85	−4.37	30.26	1.07	21.63	5.45
河南	11.05	−4.44	35.67	−2.35	30.21	−1.51	23.06	2.86
湖北	4.43	1.33	32.06	−11.74	32.20	8.32	31.29	2.08
湖南	5.99	−1.02	34.21	−9.53	29.45	−2.60	30.35	13.08
中部	11.71	−3.32	34.96	−7.19	27.05	1.59	26.27	9.14

资料来源:中国统计出版社出版的《山西统计年鉴 2006》《山西统计年鉴 2015》《安徽统计年鉴 2006》《安徽统计年鉴 2015》《江西统计年鉴 2006》《江西统计年鉴 2015》《河南统计年鉴 2006》《河南统计年鉴 2015》《湖北统计年鉴 2006》《湖北统计年鉴 2015》《湖南统计年鉴 2006》《湖南统计年鉴 2015》。

三、工业结构调整的思路

(一)工业化中的结构变动规律

根据工业化国家的一般经验,经济学界认为,整个工业化过程可分为四个阶段。第一个阶段是以轻纺工业为主的阶段。从供给方面来讲,轻纺工业对

资本需求较少,对劳动力需求较多,符合这一阶段要素禀赋特点;从需求方面来讲,在工业化初期阶段,人们的收入还主要用来满足吃穿用等基本需求,因而轻纺工业产品具有较大市场。第二个阶段是以重化工业为主的阶段。从供给方面来讲,随着第一阶段的资本积累,资本严重短缺的状况得到一定程度的改观,从而为资本密集型的重化工业发展提供了可能。从需求方面来讲,轻纺工业的发展,以及由此带动的城市化进程的加快,地区对能源、原材料、化工产品的需求越来越大,这种需求的持续增加是工业结构由轻纺工业为主向重化工业为主转变的主要动因。

第三阶段是高加工化阶段。在这一阶段,重工业表现为由能源、原材料为主向以组装和加工工业为主的方向发展演进。主要发展产业有机械制造业、交通设备制造业,以及其他装备工业。第四个阶段是技术密集型阶段。这一阶段不仅表现为工业各部门日益采用先进的高级技术、工艺,从而使技术进一步成为推动工业增长的第一因素和主要因素,而且各种技术密集型产业、产品不断涌现出来,并逐渐成长为推动经济增长的主要产业。

（二）工业结构调整思路

中部地区工业化的起步产业就是能源、原材料工业,并以此参与全国分工。从中部地区目前的工业结构看,根据前面的分析可知,重化工业占有突出地位。按照工业化演进的一般规律,似乎工业结构调整的主要方向是机械工业、装备工业,即工业结构向高加工化阶段演进。从理论上讲,中部地区工业化演进方向应当是制造业,但并不完全按照重化工业到高加工化阶段这个链条发展,同时还应该发展劳动密集型产业,有选择性地发展技术密集型产业。

1.装备制造业

中部地区的装备制造业具有一定的基础,部分产业具有优势,部分省份的装备制造业在全国占有一定地位。比如,湖北省的汽车工业,特别是载重汽车;湖南、山西的铁路交通设备制造业,湖南的专用设备制造业具有突出的优势。在我国工业结构整体转型中,中部地区应当充分利用现有优势、产业基础,以及良好的配套条件,使高加工工业成为未来参与全国分工的重要产业。

2.劳动密集型产业

需要指出的是,中部地区在工业化过程中没有经历过轻纺工业发展阶段,即劳动密集型产业发展阶段。按照刘易斯的二元结构理论,工业化过程,实质上是劳动力从农业向现代工商业的转移过程,同时也是城市化过程。由于缺乏劳动密集型产业的发展阶段,在工业化进程中,没有带来相应规模的劳动力从农业向工业的转移,二元就业结构突出。换句话说,农村剩余劳动力较多,导致劳动力大规模向东部地区流动。

中部地区发展劳动密集型产业,不仅具有劳动力优势,而且具有丰富的农业原料。但轻纺工业是东部地区工业化的起步产业,并以此参与全国分工。改革开放后,轻纺工业又成为东部地区参与国际分工的主导产业,至今在我国参与国际分工中发挥着重要作用。根据前面的分析可知,东部地区加工业调整的方向是发展附加价值更高的产业,这种劳动密集型的加工业将向中西部地区转移。中部地区所具有的劳动力、原料和区位优势,使其对这些转移的产业比西部地区更具有吸引力。中部地区应当抓住东部地区产业转移的机遇,利用和充分发挥自身所具有的优势,努力把劳动密集型产业培育成推进其工业化进程的支柱产业之一。

3.技术密集型产业

对于发展中大国来讲,由于国内需求和各种要素供给都比较丰富,因而各种产业的发展都具有一定的可能性。尽管在 2014 年我国的人均 GDP 达到 4.72 万元,按照世界银行划分国家发展类别的标准,我国还属于中等收入国家,一般处于这种收入水平的中小国家,不会在技术密集型产业和高技术产业上有所作为,但我国的部分高技术产业已经达到世界先进水平,如超高速计算机、机器人、航天技术等。再如印度,其人均 GDP 比我国还低,但软件开发业在世界处于先进水平。

现代经济竞争,说到底是技术竞争。发达国家的跨国公司之所以能够获得垄断利润,也是因为在技术上具有垄断优势。我国要实现经济的跨越式发展,必须利用大国优势,跳越发展阶段,在技术密集型产业和高技术产业上有更大的作为。基于此,我国政府历来重视并采取措施支持高技术产业的发展。需要指出的是,技术密集型产业和高技术产业的发展,既依赖人才资源、技术资源,也依托经济发展环境。在国内要素可以充分流动的环境下,欠发达地区的人才将流向发达地区,而且企业的风险意识和对技术的认知能力都比较差,这使得欠发达地区很难按既有的科研机构、高等院校规模来规划技术密集型产业和高技术产业的发展。事实上,近年来,我国的信息产业发展很快,中部地区各省在"十二五"计划中都把电子信息产业列为规划中的重点支持产业,但实际上这些产业高度集中在东部发达地区。

中部地区虽然在发展某些高技术产业中具有一定的人才优势,但这种优势仅仅构成发展相关高技术产业的条件,把这种有利条件转化为产业优势还需要克服许多障碍。因此,中部地区各省在支持技术密集型产业和高技术产业发展时,要慎重选择,科学决策。应有重点地支持那些对地区相关产业具有带动作用的技术和高技术,力求使支持的技术能为本地经济发展做出较大贡献,不能盲目和东部发达地区进行竞争,更不能按照国家高技术产业的发展规划"照猫画虎"。

第四节　第三产业结构调整和主要产业发展

中部地区与全国相比,第三产业占GDP的比重较低,属于未来中部地区崛起的主要动力源。中部地区不仅要发展传统的批发零售、交通运输等产业,以适应经济发展的需要,更要加快发展金融、科学研究和技术服务业,以满足战略性新兴产业发展的需要。

一、中部地区第三产业调整优化的基本方向

（一）中部崛起战略实施以来第三产业结构演变

第三产业发展滞后是我国经济发展和三次产业结构的固有特征。2014年,中等收入国家第三产业占GDP比重平均为55.3%,而我国只有48.1%;印度人均GDP只有我国的21.2%,而第三产业占GDP高达53.0%。从三次产业发展看,我国已经完成了经济结构由第一产业为主导转向第二产业为主导阶段,目前正处于由第二产业转向第三产业为主导阶段。据前所述,自2005年以来,我国第三产业占GDP的比重已经由2005年的39.9%上升到2014年的48.1%,而第二产业则由47.5%下降到42.7%。虽然中部地区第三产业占比也由36.6%上升到39.2%,但第二产业占比也在上升,由46.8%上升到49.7%。从三次产业结构比较看,2014年中部地区三次产业结构为11.1%、49.7%、39.2%;而全国2005年的三次产业结构为12.6%、47.5%、39.9%。由此可见,中部地区2014年与全国2005年三次产业结构相近,未来中部地区第三产业将步入快速成长阶段,并成为推动地区经济增长的主导产业。

从第三产业内部结构演变看,如表8-8所示,2005、2014年,中部地区与全国的调整类似,主要是交通运输仓储和邮政业、住宿和餐饮业占GDP比重下降,而批发和零售业、金融业、房地产业占比均有所上升。主要差异是,中部地区的交通运输仓储和邮政业、住宿和餐饮业下降幅度较大,分别下降了1.8和0.8百分点,而全国这两个产业的下降幅度只有1.2和0.5百分点。从占比上升的产业看,中部地区上涨的幅度小于全国平均水平。在此期间,全国的批发和零售业、金融业、房地产业占GDP比重分别上升了2.3、3.3、2.6百分点,而中部地区分别只上升了0.3、2.7、0.5百分点。表明这些产业在中部地区第三产业的发展中具有较大的增长空间。

表 8-8 2005、2014 年全国和中部地区第三产业主要部门占 GDP 的比重

单位:%

地区	交通运输仓储和邮政业		批发和零售业		住宿和餐饮业		金融业		房地产业		其他服务业	
	2005 年	2014 年	2005 年	2014 年	2005 年	2014 年	2005 年	2014 年	2005 年	2014 年	2005 年	2014 年
全国	5.7	4.5	7.5	9.8	2.3	1.8	4.0	7.3	4.6	6.0	16.6	18.4
山西	8.4	6.2	6.3	7.7	2.6	2.3	2.9	7.0	2.5	4.7	14.7	16.1
安徽	6.7	3.8	7.4	7.2	1.8	1.7	2.1	5.0	4.1	3.9	18.6	13.4
江西	7.4	4.5	7.1	7.1	1.7	2.3	1.7	4.7	4.2	3.3	12.7	14.6
河南	5.9	4.8	5.8	6.5	2.8	2.9	1.7	4.3	2.8	4.4	10.9	13.7
湖北	5.6	4.3	8.8	8.8	2.4	2.3	1.9	5.0	3.3	3.9	18.2	17.6
湖南	5.6	4.6	7.9	8.2	2.0	2.0	1.9	3.5	3.6	2.5	19.5	20.6
中部	6.4	4.6	7.1	7.4	2.1	1.3	2.0	4.7	3.3	4.2	15.9	16.1

资料来源:国家统计局.中国统计年鉴 2006[M].北京:中国统计出版社,2006.

国家统计局.中国统计年鉴 2015[M].北京:中国统计出版社,2015.

其他服务业,包括租赁及商务服务业,科研、技术服务和地质勘查,水利、环境和公共设施管理,居民服务,教育,卫生、社会保障和福利,文化体育和娱乐,公共管理和社会组织等。如表 8-9 所示,2014 年,全国的租赁及商务服务业占 GDP 比重为 2.4%,安徽占比为 2.6%,略高于全国均值,而山西和河南仅为 1.3%,明显低于全国均值。在科研、技术服务和地质勘查,卫生、社会保障和福利产业中,中部地区的山西、安徽、河南三省占 GDP 比重均明显低于全国的均值,表明中部地区的科技、技术服务能力和卫生、社会保障能力都低于全国平均水平。在教育产业中,河南占比为 3.5%,略高于全国均值,山西和安徽都明显低于全国均值。在公共管理支出中,山西占比较高,而河南和安徽占比偏低。

表 8-9 2014 年全国和中部地区部分省份第三产业其他服务业占 GDP 比重

单位:%

地区	租赁及商务服务业	科研、技术服务和地质勘查	水利、环境和公共设施管理	居民服务	教育	卫生、社会保障和福利	文化体育和娱乐	公共管理和社会组织
全国	2.4	1.8	0.5	1.5	3.3	2.0	0.7	3.7
山西	1.3	0.7	0.3	1.8	2.7	1.2	0.8	4.6
安徽	2.6	0.7	0.6	1.3	2.1	1.5	0.7	2.9
河南	1.3	0.8	0.4	1.6	3.5	1.6	0.6	2.6

资料来源:中国统计出版社出版的《中国统计年鉴 2015》《山西统计年鉴 2015》《安徽统计年鉴 2015》《河南统计年鉴 2015》。

（二）第三产业结构调整优化的基本方向

据前所述,中部地区第三产业的发展整体比较落后,第三产业内部各行业都需要根据中部崛起和城乡居民生活水平提高产生的需求得到相应发展。第三产业结构调整的基本方向是:一是要继续加强交通运输、国内商业和餐饮服务等传统第三产业的发展,建立适合各省特点的交通运输体系、商业网络,提高技术水平、管理水平和服务水平,降低商品的物流和交易成本,为中部地区崛起创造良好的条件;二是要大力发展金融、技术服务、信息咨询、旅游、房地产、教育、文化、卫生等新兴第三产业;三是构建能适应并促进经济社会发展的结构合理的第三产业发展格局。

二、主要产业发展方向

（一）交通运输业

交通运输业是传统的第三产业,同时也是区域经济发展的基础产业。在日趋开放的经济环境下,作为人流、物流的载体,交通运输业的发展状况和水平直接决定着区域优势的发挥和发展潜能的释放。中部地区的交通运输业经过中华人民共和国成立后的60多年,特别是改革开放以来的快速发展,已经形成了适合本区经济社会发展的运网框架和运输结构,结束了交通运输对经济发展的瓶颈作用。但本区以能源、原材料、农产品等参与全国分工,经济增长对运输的需求比较大,因此仍然要继续加强铁路、公路建设,同时要积极发展航空运输、水运和管道运输,实现各种运输方式合理分工、各展所长、相互衔接、共同发展。

加快高铁建设对中部地区强化区内外联系起到十分重要的作用。根据国家发改委印发的《促进中部地区崛起"十三五"规划》,中部地区要建设大同至张家口、商丘至合肥至杭州、武汉至十堰、南昌至赣州、北京至商丘、济南至郑州、黄冈至黄梅、十堰至西安、襄阳至宜昌、赣州至深圳、长沙至赣州、南昌至景德镇至黄山、池州至黄山、安庆至九江、郑州至万州、张家界至怀化、合肥至新沂等高速铁路。通过区内高铁建设,逐步形成基本覆盖市区人口50万人以上城市的高速铁路网。

公路建设是中部地区交通运输建设的重点,是省内经济联系的支柱,在省际经济联系中发挥越来越重要作用。基于中部地区各省的经济发展需要和国家公路发展的中长期安排,要合理规划高速公路的发展,逐步建成连接中心城市和主要工矿城市的高速公路运输网,同时要与周边省份的高速公路连接,以便进入全国高速公路网。一、二级公路是省内公路建设的重点,争取把所有县城和经济较发达的中心城镇纳入一、二级公路规划建设网络。按照新农村建设的基本要求,采取措施推进"村村通"公路建设。

航空运输是我国近年来发展较快的交通运输方式,中部地区的航空运输发展明显落后于东部地区。随着我国航空运输业的进一步发展,特别是我国制造的支线飞机投入使用,中部地区除了继续增强省会城市航空港功能外,各中心城市、工矿城市和旅游城市应逐步建设能起降支线飞机的机场,经济较为发达的中心城市应修建能起降大型飞机的机场。

中部地区的水运主要集中在湖北、湖南、江西和安徽。这四省要充分利用长江大通道的运输功能,沿江城市要根据客货运输需求对现有港口进行改造,以适应本地区经济发展的需要。四省还要利用境内河流的水运优势,通过标准化、规范化建设,挖掘水运潜力。

(二)商贸流通业

改革开放以来,为适应国民经济发展和城乡居民需求的变化,中部地区的商贸流通业的发展取得巨大成绩。从流通渠道、流通方式、经营业态,到运行机制和管理体制都发生了根本性转变。在促进中部地区崛起中,商贸流通业要进一步提高水平和优化结构,以满足国民经济持续发展的需要,以及人民群众日益增长的物质文化需要。

在发展商贸流通业的过程中,首先要改造和提升已有的专业交易市场,不断增强市场功能。改革开放以来,中部地区各省都根据本地区的经济发展特点和产业基础建立了丰富的专业市场。应当认识到地区分工是专业市场建设的基础,而专业市场建设又能促进地区分工和专业化生产。为此,各省要依据现有专业市场的发展状况、区位,以及当地及周边地区的产业基础,合理确定各类批发市场的职能分工,推进商品交易、市场组织、经营和管理的创新,尤其要提高其信息化程度,以信息化推动市场建设的现代化。

其次,以连锁经营为主要载体,加快零售业的改造和提升。连锁经营是现代流通的一种经营方式和组织形式,是现代零售业的发展主流。目前连锁经营在城市已经形成规模,今后应把发展农村连锁作为重点,构筑以县城和中心集镇为核心、以自然村为重点的农村连锁网络。在城市主要发展连锁便利店,鼓励和支持生鲜食品、清洁蔬菜进入超市、便利店,规范城市农贸市场。

第三,要大力发展现代物流和电子商务,加快新兴流通业的发展。发展现代物流是降低流通成本,并使之不断适应经济发展需要的根本途径。在实现物流现代化中,最重要的是广泛应用现代技术,特别是信息技术和电子商务,提高物流和交易效率。我国电子商务发展很快,2015 年,网上零售额为 38773.2 亿元,而中部六省的网上零售额为 3040.2 亿元,只占全国的 7.84%。要充分认识到电子商务对农村土特产和地方传统特色产品发展的带动作用,积极推进互联网和电子商务进村入户。

(三)金融业

金融业的发展状况直接影响着企业的投融资环境,是经济发展的持续推动力。中部地区的金融业落后于全国的平均水平,和东部发达地区存在更大的差距。2014 年,中部地区金融业产值占 GDP 的 4.7%,明显低于全国7.3%的平均水平,表明中部地区的金融服务经济的能力偏低,不能适应经济快速成长的需要。因此,国家在制定促进中部地区崛起的政策中,要提供更多的金融支持,把武汉、郑州等核心城市打造成区域性金融中心。

(四)电信业和信息服务业

电信业的发展,一是要优化网络结构,完善光缆传输主干网。加快以光缆为主,辅以微波,覆盖全省的高速、灵活、可靠的智能化长途传送网建设。二是要大力发展数字移动通信和宽带智能化多媒体通信网,加快计算机互联网建设,建设和完善多媒体通信业务平台和多媒体应用平台,建设各地多媒体通信网,形成一批各具特色的互联网站点和信息源。三是要全面加强和完善支撑网系统,提高电信服务质量。四是要进一步加强管理,降低电信资费,提高服务水平。

信息服务业是为适应信息化而形成的新兴产业,发展极为迅速。各省和中心城市要加快建设服务社会的综合性和专业性数据库、软件开发、信息加工处理中心。各省要建立跨地区、跨行业、跨部门的信息咨询网络,促进信息服务网络化、规模化,实现信息资源共享。建立服务政府、企业和社会的电子商务应用平台,推动电子商务的应用和发展,利用电子商务降低交易成本。建立多用途的 IC 卡系统工程,扩大个人 IC 卡的使用范围,逐步实现一卡多用。积极发展智能网络业务、电子邮件、可视电话、声讯、远程医疗、远程教育等新型信息服务,满足群众的信息消费。

(五)旅 游 业

中部地区各省都有享有盛誉的旅游资源,比如,山西的五台山佛教圣地、平遥古城,江西的革命圣地井冈山,湖北的三峡工程,湖南的张家界等。自 21 世纪以来,我国国内旅游业发展很快,2015 年,国际旅游收入 1136.50 亿美元、国内旅游收入 34195.05 亿元人民币。随着城乡居民收入的进一步提高,旅游业的高增长势头将会持续,中部地区各省都应当继续利用自身的资源优势,进一步推进旅游业的发展。各省在发展旅游业中,要以重点景区为中心,合理规划和开发各种旅游资源。完善旅游产品结构,加快专项旅游产品和度假旅游产品的开发,不断开发具有地方特色的旅游商品,提高旅游综合效益。

为提高旅游业的综合效益,还需要进一步完善相关配套产业的发展。旅游业发展的真谛在于旅游业所带来的交通、餐饮、住宿等产业的发展,因此旅游业发展获得的收入取决于游客在旅游地停留的时间长短。各地区应当形成旅游饭店、旅行社、旅游交通、旅游商品、旅游饮食、旅游娱乐相结合的综合服务体系,使游客获得满意的服务。为此,要加强旅游景点和旅游市场的管理,规范旅游市场行为,改善旅游环境,提高旅游服务水平。

(六)科学研究和技术服务业

中部地区各省都具有丰富的人才资源和与此相适应的科研能力和潜力。为适应中部地区崛起和我国经济发展的需要,首先要继续推进科研机构改革,优化科技资源配置,提高科研总体实力。其次要实施技术创新工程,大力推进产学研结合,使科学研究服务于当地的经济发展和技术进步。第三是大力推广适用技术,建立健全社会化的科技服务体系,促进科技成果转化,加快发展技术市场和技术中介机构建设。

综上所述,中部地区在长期的经济发展中,产业结构也发生了相应的变化。第一产业在经济中的比重显著下降,而第二、三产业,尤其是第二产业在经济中的比重大幅度上升。表明第二产业,特别是工业已经成为推动经济实现快速增长的主导因素。在第一产业中,传统的农业,即种植业在农业结构中所占比重也明显下降,而林牧渔业,特别是牧业在农业结构中的比重上升幅度较大。在工业结构演变中,虽然制造业,包括交通运输制造、通用和专用设备制造业、电子计算机和通信设备制造业、电气机械及器材制造业都得到了迅速发展,但能源、原材料工业的优势仍然很突出。

中部地区和全国其他大部分地区一样,由于历史原因、城市化水平较低,第三产业的发展长期滞后。为适应中部地区崛起的需要,应大力发展交通运输业、商贸流通业、旅游业,同时要积极发展科学研究和技术服务业、金融业,并推动房地产业的健康发展。

第九章 促进中部地区工业又快又好发展

第一节 中部地区工业化取得巨大进展

一、工业增长速度较快

中部地区工业化还处于规模扩张阶段,但整个中国的工业化已经进入由扩张规模向提高质量发展的阶段。在此背景下,中部地区的工业发展不仅要充分发挥优势,促进工业继续保持快于全国的增长速度,同时要利用《中国制造2025》带来的发展机遇,大力发展新兴产业,提高工业的发展质量和水平。

根据前面的分析可知,1949年后,我国区域经济发展战略进行过几次大的调整。其实,区域发展战略的调整,就是区域发展重点的调整,而核心是工业发展的区域布局调整。第一个五年计划中央根据我国工业布局过度集中在沿海地区的不合理状况,在均衡布局工业的理论指导下,把更多的工业项目,包括苏联的援建项目,布局在中西部地区。20世纪60年代初期,基于当时的安全考虑,中央把更多的军事项目,也包括一些重要的民用项目,布局到以西部为主的"三线"地区。改革开放后,中央采取直接投资、政策支持等措施使工业化的重点又转移到东部地区,使东部地区在参与经济全球化中成长为"世界工厂",并由此造成中西部地区与东部地区在工业规模上的差距迅速扩大。在此背景下,我国政府开始实施以区域协调发展为目标的区域经济发展战略,促进中西部地区发展成为这一战略的核心目标,其中,西部成为支持的重点地区。

回顾我国工业化进程中的地区战略,中部地区始终处于边缘角色,是政策支持的盲区。但中部地区拥有的区位、资源和产业基础,在我国实施的各种区域发展战略中具有不可替代的作用,使其工业化在不利的外部环境中仍然取得了较大进展。

表9-1记录了1949年后主要年份中部六省工业产出规模和在全国地位的变化。从表9-1中的数据可以看出,中部地区各省的工业规模在1949年后都得到迅速扩张,每个省现有的工业生产能力都超过建国初期全国的工业生

产能力。再从相对值看,以中部地区工业占全国比重为指标,表 9-1 中数据显示,1949 年后,中部地区工业增加值占全国比重在波动中趋于上升。在 1952—1978 年,这一比重由 14.4% 提高到 16.3%,曾经在 1960 年占到 18.3%;1978—2005 年,又从 16.3% 提高到 17.5%,最高的 1990 年曾达到 19.5%,最低的 1995 年只有 15.6%;自 2005 年以来,工业化进程明显加快,2014 年,工业增加值占全国的比重上升到 21.4%。根据中部地区占全国工业增加值比重的变化还可以得出结论,即 1949 年后中部地区工业增长速度明显快于全国的平均水平。

表 9-1 1952—2014 年主要年份中部地区工业规模及占全国比重

年份	山西/亿元	安徽/亿元	江西/亿元	河南/亿元	湖北/亿元	湖南/亿元	中部/亿元	中部占全国比重/%
1952	2.3	1.8	2.3	4.8	3.2	2.9	17.3	14.4
1957	7.2	5.1	5.6	6.9	9.0	5.9	39.7	14.6
1960	24.3	18.3	7.9	16.7	17.6	19.2	104.0	18.3
1963	11.9	7.6	6.2	10.1	10.3	10.3	56.4	15.4
1965	18.6	13.1	9.8	16.2	17.4	16.9	92.0	16.8
1970	28.0	18.6	15.7	30.0	21.8	28.8	142.9	17.3
1975	32.2	26.1	19.6	41.6	32.7	35.6	187.8	15.1
1978	48.1	36.3	23.2	50.2	52.2	51.9	261.8	16.3
1980	58.2	44.1	30.8	80.5	75.6	65.3	354.5	17.8
1985	102.1	101.4	63.1	144.4	152.9	110.1	674.0	17.8
1990	186.6	223.3	116.5	288.6	284.2	220.7	1320.1	19.5
1995	438.5	562.4	314.5	1256.5	675.9	658.7	3906.5	15.6
1996	532.7	634.2	375.8	1496.7	819.5	790.2	4649.1	15.8
1997	626.3	703.7	438.9	1641.1	918.0	903.9	5231.9	15.9
1998	658.5	765.9	477.2	1692.4	1141.1	960.7	5695.8	16.7
1999	684.5	820.3	503.8	1729.3	1182.6	1010.5	5931.0	16.5
2000	748.6	885.1	543.8	2000.0	1293.6	1094.7	6565.8	16.4
2001	832.5	1062.0	603.2	2182.8	1416.6	1180.4	7277.5	16.7
2002	997.4	1115.1	702.0	2412.2	1538.1	1265.7	8030.5	16.9
2003	1291.9	1255.8	863.3	2876.9	1760.4	1484.9	9533.2	17.4
2004	1711.3	1488.9	1140.0	3644.4	1987.5	1824.1	11796.2	17.8
2005	2117.6	1833.2	1455.5	4896.0	2436.5	2189.9	14914.1	17.5
2014	5471.0	9455.5	6848.6	15809.1	10992.8	10749.9	59326.9	21.4

资料来源:中国统计出版社 1999 年出版的《新中国五十年统计资料汇编》;中国统计出版社出版的《中国统计年鉴 2006》《中国统计年鉴 2015》《山西统计年鉴 2006》《山西统计年鉴 2015》《安徽统计年鉴 2006》《安徽统计年鉴 2015》《江西统计年鉴 2006》《江西统计年鉴 2015》《河南统计年鉴 2006》《河南统计年鉴 2015》《湖北统计年鉴 2006》《湖北统计年鉴 2015》《湖南统计年鉴 2006》《湖南统计年鉴 2015》。

从中部地区各省工业增长速度看,以1978年和2005年为界划分为三个阶段,如表9-2所示,在1952—1978年,山西、湖南、湖北三省的增长速度高于全国的平均水平,尤其是湖南省,增长速度达12.10%。在1978—2005年,安徽、江西、河南、湖北的增长速度明显高于全国的平均水平,特别是江西、湖北两省分别达到13.35%和12.57%,而湖南、山西两省的增长速度则低于全国平均水平。在2005—2014年,中部地区各省的增长速度都高于全国的平均水平,特别是除山西以外的其他五省,工业增速明显高于全国的均值。

表9-2　1952—2014年全国和中部地区各省工业增长速度

单位:%

地区	1952—1978年	1978—2005年	2005—2014年
全国	11.49	11.46	10.23
山西	11.81	10.05	10.99
安徽	11.31	12.96	17.33
江西	10.36	13.35	16.89
河南	10.80	12.75	13.43
湖北	11.89	12.57	15.45
湖南	12.10	11.01	16.12

资料来源:中国统计出版社1999年出版的《新中国五十年统计资料汇编》;中国统计出版社出版的《中国统计年鉴2006》《中国统计年鉴2015》《山西统计年鉴2006》《山西统计年鉴2015》《安徽统计年鉴2006》《安徽统计年鉴2015》《江西统计年鉴2006》《江西统计年鉴2015》《河南统计年鉴2006》《河南统计年鉴2015》《湖北统计年鉴2006》《湖北统计年鉴2015》《湖南统计年鉴2006》《湖南统计年鉴2015》。

二、工业成为推动经济增长的主导因素

中华人民共和国成立初期,我国基本上还是一个农业社会,作为欠发达的中部地区,各省经济中农业都占主导地位,工业在经济中所占比重较低。如表9-3所示,1952年,中部地区各省的工业都比较落后,工业在GDP中所占比重大都低于全国的平均水平,尤其是安徽省,工业仅占GDP的7.73%。

1949年后,我国政府在各个时期都在致力于推进工业化,并取得了举世瞩目的成效。中部地区各省在国家这一长期发展战略支持下,工业化也取得巨大进展。如表9-3和表9-4所示,各省的工业增长速度都快于第一和第三产业的增长速度,并使工业在GDP中所占比重的上升幅度很大。1952—2005年,山西省工业占经济比重上升幅度最大,上升了36.28百分点,平均每年提高0.68百分点,提高幅度最小的江西省也有22.78百分点。在中部六省中,山西、安徽、河南、湖北上升的幅度高于全国平均水平,不仅推进了中部地区的工业化,而且也提高了中部地区工业在全国的地位。

表 9-3　1952、2005 年全国和中部地区各省各产业的增长速度

地区	GDP 增长速度/%	第一产业增长速度/%	工业增长速度/%	第三产业增长速度/%	工业在 GDP 中的比重及变化		
					1952 年/%	2005 年/%	增长百分点
全国	7.64	3.26	11.48	7.66	17.64	41.81	24.17
山西	8.08	2.23	11.46	8.95	14.37	50.65	36.28
安徽	6.78	3.24	12.09	8.85	7.73	33.82	26.09
江西	7.09	3.55	11.79	8.44	13.09	35.87	22.78
河南	7.35	3.94	11.73	10.09	13.21	46.24	33.03
湖北	7.81	3.36	12.55	8.51	12.93	37.36	24.43
湖南	7.09	3.11	11.58	8.38	10.57	33.62	23.05

资料来源:中国统计出版社 1999 年出版的《新中国五十年统计资料汇编》;中国统计出版社出版的《中国统计年鉴 2006》。

自中央实施中部地区崛起战略以来,中部地区的工业化明显驶入快车道。如表 9-4 所示,中部地区的工业增速明显较快,在全国工业占 GDP 比重明显下降的环境下,中部地区除山西、河南外,其他四省所占比重还在上升。由此可见,在全国经济增长动力逐步转向第三产业的背景下,中部地区经济增长依然依赖工业化的快速推进。

表 9-4　2005、2014 年全国和中部地区各省各产业的增长速度

地区	GDP 增长速度/%	第一产业增长速度/%	工业增长速度/%	第三产业增长速度/%	工业在 GDP 中的比重及变化		
					1952 年/%	2005 年/%	增长百分点
全国	9.81	4.24	10.23	10.34	41.81	35.97	−5.84
山西	10.32	4.40	10.99	10.44	50.65	42.87	−7.78
安徽	12.45	4.60	17.33	10.71	33.82	45.35	11.53
江西	12.11	4.66	16.89	10.41	35.87	43.58	7.71
河南	11.59	4.60	13.43	11.43	46.24	45.25	−0.99
湖北	12.70	4.88	15.45	12.17	37.36	40.14	2.78
湖南	13.93	4.22	16.12	12.44	33.62	39.75	6.13

资料来源:国家统计局. 中国统计年鉴 2006[M]. 北京:中国统计出版社,2006.

国家统计局. 中国统计年鉴 2015[M]. 北京:中国统计出版社,2015.

较快的工业增长速度,推进了中部地区的工业化进程,同时也表明工业增长是带动经济增长的主导因素。但由于国家的区域发展政策及经济发展周期等原因,各个时期工业增长对经济的贡献出现较大的差异。如表 9-5 所示,从分阶段看,"一五"时期工业对经济增长的贡献较低,是因为当时工业基础薄弱,在 GDP 中所占比重较低。1968—1978 年,中部地区各省的工业增长率都比较高,因而工业对经济增长的贡献率也比较高。改革开放初至 20 世纪 80 年代末

期工业对经济增长的贡献率也比较低。一是因为改革开放初期工业处于结构调整阶段,而农业土地制度改革使农业对经济增长的贡献较大;二是因为国家支持东部地区,中部地区获得国家直接投资较少。其他各个时期,中部地区工业对经济增长的贡献均比较突出,能够体现工业在经济发展中的主导地位。

表 9-5　1952—2014 年中部地区各省工业对经济增长的贡献率

单位:%

时间段	山西	安徽	江西	河南	湖北	湖南
1952—1957	30.94	19.04	32.01	12.76	24.07	25.93
1957—1962	51.95	—	22.89	—	21.40	52.42
1962—1967	39.82	23.43	29.82	29.36	33.22	42.42
1967—1972	64.64	44.41	47.18	52.16	54.47	43.04
1972—1978	52.03	29.20	62.28	24.28	43.69	44.01
1978—1985	22.75	29.96	24.86	32.61	41.06	28.62
1985—1990	26.57	37.31	24.18	29.81	30.66	28.04
1990—1995	32.65	44.53	27.36	47.68	40.91	33.01
1995—2000	55.67	26.83	26.38	37.66	51.88	35.49
2000—2005	57.69	35.78	34.45	43.93	37.91	32.35
2005—2014	36.50	49.15	46.23	41.44	40.42	41.63

资料来源:中国统计出版社 1999 年出版的《新中国五十年统计资料汇编》;中国统计出版社出版的《中国统计年鉴 2006》《中国统计年鉴 2015》。

三、中部地区各省的支柱产业

(一)山西省

山西省一直是我国最重要的煤炭生产基地,并形成了以煤为主的工业结构。2014 年,煤炭产量 9.28 亿吨,占全国煤炭总产量的 23.95%,煤炭采选业增加值占山西省工业增加值的 51.76%。依托煤炭优势,还发展了电力工业、黑色金属冶炼业,增加值分别占山西省工业增加值的 10.01%、7.85%。目前这三大产业是山西省参与全国地区分工的主要产业。

(二)安徽省

安徽省的传统优势产业包括黑色金属冶炼、煤炭开采业、电力工业、电气机械和器材制造业、汽车制造业等,2005 年,这些产业增加值分别占全省的 11.18%、11.01%、8.87%、8.77%、6.20%。近十年来,安徽省工业结构发生显著变化,2014 年,占比排名靠前的产业变化为,电气机械和器材制造业、非金属矿物制品业、化学工业、黑色金属冶炼、农副产品加工业、通用设备制造业和汽车制造业，分别占工业增加值的 11.07%、6.85%、5.58%、5.31%、5.23%、5.10%、5.04%。以上七大产业合计占安徽工业增加值的 44.18%，是安徽经济发展的支柱产业。

（三）江西省

江西省在发展中形成了独特的工业结构和优势产业。2014 年，具有比较优势的产业主要是，有色金属冶炼、非金属矿制品业、化学工业、电气机械和器材制造业和农副产品加工业，分别占工业增加值的 13.51%、9.34%、8.92%、6.46%、5.00%，合计占江西工业增加值的 43.23%。

（四）河南省

河南省发展工业具有综合优势，并且形成了诸多参与地区或者全国分工的优势产业。在这些产业中，占比超过 5% 的只有非金属矿制品业、农副产品加工业、煤炭采选业、黑色金属冶炼、化学工业，2014 年，上述产业分别占工业增加值的12.93%、7.24%、6.44%、5.48%、5.02%，合计占河南工业增加值的 37.11%。河南在全国具有一定影响力的产业还有，有色金属采选和冶炼、食品制造业、通用设备制造业、专用设备制造业等。这些产业增长速度较快，是潜在的支柱产业。

（五）湖北省

湖北省曾经是中部地区工业综合实力最强的省份，在全国也占有重要地位。在长期的发展中，湖北省形成了以汽车制造业、农副产品加工业、化学工业、非金属矿制品、黑色金属冶炼为主的工业结构，2014 年，上述产业分别占工业增加值的 12.48%、10.56%、9.04%、6.99%、5.95%，合计占湖北工业增加值的 45.02%。这些产业是湖北省的主导产业和主要经济支柱。

（六）湖南省

湖南省是 2005 年以来工业增长和经济增长较快的省份，2014 年工业增加值与湖北省接近，达到 10749.88 亿元。支撑湖南工业快速崛起的既有传统的优势产业，也有从珠三角承接转移的产业。目前在工业中占比较大的产业有，化学工业、有色金属冶炼、农副产品加工、专用设备制造和非金属矿制品业，分别占工业增加值的 8.24%、7.92%、7.75%、7.69%、7.62%，合计占湖南工业增加值的39.22%，这五大产业是湖南经济的支柱产业。

第二节　中部地区工业发展面临的机遇和挑战

一、加快工业化进程的主要优势

中部地区仍然具有促进工业较快发展的优势条件,但同时也面临较大挑战。从全国工业发展的角度看,现阶段已经不支持工业的数量扩张,特别是传统工业的数量扩张,而支持中部地区工业快速发展的优势主要集中在传统产业。因此,中部地区要充分认识现阶段工业发展的优势和劣势、挑战和机遇,促进工业又快又好发展。

（一）区位优势

中部地区的区位条件长期被认为是限制经济快速发展的因素,这种"不东不西"的地理位置一直使中部地区的地方政府感到很尴尬。其实,一个地区的区位条件是否优越,并不取决于难以改变的地理位置,而主要取决于经济发展的外部环境和内部因素。我们之所以判断目前中部地区的区位条件可以构成加快工业化进程的优势,主要是因为中部地区在东中西三大经济地带的经济联系中处于有利的地位。东部地区企业在西进中,中部地区是不可逾越的"障碍"。境外企业以占领市场为目的在我国投资时,中部地区这种区位条件,使其既接近东部,又接近西部,应当说具有一定的优势。中部地区自身的市场优势,以及对外联系便利的运输通道建设,使中部地区的区位优势对其加快工业化进程日益发挥重要的作用。

区位优势历来就是相对的,这种相对性主要体现在,要与一定的历史发展环境相联系。比如,沿海地区,改革开放后的快速发展显然得益于具有参与对外开放的优势。和改革开放前相比,虽然沿海地区的地理位置没有发生任何变化,但并不具有区位优势。当时我国经济发展的根本特点是,受制于西方对我国长期实行的经济封锁,只能完全依靠自身能力发展经济,中西部地区在能源、原料方面具有的优势,使得我们必须把更大的投资放在中西部地区。此外,需要指出的是,当时美国和苏联争霸世界,使得我们在考虑全国生产力布局时,不得不把国防安全放在较高的位置。在这种背景下,综合来讲,中西部地区就具有发展经济的区位优势,而沿海地区的地理位置在当时的环境下反而失去了它的区位优势。

改革开放后,东部沿海地区参与国际分工的优势得到充分发挥,并且在沿海地区主导下,我国经济实现了崛起,而且成为"世界工厂"。但我国经济过度向沿海地区集聚和沿海地区以低层次产品参与国际分工也暴露出日趋严重的问题,比如,大规模长距离的劳动力流动问题、地区差距和城乡差距问题、国内消费不足问题等。在这些问题逐步解决的过程中,东部地区本来就不具有优势或者已经丧失比较优势的产业必然向中西部地区转移,中部地区显然具有接受这些产业的区位优势。

(二)丰富的自然资源

相对丰富的自然资源是中部地区加快工业化进程的重要基础,根据前面的分析可知,中部地区的煤炭、石油、铝土、铁矿、有色金属矿、非金属矿都比较丰富。丰富的矿产资源,不仅为中部地区能源、原材料工业的发展奠定了基础,而且也为本区加工工业的发展提供了充分的供给。同时,农业资源丰富,并在许多重要农产品的生产上形成优势,这为中部地区进一步加快以农产品为原料的轻纺工业的发展提供了较为有利的条件。

(三)具有一定的工业基础

虽然中部地区的工业发展水平总体上落后于东部地区,但通过前面的分析可知,中部地区在许多产业的发展上在全国都占有突出的地位。中部地区的产业优势不仅仅局限于采掘业和原材料工业,而且也表现在轻纺工业和装备制造业等产业。比如,农副产品加工业、交通设备制造业、专用设备制造业等。这些产业中相当一批企业在日趋激烈的市场竞争中已经积累先进的技术、丰富的管理经验,以及品牌优势,已然构成支撑这些产业在国内外竞争中的有利因素,并促使这些产业进一步发展。同时,目前所具有的工业基础,通过投入产出关系,又为相关产业的发展提供了良好的配套条件。

(四)劳动力和科技资源丰富

中部地区的人口和劳动力资源丰富,且素质较高。中部地区的基础教育水平较高,一般劳动力接受教育的年限大致与东部地区持平,但由于经济发展水平落后于东部地区,因此是我国素质较高的劳动力资源最丰富的地区,且劳动力价格相对较低。这种优势为中部地区劳动密集型产业的发展提供了良好的基础。同时,中部地区高等教育水平也比较发达,国家级科研机构较多,并在此基础上,以高新技术开发区为载体形成了一大批科研型企业。部分企业在相关高新技术的发展方面居全国前列。这些优势将构成中部地区高新技术产业发展的良好条件。

二、中部地区加快工业化进程面临的主要机遇

(一)加速工业化是实现中部地区崛起的必然要求

我国政府在实现区域经济协调发展的战略安排中,对中部地区提出的战略目标是实现经济崛起。纵观世界近现代经济发展史,任何一个国家或者地区,在经济崛起的过程中,都是以工业化支撑着经济的快速发展。从国家层面看,美日德等经济强国,在经济快速增长阶段,即实现经济崛起过程中都主要依赖工业的迅速扩张,虽然目前这些国家已进入以服务经济为主导的阶段,但工业的规模和产品竞争力仍然是体现其国力的主要因素。我国改革开放以来的经济崛起,也主要体现在工业层面,日益显著的事实是,我国已经成为名副其实的"世界工厂",而且工业制成品的出口量一直保持高速增长。

在促进我国经济快速发展中,沿海地区无疑发挥了主导作用。其实,在沿海地区,并非所有省区市的经济增长速度都高于全国平均水平。如表 9-6 所示,广东、浙江、江苏、福建、山东等新崛起的省份对我国经济在改革开放后进一步向沿海地区集聚发挥了重要作用,1978 年五省 GDP 合计占全国的比重为 23.46%,2005 年则占到 40.02%。进一步分析会发现,在这一时期,上述五省工业占全国比重由 1978 年的 24.27% 上升到 2005 年的 45.15%。工业上升的幅度明显大于 GDP 上升的幅度,由此可见,这些省份经济的崛起是工业迅速发展的结果。

表 9-6　1978、2005、2014 年东部地区新崛起省份经济占全国比重的变化

单位:%

地区	GDP 占全国比重			工业增加值占全国比重		
	1978 年	2005 年	2014 年	1978 年	2005 年	2014 年
广东	4.25	11.30	9.90	4.72	12.27	10.51
浙江	3.58	6.79	5.87	3.11	7.43	6.04
江苏	7.20	9.25	9.51	7.95	10.92	9.72
福建	1.92	3.32	3.51	1.51	3.33	3.76
山东	6.51	9.36	8.68	6.98	11.20	9.14
总计	23.46	40.02	37.47	24.27	45.15	39.17

资料来源:中国统计出版社 1999 年出版的《新中国五十年统计资料汇编》;中国统计出版社出版的《中国统计年鉴 2006》《中国统计年鉴 2015》。

由前所述,自 2005 年以来,中部地区工业增长速度明显快于全国的均值,工业增加值占全国的比重由 2005 年的 17.5% 增加到 2014 年的 21.4%。但

中部地区的工业化水平,无论是从数量上看,还是从质量上看,和东部发达地区都存在很大差距。2014年,中部地区人均工业增加值为17754元,分别只有江苏、浙江、广东三省人均工业增加值的52.41%、58.31%和65.32%。由此可见,中部地区工业仍需在较长时期内维持较高的增长速度,使人均工业增加值和人均GDP接近发达地区的水平。

(二)中部地区加速工业化对稳定我国工业增长将起到重要作用

我国的工业化尚未完成,虽然目前的制造业增加值位居世界第一,但和发达国家仍然存在巨大的发展差距,2015年我国人均制造业增加值只有2088美元,而韩国、日本的人均制造业增加值分别为7301美元和6702美元,标志着我国工业的规模扩张远没有结束,在未来较长时期的经济增长中,工业增长仍然能够发挥重要作用。

但东部发达地区经济和工业的高速扩张时期已经结束,由表9-6可以看出,在所列出的五个省份中,除福建外,其他四省的GDP和工业增加值占全国的比重自2005年以来都有明显下降。五省合计GDP由2005年的占全国40.02%下降到2014年的37.47%;工业增加值占比由2005年的45.15%下降到2014年的39.17%,工业占比的下降幅度明显大于GDP下降幅度。

在东部发达地区工业增速放慢的背景下,要使我国工业增速维持在较高水平,必须使西部、中部和东北地区的工业增速保持在较高水平。虽然自中央实施振兴东北老工业基地以来,东北地区工业获得恢复性增长,但增长速度仍然低于全国的均值,工业增加值占全国的比重由2005年的8.8%微降至2014年的8.6%,降幅明显缩小。因此,难以使东北的工业增速达到较高的水平。

中部、西部地区作为工业欠发达地区,通过实施西部大开发和中部地区崛起战略,工业都获得较高的增长速度,工业增加值占全国的比重分别由2005年的13.9%和17.5%增加到2014年的19.3%和21.4%。即便如此,中部、西部地区的工业化水平和东部地区相比仍然存在较大的差距,这种差距构成中部、西部地区实现快速工业增长的潜在动力和机会。当然,中部、西部地区在资源、劳动力等方面的潜在优势,也能够促使工业继续保持较快的增长速度。

三、推进工业化进程面临的挑战

(一)政策支持较弱

虽然中央把实施西部大开发、振兴东北老工业基地和中部地区崛起并列为实现区域经济协调发展的主要战略,但在制度设计中,中部地区崛起受到的重视程度不及前两者,比如,在国家发展与改革委员会设置的机构中,有西部开发司和东北等老工业基地振兴司,专门负责西部开发和振兴东北老工业基地等相关事宜,而负责中部地区崛起战略实施的机构是在地区经济司下设的中部地区发展处和中部地区政策体制处。

当然政府的机构设计不一定是降低了中部地区崛起在我国区域发展战略中的地位,更合理的解释是实施西部大开发战略和振兴东北老工业基地战略需要直面的问题更大、面临的挑战更多,因而更需要国家的政策支持。相对而言,实施中部地区崛起战略,只是一个简单的发展问题。我国在实施东部地区优先发展战略中已经积累了许多成功的经验,中部地区只要合理借鉴这些经验就能达到目的。从这个意义上讲,实施中部地区崛起战略,是一个低政策介入,或者说是一个低政策成本战略。从实施中部地区崛起战略的实践看,国家出台的相关支持政策的效果是显而易见的。自 2005 年以来,中部地区的经济增长速度,特别是工业增长速度明显快于全国的平均水平,特别是近几年的较快经济增长,对于稳定我国经济增长起到十分重要的作用。

(二)观念落后,创新意识淡薄

本书更想表述的观点是,中部地区的经济崛起不能期望更多的政策支持。换句话说,中部地区地方政府要摆脱向中央要“政策”的传统思维和落后观念,而是通过体制创新和机制创新,努力去除妨碍经济发展的体制顽疾,提高政府机关的办事效率。近几年,国家通过强力的惩治腐败,已经净化了治理环境,为体制创新创造了良好的氛围。中部地区虽然具有实现经济和工业快速增长的条件,但这些有利的条件只是潜在的优势,能否把潜在的优势转化为经济优势,关键是在多大程度上改善营商环境,吸引境内外企业投资。

(三)部分资源枯竭

中部地区的主导产业建立在资源基础上,由于长期开发,部分资源陆续进入枯竭期。不仅进一步扩张受到一定的限制,而且相当一部分资源的开采规模将逐步减小。山西省部分大型煤矿的矿井陆续进入枯竭期,煤矿的生产基地需要进行大的调整。虽然中部地区建立在资源优势基础上的能源、原材料工业在相当长时期内仍然是参与全国分工的重要产业,但由于资源枯竭带来的成本上升,将直接影响到企业的竞争力。自 2005 年以来,中部地区的采掘业增长速度低于全国的均值,使采掘业增加值占全国的比重由 2005 年的 15.19% 下降到 2014 年的 12.13%。

(四)国家实施的去产能政策

我国长期实施的以投资刺激经济增长的粗放型发展方式,导致传统的工业部门出现严重的产能过剩现象。2015 年,焦炭、水泥、粗钢的产能分别为65979.59万吨、344190.83 万吨、112688.17 万吨,产量分别为 44822.54 万吨、235918.83 万吨、80382.50 万吨;钢材、平板玻璃、电解铝的产能分别为154389.91 万吨、96984.06 万重量箱、3701.92 万吨,产量分别为 112349.6 万吨、78651.63 万重量箱、3141.0 万吨。从这些数据可以看出,焦炭、水泥、粗钢过剩产能分别超过 2 亿吨、10 亿吨和 3 亿吨,钢材、平板玻璃、电解铝过剩产能分别为 4 亿吨、1.8 亿重量箱、600 万吨。正因为如此,国家在供给侧改革中,把去产能作为一项重要的任务。我国的产能过剩表现在制造业的各个产业,但原材料工业的产能过剩现象尤为突出。虽然中部地区的原材料工业在整个工业中的占比持续下降,但在各省工业结构中仍然占有较大份额,因此国家的去产能政策对中部地区工业化产生了较大影响。

第三节　中部地区主要工业部门发展趋势分析

我国工业结构,特别是中部地区工业结构,随着工业化进程的持续优化调整,从而为各工业部门的发展带来不同的挑战和机遇,不同部门的未来成长空间会出现明显差异。基于此,中部地区及其各省要根据自身工业发展优势,确定主要工业部门的发展目标和方向。

一、采掘业

采掘业是为工业和国民经济提供能源和原料的基础工业。我国正处于重化工业阶段,对能源、原材料产生不断增长的需求。从整体上讲,国内提供的各种能矿产资源产品已难以满足经济发展的需要,2015 年,进口铁矿砂、铜矿砂等金属矿砂共花费 806.06 亿美元,还进口煤炭 20406 万吨,花费 121.01 亿美元,进口原油 33550 万吨,花费 1344.51 亿美元。据前所述,中部地区除石油和天然气外,在煤炭开采、金属矿开采、非金属矿开采等方面都具有资源优势,并形成优势产业,特别在山西、安徽、河南等省,采掘业是国民经济中重要的支柱产业之一。中部地区采掘业的优势,一方面来自本区相对丰富的资源,另一方面是相对于西部地区的区位优势。

在中部地区的采掘业中,最具有全国影响的是煤炭采选业。山西省是全国最重要的原煤生产基地,2015 年,煤炭产量达 9.67 亿吨,占全国的

25.81％,位居中部地区各省第一;河南和安徽也是全国重要的煤炭生产省份,产量分别为 1.36 和 1.34 亿吨。煤炭采选业发展面临的主要困境是资源枯竭或者后备资源不足,事实上,中部地区在全国煤炭生产中的地位已明显下降,1997 年中部地区原煤产量占全国的 49.85％,2005 年已下降到 41.72％,2015 年又下降到34.85％。与此同时,西部地区煤炭产量占全国比重持续提高,由 2005 年的 36.83％提高到 2015 年的 54.66％,西部地区已经成为我国最主要的产煤地区。

有色金属和黑色金属资源是中部地区又一重要的并具有一定相对优势的矿产资源。黑色金属矿开采主要集中在山西、安徽和湖北三省,2014 年三省合计开采量占全国的 12.32％;有色金属矿开采主要集中在河南、湖南和江西三省,三省合计开采量占全国的 40.15％。由此可见,中部地区的有色金属矿开采业具有明显的优势。

二、原材料工业

如前所述,按照区位商计算,中部地区的原材料工业中相当一些产业部门都具有参与全国地区分工的能力。同时,按照在工业总值中所占比例看,中部地区原材料工业中部分产业在各省工业总值中所占比重较大,是各省经济发展的主要支柱产业。通过前面的分析还发现,中部地区的原材料工业,从整体上看,自 2005 年以来,占工业总值的比重下降,表明其增速相对于其他工业部门较低,从各产业看,部分产业的增速甚至还低于全国平均值,意味着该产业在全国的竞争能力较低。由于原材料工业包含部门较多,各产业的发展态势不尽相同,下面将重点分析中部地区原材料工业中主要产业的未来发展趋势。

(一)冶金工业

冶金工业,包括黑色金属冶炼和有色金属冶炼。中部地区早期发展冶金工业具有资源优势和能源优势,这是奠定冶金工业在中部地区各省经济发展中突出地位的重要基础。很显然,资源基础对支持冶金工业发展的优势已经丧失,目前无论是黑色金属冶炼还是有色金属冶炼都需要从国外进口大量的矿砂。以湖南为例,2015 年,分别进口铁矿砂、铅矿砂、银矿砂、锌矿砂及其精矿 2336.6 万吨、34 万吨、11 万吨、29.42 万吨。

自 2005 年以来,中部地区黑色金属冶炼发展很快,但无论与全国冶金工业相比还是与本地区其他工业相比,其增长速度都相对较慢。2005 年,中部地区的生铁、粗钢、钢材产量分别为 8703.0 万吨、7502.5 万吨和 7476.7 万吨,到 2014 年则分别增长到 15161.8 万吨、16832.8 万吨和 20651.5 万吨。但占全国的比重则由 2005 年的 25.32％、21.24％、19.79％,分别下降到 2014

年的 21.24％、20.47％、18.35％。再从冶金工业增加值占中部地区各省工业总产值的比重看。2005 年,山西省黑色金属冶炼和有色金属冶炼的工业增加值分别占山西省工业增加值的 16.46％和 4.69％,2014 年,两个产业分别下降到 7.85％和1.82％。2005 年,安徽省黑色金属冶炼和有色金属冶炼的工业增加值分别占安徽省工业增加值的 11.79％和 4.10％。2014 年,安徽省黑色金属冶炼下降为 6.85％,有色金属冶炼则上升到 5.32％。2005 年,湖南省黑色金属冶炼和有色金属冶炼的工业增加值分别占湖南省工业增加值的 8.28％和 6.38％。2012 年,湖南省黑色金属冶炼下降为4.49％,有色金属冶炼则上升到 7.34％。

由此可见,中部地区的冶金工业中,主要是黑色金属冶炼下降幅度较大,多数省份有色金属冶炼占比还在上升。2014 年,不包括山西省的其他五省十种有色金属产量共 1339.78 万吨,占全国的 27.75％,仅河南省的产量就占全国的10.97％。因此,中部地区有色金属冶炼的地位在全国更为突出,而且还有进一步强化趋势。从整体上讲,冶金工业属于产能过剩产业,尤其是黑色金属冶炼,因此也成为国家去产能的重点关注产业,在未来较长时期内,产量的增长会受到很大限制。

(二)非金属矿制品业

非金属矿制品是中部地区增长较快的产业,在 2005—2014 年,山西、安徽、江西、河南四省的非金属矿制品增长率分别高达 15.11％、28.5％、30.77％、14.85％,明显高于各省工业增加值的平均增长速度,湖南省在2005—2012 年的增速则高达 32.86％。水泥、平板玻璃产量分别由 2005 年的24078.93 万吨、7647.24 万箱,增长到 2014 年的 68604.75 万吨、16668.99 万箱,占全国比重由 2005 年的 22.53％、19.02％分别上升到 2014 年的 27.53％和 20.05％。

非金属矿制品的高速增长源于中部地区投资较快的增长速度以及城市化进程带来的住房建设和基础设施建设。中部地区的工业化、城市化都远没有完成,基础设施建设还需要加强,因而会对非金属矿制品产生较大的需求,然而水泥等非金属矿制品也属于国家重点去产能行业,未来的增长会受到政策限制。

(三)化学原料及化学制品制造业

化学原料及化学制品制造业是一个细分门类众多的行业,我国目前还处于重化工业阶段,意味着该行业依然处于较快增长阶段。一直以来,该行业在中部地区各省工业中都是十分重要的产业,自 2005 年以来,又获得较快增长。2005 年,山西、安徽、江西、河南、湖南五省的化学原料及化学制品制造业分别占工业增加值的 4.02％、5.79％、5.63％、4.44％、7.50％；2014 年山西、安徽、江西分别占工业增加值的 3.53％、5.58％、8.91％，2013 年河南占 4.94％，2012 年湖南占 8.15％。综合来看，中部地区的化学原料及化学制品制造业增长速度快于工业的平均值。

从主要工业产品看，2014 年，在全国占比较高的有化肥、硫酸、化学农药原药、纯碱，分别占全国产量的 38.78％、28.37％、26.87％ 和 24.02％。而乙烯占比较低，2014 年，乙烯产量只占全国产量的 6.25％。中部地区竞争力比较薄弱的还是日化产业，中部地区各省几乎没有全国著名的日化企业，在附加价值更高的化妆品行业，多数省份几乎是空白。目前中部地区在该行业还处于初级发展阶段，产品主要集中在化学原料和初加工制品，今后的发展方向是提高加工深度，着力发展附加价值较高的产业。

三、消费品工业

总体而言，消费品工业一直是中部地区的弱势产业，但部分产业近几年发展很快，并具有一定的竞争优势。随着城乡居民生活水平的提高，高档耐用消费品也开始逐渐进入一般家庭，因此消费品工业包含越来越多的工业部门。本书把消费品工业分为三大类：一是食品、饮料和烟草制品；二是纺织、服装和皮革、毛皮制品；三是耐用品消费工业。

（一）食品、饮料和烟草制造业

农副产品加工业，食品制造业，酒、饮料制造业和烟草制品业是中部地区消费品工业中发展状况最好的四个产业，也是中部地区具有优势的工业产业。如表 9-7 所示，2005 年，全国这四个产业分别占工业增加值的 3.80％、1.62％、1.61、2.85％，中部地区的酒、饮料制造业占比为 1.60％，略低于全国 1.61％的平均值，其他三个产业占比都明显高于全国的平均值，特别是农副产品加工业占比明显高于全国的平均值。在 2005—2014 年，中部地区这四个产业都仅有两个在增长，而且四个产业合计占工业增加值的比重由 2005 年的13.28％提高到 2014 年的 13.94％，意味着四个产业的平均增长速度略高于本地区工业增长速度，并且四个产业所占比重均高于全国平均水平。

中部地区作为我国主要农产品的集中产区，具有发展这些产业的原料优势，同时已经形成了较大的市场，而且潜在市场还会更大。基于此，预期中部地区以上四个产业，特别是农副产品加工业，食品制造业，酒、饮料制造业还会有较长的增长周期。

表 9-7　2005、2014 年全国和中部地区农副产品加工业等四个产业占工业增加值比重

单位：%

地区	农副产品加工业		食品制造业		酒、饮料制造业		烟草制品业	
	2005 年	2014 年	2005 年	2014 年	2005 年	2014 年	2005 年	2014 年
全国	3.80	5.70	1.62	1.94	1.61	2.01	2.85	3.29
山西	0.69	1.48	0.63	0.58	0.97	1.10	0.45	0.71
安徽	4.01	5.25	1.75	1.47	2.42	2.23	5.59	3.06
江西	3.94	5.01	1.51	1.95	1.59	1.34	4.38	2.18
河南	10.77	7.12	2.98	2.84	1.44	2.03	1.77	2.34
湖北	3.43	8.17	1.42	2.19	2.25	3.98	4.71	4.19
湖南	3.81	6.57	2.32	1.83	1.21	1.62	12.14	7.27
中部	6.11	6.20	2.06	2.02	1.60	2.19	4.05	3.53

资料来源:中国统计出版社出版的《中国统计年鉴 2006》《中国统计年鉴 2015》《山西统计年鉴
2006》《山西统计年鉴 2015》《安徽统计年鉴 2006》《安徽统计年鉴 2015》《江西统计年鉴
2006》《江西统计年鉴 2015》《河南统计年鉴 2006》《河南统计年鉴 2015》《湖北统计年鉴
2006》《湖北统计年鉴 2015》《湖南统计年鉴 2006》《湖南统计年鉴 2015》。

(二)纺织、服装和皮革、毛皮制品业

纺织、服装和皮革、毛皮制品业是我国参与国际分工的主导产业,但这些
产业主要集中在东部地区。如表 9-8 所示,2014 年,中部地区纺织业,纺织、
服装服饰制造业,皮革、毛皮、羽毛及制鞋业占工业增加值的比重分别为
3.01%、1.84%、1.24%。从整体上看,这三个产业在中部地区不具有优势,但
从中部地区各省的情况看,湖北的纺织业,江西的纺织、服装服饰制造业还是
具有相当优势的,2014 年,这两个产业分别占本省工业增加值的 4.94% 和
4.31%。更重要的是,在 2005—2014 年,这三个产业所占比重都有一定幅度
提高,意味着在中部地区加速推进工业化过程中,这三个产业的增长幅度
更高。

这一时期纺织、服装和皮革、毛皮等制造业的快速增长,在很大程度上得
益于东部地区的产业转移。从长远看,这些产业中的劳动密集型环节必然向
国外劳动力价格更便宜的国家转移,但近期这种转移不可能大规模发生,东部
地区还会进一步把这些产业向中部地区转移。尽管这些产业不可能成长为中
部地区具有优势的产业,但对于吸收当地农村剩余劳动力就近转移具有重要
意义。因此,中部地区,特别是劳动力资源丰富的省份,依然要发展这些劳动
密集型产业。

表 9-8　2005、2014 年中部地区纺织业等三个产业占工业增加值比重

单位:%

地区	纺织业		纺织、服装服饰制造业		皮革、毛皮、羽毛及制鞋业	
	2005 年	2014 年	2005 年	2014 年	2005 年	2014 年
山西	0.42	0.17	0.08	0.01	0	0
安徽	3.10	2.30	0.68	2.52	0.75	0.98
江西	4.07	3.54	2.99	4.31	0.66	2.24
河南	3.18	3.70	1.57	1.38	1.35	2.04
湖北	4.58	4.94	1.61	2.18	0.13	0.38
湖南	2.32	1.57	0.42	0.75	1.12	1.07
中部	2.93	3.01	1.21	1.84	0.79	1.24

资料来源:中国统计出版社出版的《中国统计年鉴 2006》《中国统计年鉴 2015》《山西统计年鉴 2006》《山西统计年鉴 2015》《安徽统计年鉴 2006》《安徽统计年鉴 2015》《江西统计年鉴 2006》《江西统计年鉴 2015》《河南统计年鉴 2006》《河南统计年鉴 2015》《湖北统计年鉴 2006》《湖北统计年鉴 2015》《湖南统计年鉴 2006》《湖南统计年鉴 2015》。

(三)轿车、家电等耐用消费轻工业

改革开放以来,我国以家用电器为代表的耐用消费品工业发展迅速。目前,我国不仅是家用电器生产大国,而且是出口大国。从整体上看,中部地区的家用电器不具有优势,但从产品生产上看,中部地区的家用电冰箱是其中最具优势的产品,2014 年,家用电冰箱生产总量达 3451.8 万台,占全国的39.24%,洗衣机和空调产量分别占全国的 23.74%和 28.66%。从中部地区各省的情况看,安徽省的家用电器具有明显的优势,其实,除湖北省生产的空调外,中部地区具有优势的三种产品中主要集中在安徽省。2014 年,安徽省电冰箱、空调、洗衣机的产量分别为 2765.8 万台、2703.0 万台和 1528.7 万台,分别占全国产量的31.44%、18.69%、21.49%。

轿车是 21 世纪以来我国家庭需求增长最快的外用消费品。目前,在城镇已有较高的普及率,但在农村的发展潜力还很大。2014 年,轿车产量已达1248.3 万辆,但中部地区的轿车生产在全国的份额较低,只有 11.25%,主要集中在湖北。我国的家用电器和轿车工业,未来还有增长空间,但高速增长阶段已经结束,意味着中部地区很难从整体上推进这些产业高速发展。

四、装备制造业

装备制造业代表着一个国家或者地区的工业化水平,中部地区的装备制

造业原有基础薄弱。如表 8-6 和表 8-7 所示,2005 年,中部地区装备制造业仅占工业增加值的17.13%,但在 2005—2014 年增长很快,明显高于中部地区工业增长的平均水平,从而使其占工业增加值的比重迅速增加到 26.27%,显示出中部地区在工业高速增长中装备工业具有的竞争优势。从中部地区各省的情况看,山西省的装备制造业占比最低,仅为 8.51%,而安徽、湖北、湖南的装备制造业占比较高,分别为 33.83%、31.29%和 30.35%。

虽然从整体上看,中部地区的装备制造业目前还不具有比较优势,但细分到行业,并从各省份看,部分省份在部分行业中还是具有非常明显的优势。安徽省的电气机械和器材制造业就非常突出,2014 年,该产业增加值高达 1029.50亿元,占安徽工业增加值的 11.11%。安徽省的通用设备制造业、汽车制造业也具有一定的优势,2014 年,两个产业占本省增加值的比重分别为 5.12%、5.05%。江西省的电气机械和器材制造业也具有一定的发展优势,2005—2014 年平均增长率高达 34.31%,2014 年,该产业占工业增加值达 6.47%。计算机、通讯及其他电子设备制造业也是江西省增长较快的工业,2005—2014年的增长率达39.97%。湖南省的装备制造业在 2005—2014 年增长最快,高达30.61%,其中专用设备制造是规模最大的工业部门,2014 年,该产业占工业增加值的 7.45%,而铁路设备制造业又是最有影响的装备制造业。湖北装备制造业最具优势的产业是汽车制造业,依托"二汽"生产的卡车在全国具有重要的地位,2014 年,汽车制造业产量占全国的 8.82%。

装备制造业在较长时期内仍然是我国增长最快的工业部门,中部地区的装备工业目前属于发展的初中期阶段,各省要依托现有优势产业,并积极培育新的优势产业,保持现有的快速增长态势,力争成为未来工业增长的主导产业。

第四节　促进中部地区工业又快又好发展

在促进中部地区工业又快又好发展中,既要充分发挥优势,也要借助外力。中部地区要充分发挥区位、劳动力等优势,积极吸引外资和促进东部地区产业转移,实现工业的快速增长,比如,同时要积极参与《中国制造 2025》发展规划,大力发展战略性新兴产业,促进工业结构升级和提高工业发展质量。

1. 推进优势制造业提质升级

中部地区在工业化推进过程中,已经形成了一批具有竞争优势的制造业。这些制造业是中部地区的经济基础和工业基础,但在我国政府致力于推进由制造业大国向制造业强国转型的过程中,必须推进现有的优势制造业提质升级。中部地区要选择制造业实力较强的中心城市建设一批制造业创新中心和工业设计中心。提高现有企业的创新能力和技术水平，以龙头企业为骨干，打造具有全球竞争力的精品原材料产业基地。全面提升食品加工、家电、纺织服装、汽车、工程机械、建材等行业的设计、制造、工艺和管理水平。在优势行业中，选择市场占有率较高、技术和管理水平先进且在国内外具有一定影响的企业，实施品牌升级工程，努力打造一批国际知名品牌。中部地区各省要对传统制造业进行全面的绿色改造，大力推广绿色工艺和技术装备，对重点耗能行业加大节能减排治理力度，依法淘汰未达到强制性能耗限额标准的落后产能。

2. 大力发展战略性新兴产业

按照《促进中部地区崛起的"十三五"规划》(以下简称《规划》)，中部地区要支持新一代信息技术、生物技术、绿色低碳、高端制造等领域的产业发展壮大。做大做强光电子通信、卫星导航、新能源汽车、新一代航空航天装备、机器人装备、先进轨道交通、生物医药、新材料、节能环保等产业，支持人工智能、基因测序、3D打印、无人机、石墨烯利用等技术产业化，推进智能交通、精准医疗、高效储能与分布式能源系统、智能材料、虚拟现实与互动影视等新兴前沿领域创新和应用，形成一批新增长点，推动战略性新兴产业快速发展，力争到2020年战略性新兴产业增加值占中部地区生产总值比重达到15%左右。

中部地区各省及主要制造业城市，在发展战略性新兴产业中，不能对《规划》中确立的战略性新兴产业照单全收，而是要根据本地区的产业基础、科研能力和技术实力，科学规划本地区重点发展的战略性新兴产业。

3. 积极促进产业集群化发展

产业集群化发展是浙江等发达地区产业空间布局的成功经验。中部地区要把城市化和制造业布局调整结合起来，按照产业集群化布局要求，把各地区的优势制造业以集群化形式集中布局，推动产业集聚向产业集群转型升级。在产业集群的空间布局中，要依托主要经济发展轴带和重点经济区，以发展具有前沿技术和核心竞争力的行业为方向，以龙头企业为引领，以产业链条为纽带，构建一批专业特色鲜明、品牌形象突出、服务平台完备的现代产业集群。中部地区要把长江沿线和京广铁路沿线地区打造成具有重要影响力的先进制造业走廊，大力推进武汉城市圈、长株潭城市群、中原城市群等重点区域战略性新兴产业发展。

中部地区要在战略性新兴产业和先进制造业的发展中，建设若干个产业集群或生产基地，具体如下：在武汉、南昌等地建设光电子产业集群；在合肥、芜湖、武汉建设平板显示产业集群；在武汉、合肥建设存储器产业集群；在郑州建设智能终端产业集群；在郑州、合肥、芜湖、武汉、南昌、长沙建设新能源汽车生产基地;在株洲、湘潭、郑州、洛阳、太原、大同、合肥、马鞍山建设高速重载轨道交通装备制造业集群;在南昌、景德镇建设国家航空产业基地;在武汉建设国家航天产业基地;在郑州、长沙、信阳建设北斗导航产业基地;在长株潭、武汉、赣州、鹰潭、洛阳、安庆等地建设新材料产业基地;在武汉、长沙、郑州、南昌、新乡、长治等地建设生物医药基地。

4.积极承接产业转移

东部地区在制造业快速发展过程中,积极承接产业转移。但是,按照中央制定的区域经济发展战略和各地区发展规划,东部地区作为我国发达地区,发展重点将由产品的制造向产品的创新转型。东部地区这种发展重点的转移,意味着东部地区在实现产业结构、产品结构升级中,将把已经丧失比较优势的产业向外转移,而且要素价格的迅速上升,也使东部地区在吸引劳动密集型的外商投资中不具有优势。受环境制约和资源制约,东部地区的能源密集型产业和资源密集型产业也要向外转移。根据前面的研究,中部地区具有接受东部地区产业的综合优势,但同时应当认识到,制约产业转移的因素仍然存在。只有中部地区各省从战略高度认识接受东部地区产业转移对本省经济发展的意义,才能积极创造条件,对这些产业形成较大的拉力。在东部地区不具有发展一般制造业优势的背景下,中部地区承接东部地区的制造业,对于维持我国在全球制造业中的地位极为重要。

第十章　中部地区农业现代化与乡村振兴

第一节　中部地区农业发展取得的主要成就

一、农林牧渔业总产值持续增长

在耕地资源,特别是优质耕地资源在城市化和工业化中不断被占用的背景下,中部地区农业依靠技术进步使粮油等主要农产品产量获得大幅度增长,对于确保我国粮食安全起到重要作用。与此同时,肉、蛋、水果和蔬菜等产品产量获得更高的增长速度,基本满足了城乡居民生活水平提高对农产品的需要。

(一)农业总产值增长

我国政府始终把农业发展放在首位,以满足人口增长、人民群众生活水平提高和经济发展对农产品的需求。在我国复杂的地理环境综合作用下,以及各地区人民长期经营下,形成了耕地资源、林地资源、草原和水域资源,为发展种植业、林业、畜牧业和渔业提供了资源条件。中部地区自古以来就是我国重要农产品的主要产区之一,在维持我国农产品供给中发挥重要作用。由表10-1可以看出,中部地区各省在1949年后农业总产值都获得较快增长,按照现价计算,在1952—1978年,农林牧渔业总产值平均增长率为4.82%,改革开放后,增长率明显快于改革开放前,按照现价计算,农林牧渔业总产值的增长率高达12.31%。中部地区与全国相比,改革开放之前中部地区的增长率较高,改革开放之后略低于全国均值,但在1952—2014年中部地区的增长率高于全国的均值。

表 10-1　1952—2014 年主要年份全国和中部地区农林牧渔业总产值及增长率

地区	1952 年/亿元	1978 年/亿元	2000 年/亿元	2014 年/亿元	1952—1978 年/%	1978—2014 年/%	1952—2014 年/%
全国	491.00	1397.00	24915.80	102226.10	4.10	12.66	8.99
山西	12.24	29.01	322.35	1530.48	3.37	11.64	8.10
安徽	22.17	71.07	1219.96	4223.73	4.58	12.02	8.84
江西	15.35	49.29	760.27	2726.54	4.59	11.79	7.83
河南	27.74	95.38	1981.54	7549.11	4.86	12.91	9.46
湖北	16.59	84.46	1125.64	5452.80	6.81	12.00	9.79
湖南	26.57	81.37	1251.89	5304.82	4.40	12.30	8.92
中部	120.66	410.58	6661.65	26787.48	4.82	12.31	9.10

资料来源:中国统计出版社 1999 年出版的《新中国五十年统计资料汇编》;中国统计出版社出版的《中国统计年鉴 2015》《山西统计年鉴 2015》《安徽统计年鉴 2015》《江西统计年鉴 2015》《河南统计年鉴 2015》《湖北统计年鉴 2015》《湖南统计年鉴 2015》。

（二）种植业总产值增长

狭义的农业就是指种植业,在整个农业中居于核心地位,种植业和其他农业产业的区别是,种植业的载体是耕地资源。中部地区耕地资源总量丰富,而且质量较高,因而种植业在全国居于突出地位。由表 10-2 可以看出,中部地区种植业在1952—1978年,平均增长率为4.85%,明显高于全国均值,对于

表 10-2　1952—2014 年主要年份全国和中部地区农业总产值及增长率

地区	1952 年/亿元	1978 年/亿元	2000 年/亿元	2014 年/亿元	1952—1978 年/%	1978—2014 年/%	1952—2014 年/%
全国	395.95	1117.50	13873.6	54771.50	4.07	11.42	8.27
山西	11.28	23.97	218.33	984.03	2.94	10.87	7.47
安徽	19.82	59.45	675.27	2119.21	4.31	10.44	7.82
江西	11.33	36.46	387.27	1144.08	4.60	10.05	7.73
河南	24.51	81.74	1264.29	4491.95	4.74	11.77	8.77
湖北	12.08	70.81	615.74	2761.70	7.03	10.71	9.15
湖南	18.72	62.72	633.84	2884.73	4.76	11.22	8.46
中部	97.74	335.15	3794.74	14385.70	4.85	11.01	8.38

资料来源:中国统计出版社 1999 年出版的《新中国五十年统计资料汇编》;中国统计出版社出版的《中国统计年鉴 2015》《山西统计年鉴 2015》《安徽统计年鉴 2015》《江西统计年鉴 2015》《河南统计年鉴 2015》《湖北统计年鉴 2015》《湖南统计年鉴 2015》。

保障我国当时主要农产品供给发挥重要作用。改革开放后,中部地区种植业增长率明显加快,在 1978—2014 年,增长率高达 11.01%,但增长率略低于全国的均值。从整个 1952—2014 年看,中部地区种植业的增长率达 8.38%,略高于全国 8.27%的平均值。

(三)林业总产值增长

中部地区林业资源丰富,2013 年,林地为 4332.1 万公顷,占全国的17.11%。虽然林地占全国的比重较低,但林业产出占全国比重相对较高,1952 年,林业总产值占全国的 51.10%,1978 年占比为 43.83%,2014 年占比为 29.84%,表明中部地区林地的产出效率较高。如表 10-3 所示,1949 年后,林业得到较快增长,在 1952—2014 年,平均增长率为 9.86%。分阶段看,改革开放前的 1952—1978 年增长率为 6.89%,而改革开放后,增长率明显提高,在 1978—2014 年增长率提高到 12.06%。但与全国相比,各个阶段的增长率都相对较低,因此占全国比重持续下降。

表 10-3　1952—2014 年主要年份全国和中部地区林业总产值及增长率

地区	1952 年/亿元	1978 年/亿元	2000 年/亿元	2014 年/亿元	1952—1978 年/%	1978—2014 年/%	1952—2014 年/%
全国	7.28	48.10	936.50	4256.00	7.53	13.26	10.82
山西	0.11	1.74	12.73	98.47	11.20	11.86	11.59
安徽	0.03	1.14	64.02	283.07	15.02	16.55	15.91
江西	2.29	5.87	51.11	274.18	3.69	11.27	8.02
河南	0.03	2.58	56.18	152.40	19.68	11.99	14.76
湖北	0.79	6.63	40.24	157.00	8.53	9.19	8.91
湖南	0.47	3.12	51.01	304.81	7.55	9.38	11.01
中部	3.72	21.08	275.29	1269.93	6.89	12.06	9.86

资料来源:中国统计出版社 1999 年出版的《新中国五十年统计资料汇编》;中国统计出版社出版的《中国统计年鉴 2015》《山西统计年鉴 2015》《安徽统计年鉴 2015》《江西统计年鉴 2015》《河南统计年鉴 2015》《湖北统计年鉴 2015》《湖南统计年鉴 2015》。

(四)畜牧业总产值增长

畜牧业分牧区畜牧业和舍饲畜牧业,从整体上看,中部地区的畜牧业以舍饲为主。畜牧业发展既是对资源的充分合理利用,又是人民生活水平提高的需要。如表 10-4 所示,1949 年后,包括中部地区在内的全国牧业产值的增长率高达 10.74%,明显高于农林牧渔业总产值的增长率。中部地区的牧业增长,在改革开放之前的增长率为6.01％,高于全国5.52％的平均值,改革开放之后的增长率略低于全国的均值,但在整个1952—2014年,中部地区牧业的增长率又略高于全国的均值。

表 10-4 1952—2014 年全国和中部地区牧业总产值及增长率

地区	1952 年/亿元	1978 年/亿元	2000 年/亿元	2014 年/亿元	1952—1978年/％	1978—2014年/％	1952—2014年/％
全国	51.72	209.30	7393.10	28956.30	5.52	14.67	10.74
山西	0.85	3.29	89.67	354.57	5.34	13.88	10.22
安徽	2.18	10.07	349.38	1182.07	6.06	14.15	10.69
江西	1.63	6.30	221.80	814.88	5.34	14.46	10.54
河南	3.16	10.87	641.56	2505.20	4.86	16.31	11.37
湖北	1.48	13.46	338.17	1427.60	8.86	13.83	11.72
湖南	3.11	12.55	486.13	1503.21	5.51	14.22	10.48
中部	12.41	56.54	2126.71	7787.53	6.01	14.62	10.94

资料来源:中国统计出版社 1999 年出版的《新中国五十年统计资料汇编》;中国统计出版社出版的《中国统计年鉴 2015》《山西统计年鉴 2015》《安徽统计年鉴 2015》《江西统计年鉴 2015》《河南统计年鉴 2015》《湖北统计年鉴 2015》《湖南统计年鉴 2015》。

(五)渔业增长率

中部地区地处我国内陆,渔业的发展基本是淡水养殖。在中部六省中,安徽、江西、湖北、湖南都有大量的适合发展渔业的水域资源,为渔业发展奠定了基础。如表 10-5 所示,1949 年以来,中部地区的渔业产值相对于其他农业部门而言增长最快,在 1952—1978 年,增长率为 7.17％,在 1978—2014 年,增长率进一步提高到 19.88％。与全国平均增长率相比,无论在改革开放之前,还是在改革开放之后,中部地区的增长率都比较高,因此在 1952—2014 年中部地区渔业的增长率也高于全国的均值。

表 10-5 1952—2014 年全国和中部地区渔业总产值及增长率

地区	1952 年/亿元	1978 年/亿元	2000 年/亿元	2014 年/亿元	1952—1978 年/％	1978—2014 年/％
全国	6.05	22.10	2712.60	10334.30	5.11	18.62
山西	—	—	1.63	9.82	10.43	22.49
安徽	0.13	0.41	131.28	459.70	4.52	21.54
江西	0.10	0.64	100.09	400.65	7.40	19.58
河南	0.04	0.19	19.51	105.10	6.17	19.18

地区	1952年 /亿元	1978年 /亿元	2000年 /亿元	2014年 /亿元	1952— 1978年/%	1978— 2014年/%
湖北	0.18	1.20	130.89	844.20	11.55	19.97
湖南	0.07	0.70	80.91	338.85	9.26	18.73
中部	0.52	3.15	464.31	2158.32	7.17	19.88

说明：山西省1952年渔业产值为5万元,1978年渔业产值为66万元。

资料来源：中国统计出版社1999年出版的《新中国五十年统计资料汇编》；中国统计出版社出版的
《中国统计年鉴2015》《山西统计年鉴2015》《安徽统计年鉴2015》《江西统计年鉴2015》
《河南统计年鉴2015》《湖北统计年鉴2015》《湖南统计年鉴2015》。

二、主要农产品产量大幅度增加

1949年后,特别是改革开放以来,在我国政府不断进行政策调整和支持下,中部地区农业生产取得巨大进步,各种农产品产量都有大幅度增长。不仅基本满足了本区城乡居民生活水平不断提高的需要,而且其优势产品的大幅度增长,对稳定全国市场甚至出口都起到重要作用。

(一)粮油产量持续增长

1949年后,在粮食播种面积并未增加的情况下,由于水利设施的兴建、化肥的使用、品种的改善,中部地区各省的粮食产量大幅度增加。如表10-6所示,1952年中部地区粮食总产量为4637.1万吨,1978年增加到9226.7万吨,2015年进一步增加到18719.7万吨。在1952—2015这63年中,中部地区粮食总产量增长了3.04倍,高于全国的2.79倍的平均水平。从各省看,河南省的粮食产量增长速度最大,63年间增长了5.02倍,而山西省只增长了2.28倍,明显低于全国平均水平。从中部地区粮食产量占全国比重看,在所选择的这些主要年份中,最低是1957年的27.36%,最高是2005年的30.53%,期间表现出较大的变动幅度。这种变动主要来自两个方面:一是自然灾害,和工业相比,农业生产的波动在很大程度上受到自然灾害的影响;二是种植业结构调整,主要受各种种植业产品价格变动的影响。所以在市场经济条件下和农业仍然不能完全抵御自然灾害的前提下,不仅是粮食产量,其他农产品产量也会出现波动。但总体而言,中部地区的粮食产量相对高于人口所占比重,因此是我国重要的粮食输出地区。

表 10-6　1952—2015 年主要年份全国和中部地区粮食产量及其占全国的比重

地区	1952 年/万吨	1957 年/万吨	1962 年/万吨	1970 年/万吨	1978 年/万吨	1990 年/万吨	1995 年/万吨	2005 年/万吨	2015 年/万吨
全国	16392.0	19505.0	16000.0	23996.0	30477.0	44624.4	46662.0	48402.2	62143.9
山西	384.0	356.7	337.2	518.5	707.0	969.0	917.1	978.0	1259.6
安徽	891.4	1027.0	670.7	1263.8	1483.0	2457.2	2652.7	2605.3	3538.1
江西	575.1	654.6	606.3	985.5	1125.7	1658.2	1607.4	1757.0	2148.7
河南	1007.0	1180.0	903.0	1555.5	2097.4	3303.7	3466.5	4582.0	6067.1
湖北	747.5	986.1	960.4	1268.6	1725.7	2475.0	2463.8	2177.4	2703.3
湖南	1032.1	1132.4	1024.5	1481.3	2087.9	2651.4	2752.1	2678.6	3002.9
中部	4637.1	5336.8	4502.1	7073.2	9226.7	13514.5	13859.6	14778.3	18719.7
中部占全国比重/%	28.28	27.36	28.14	29.48	30.27	30.28	29.70	30.53	30.12

资料来源:中国统计出版社 1999 年出版的《新中国五十年统计资料汇编》;中国统计出版社出版的《中国统计年鉴 2006》《中国统计年鉴 2016》。

1949 年后,中部地区油料作物产量和全国一样,在改革开放前发生较大波动,而后则持续快速增长。改革开放前,在种植业中优先保证粮食和棉花的种植面积和产量,特别是在"三年困难时期",产量还不到 20 世纪 50 年代初期的一半,一直到 1978 年油料作物产量才恢复到 1952 年的水平。改革开放后,中部地区油料作物种植的优势逐步得到体现,产量增幅明显高于全国平均水平,从而使中部地区的产量占全国比重大幅度增长。由表 10-7 所示,1952 年,中部地区油料产量为 118.3 万吨,1962 年降为 52.0 万吨,1978 年恢复到 117.9万吨,2005 年达到 1252.6 万吨,2015 年进一步增长到 1549.4 万吨,2015 年是 1978 年的 13.21 倍。自 1995 年以来,中部地区的产量占全国的比重一直高于 40%,表明中部地区油料作物在全国食用油供给中占有重要地位。

表 10-7　1952—2015 年主要年份全国和中部地区油料作物产量及其占全国的比重

地区	1952 年/万吨	1957 年/万吨	1962 年/万吨	1970 年/万吨	1978 年/万吨	1990 年/万吨	1995 年/万吨	2005 年/万吨	2015 年/万吨
全国	419.3	419.6	200.3	377.2	521.8	1613.2	2250.3	3077.1	3537.0
山西	6.7	4.8	2.3	4.9	4.2	39.4	22.2	21.3	15.3
安徽	25.6	26.3	7.5	15.3	32.6	129.1	191.8	270.7	227.9
江西	17.5	13.9	7.8	12.0	13.5	54.9	103.6	76.1	124.0
河南	33.5	31.7	9.7	14.9	24.2	152.3	298.0	449.6	599.7
湖北	22.3	25.3	18.3	14.9	23.7	95.8	189.4	293.9	339.6

地区	1952 年/万吨	1957 年/万吨	1962 年/万吨	1970 年/万吨	1978 年/万吨	1990 年/万吨	1995 年/万吨	2005 年/万吨	2015 年/万吨
湖南	12.7	10.0	6.4	11.3	19.7	72.2	112.0	141.0	242.9
中部	118.3	112.0	52.0	73.2	117.9	543.7	917.0	1252.6	1549.4
中部占全国比重/%	28.21	26.69	25.96	19.40	22.59	33.70	40.75	40.71	43.81

资料来源:中国统计出版社 1999 年出版的《新中国五十年统计资料汇编》;中国统计出版社出版的《中国统计年鉴 2006》《中国统计年鉴 2016》。

(二)棉花产量波动较大

棉花和粮食一样,在相当长时期内都是我国最重要的农产品,而中部地区也是我国最重要的棉花生产地区。由表 10-8 所示,1952 年,中部地区棉花总产量为 42.3 万吨,1978 年增加到 88.6 万吨,最高时的 1995 年增加到 209.1 万吨。在 1952—1995 年这 43 年间,棉花总产量增长了 3.94 倍,高于同期全国 2.66 倍的平均水平。在 1952—1995 年,中部地区的棉花生产一直占有重要地位,1995 年,产量占全国的比重达到 43.85%,为历史最高水平。随后,由于新疆棉花种植异军突起,1998 年,产量占全国的 31.19%,2005 年,产量占全国的 32.80%,2015 年,产量占全国的比重则高达 62.52%,中部地区棉花产量占全国的比重由 1995 年的 43.85%下降到 2005 年的 30.88%,到 2015 年进一步下降到 16.63%。从各省看,山西和河南的下降幅度最大,安徽、江西则相对稳定。

表 10-8　1952—2015 年主要年份全国和中部地区棉花产量及其占全国的比重

地区	1952 年/万吨	1957 年/万吨	1962 年/万吨	1970 年/万吨	1978 年/万吨	1990 年/万吨	1995 年/万吨	2005 年/万吨	2015 年/万吨
全国	130.4	164.0	75.0	227.7	216.7	450.8	476.8	571.4	560.3
山西	9.2	9.9	4.7	8.6	6.9	11.1	9.1	10.3	1.4
安徽	3.6	4.6	1.9	12.0	11.5	23.6	30.1	32.5	23.4
江西	1.4	2.6	1.1	3.9	3.5	5.7	11.9	8.7	11.5
河南	13.2	17.7	4.0	28.3	22.4	67.6	77.0	67.7	12.6
湖北	12.2	21.0	14.2	29.6	36.7	51.7	58.6	37.5	29.8
湖南	2.7	2.2	1.9	6.6	7.6	12.0	22.4	19.8	14.5
中部	42.3	58.0	27.8	89.0	88.6	171.7	209.1	176.5	93.2
中部占全国比重/%	32.21	35.36	37.07	39.08	40.88	38.08	43.85	30.88	16.63

资料来源:中国统计出版社 1999 年出版的《新中国五十年统计资料汇编》;中国统计出版社出版的《中国统计年鉴 2006》《中国统计年鉴 2016》。

（三）其他重要农产品增长迅速

除粮棉油这三大农作物外，其他农产品获得更快的增长。1949 年后，尤其是改革开放以来，国家给予农民更多的利用农业资源的权力。在政策支持下，不仅耕地资源得到更为科学、合理的开发利用，水面和山地资源也得到充分的利用，同时利用农业资源提供的饲草、饲料大力发展畜牧业，从而使水果、糖料、水产品、猪牛羊肉等农牧产品大幅度增长。在 1978—2005 年，水果由 114.7 万吨增长到 4279.9 万吨，年增长率为 14.34%；肉类由 297.9 万吨增长到 2246.4 万吨，年增长率为 8.78%；水产品由 40.4 万吨增长到 909.3 万吨，年增长率为 13.85%。到 2015 年，水果产量进一步增长到 7148.2 万吨；肉类增加到 2556.0 万吨；水产品增长到 1317.5 万吨。此外，蔬菜、家禽等农牧产品也得到较快增长。这些农产品除满足本地区城乡居民生活需要外，还向东部地区输出。

第二节　中部地区农业发展的基本条件

一、耕地资源

中部地区发展农业的资源条件较好，我国高质量耕地资源主要集中在中部地区，而且大多数地区的水资源供给也较为丰富。在国家政策持续支持下，农业生产的技术条件改善，农业机械化水平大幅度提高，为中部地区农业持续发展提供了良好的基础。

（一）人均耕地资源较低

我国农业发展，特别是种植业发展面临的最大挑战是人均耕地少，而中部地区作为我国主要粮食输出地区，人均耕地资源低于全国平均水平。如表 10-9 所示，我国人均耕地 0.10 公顷，而中部地区只有 0.08 公顷。特别是作为粮食输出地的安徽、江西、河南、湖北、湖南五省的人均耕地都低于全国平均水平，湖南和江西的人均耕地分别只有全国的 60% 和 70%。耕地资源将成为限制中部地区种植业进一步发展的最主要制约因素。

表 10-9　2015 年全国和中部地区耕地情况

地区	耕地面积/万公顷	占全国比重/％	人均耕面积/公顷
全国	13499.87	100.00	0.10
山西	405.88	3.01	0.11
安徽	587.09	4.34	0.09
江西	308.27	2.28	0.07
河南	810.59	6.00	0.09
湖北	525.50	3.89	0.08
湖南	415.02	3.07	0.06
中部	3052.35	22.59	0.08

资料来源:国家统计局.中国统计年鉴 2016[M].北京:中国统计出版社,2016.

（二）耕地质量较高

中部地区耕地面积仅占全国的 22.59％,但主要种植物产量占全国较高水平,这主要得益于中部地区耕地质量较高。如表 10-10 所示,中部地区和其他三个地区相比,耕地质量最好,在所评定的耕地面积中,中部地区的平均质量等级为 7.98,而东部地区为 8.19,西部和东北地区的耕地平均质量等级仅为 11.33 和 11.25。根据国土资源部公布的《2015 年全国耕地质量等别更新评价主要数据成果》可以计算出,中部地区在我国高等级耕地质量中占有突出地位,其中一级耕地面积占全国的 98.19％、二级耕地面积占 87.72％、三级耕地占 79.04％、四级耕地占 71.72％、五级耕地占 54.58％。

表 10-10　2015 年东部、中部、西部、东北地区耕地质量比较

地区	评定面积/万公顷	平均质量等级	主要等级	
			主要等级区间	占评定面积比重/％
东部地区	2635.29	8.19	6～10	73.83
中部地区	3064.33	7.98	6～10	65.85
西部地区	5017.23	11.33	10～14	69.10
东北地区	2792.92	11.25	6～14	78.04

资料来源:国土资源部.2015 年全国耕地质量等别更新评价主要数据成果[EB/OL].(2017-01-17).http://www.g.mlr.gov.cn/201702/t20170224-1440924.html.

二、水资源

水是一切生命之源泉。对于农业生产来讲也不例外,而且农业是我国水资源的最大用户。如表 10-11 所示,2015 年,我国总用水量为 6103.2 亿米^3,

农业用水量为 3851.3 亿米³，占全部用水量的 63.1%。我国是世界上的水资源大国之一，据水利部门估算，我国河川径流总量为 27115 亿米³，地下水资源 8288 亿米³，扣除地下水与地表水的重复计算，水资源总量约为 28254.9 亿米³。与世界其他水资源大国相比，次于巴西、俄罗斯、加拿大、美国和印度尼西亚，居第六位。但我国人口数量多，耕地面积大，人均和耕地亩均水资源量分别为世界平均水平的四分之一和四分之三。

表 10-11　2015 年全国和中部地区水资源及其在农业方面的利用情况

地区	水资源总量/亿米³	总用水量/亿米³	用水率/%	农业用水量/亿米³	每公顷用水量/米³
全国	27962.6	6103.2	21.8	3851.3	2852.6
山西	94.0	73.6	78.3	45.1	1111.2
安徽	914.1	288.7	31.5	157.5	2682.7
江西	2001.2	243.8	12.1	154.1	4998.8
河南	287.2	222.8	77.3	125.9	1553.2
湖北	1015.6	301.3	29.6	158.1	3008.5
湖南	1919.3	330.4	17.2	195.2	4698.8
中部	6231.4	1460.6	23.4	835.9	2738.6
中部占全国比重/%	22.3	23.9	107.3	21.7	96.2

资料来源：国家统计局. 中国统计年鉴 2016[M]. 北京：中国统计出版社，2016.

　　如表 10-11 所示，中部地区的水资源总量为 6231.4 亿米³，占全国的 22.3%。由于耕地总量占全国的 22.59%，因此水资源和耕地占全国比重基本相当。但水资源的地区分布也很不均衡，山西和河南的水资源严重短缺，2015 年，河南、山西两省的人均水资源分别为全国平均水平的 14.9% 和 12.6%；单位面积水资源分别为全国的 17.1% 和 11.2%。从当时的水资源利用率来看，整体水资源利用率略高于全国平均水平，但各省的差异很大。湖南、江西这两个水资源大省的利用率明显低于全国的平均水平，其他各省水资源利用率都高于全国平均水平，尤其是山西、河南两省的水资源利用率竟分别高达 78.3% 和 77.3%。由于中部地区工业化和城市化水平都还比较低，尚未利用的水资源今后将主要满足工业化和城市化的需求，因此中部地区绝大多数省份今后的农业用水，在很大程度上将受到水资源约束。

三、农业生产的技术条件

（一）农业生产的技术条件明显改善

在土地资源数量未发生变化的情况下，农产品产量显著增加的根本原因在于,农业生产的技术条件明显改善。大规模水库建设、引水渠道建设,以及其他灌溉设施的修建,在很大程度上改变了农业生产"靠天吃饭"的低水平发展状况。截至2014年,中部地区共修建水库40545座,占全国97735座的41.48%;水库总库容达2865亿米³,占全国的34.12%;除涝面积653.8万公顷,占全国的29.23%。由此可见,水库的修建,不仅为农业灌溉提供了水源,而且能够有效防止洪水对农业生产造成的破坏。水库建设和遍布各地的机井大幅度增加了灌溉面积,如表10-12所示,中部地区的有效灌溉面积由1952年的558.28万公顷增加到2005年的1587.00万公顷。水灌设施的修建,不仅提高了灌溉能力,同时也增强了排涝能力,2005年,中部地区排涝面积622.02万公顷,对确保农业生产发挥了重要作用。化肥的使用是增加农产品产量的主要手段之一,中部六省1952年农业的化肥使用量只有0.48万吨,1978年提高到458.3万吨,2015年进一步提高到1897.3万吨。

在1952—1978年,农业技术进步较快,农机总动力、灌溉面积、化肥使用量年均增长率分别达35.96%、3.64%和30.19%。当然,在此期间农业技术进步较快的一个重要原因是,中华人民共和国成立初期我国农业技术水平较低,多数地区农业还是沿袭传统的生产方式。改革开放后,农业取得的巨大成就,在初始阶段主要依赖制度变革,但整体来讲还是主要依赖技术进步。在1978—2015年,农机总动力、灌溉面积、化肥使用量年均增长率分别达5.17%、0.81%和3.91%。进步还包括广泛使用新品种,中部地区各省已经为农业的发展培养了大批农业科技人员和农业技术推广队伍,通过研究、培育、引进和推广,不断提高品种改良和新品种使用,对农业增产和农民增收做出了重要贡献。

表10-12　1952—2015年主要年份中部地区主要农业技术取得的进步

项目	1952年	1978年	2005年	2015年	1952—1978 年增长率/%	1978—2015 年增长率/%
农机总动力 /万千瓦	0.82	3285.50	21235.30	34265.80	35.96	5.17
灌溉面积 /万公顷	558.28	1414.30	1587.00	1911.13	3.64	0.81
化肥使用量/万吨	0.48	458.30	1524.60	1897.30	30.19	3.91

资料来源:中国统计出版社1999年出版的《新中国五十年统计资料汇编》;中国统计出版社出版的《中国统计年鉴2006》《中国统计年鉴2016》。

（二）农业生产的技术水平

以上分析表明，中部地区农业生产的技术条件得到明显改善，技术进步已经成为农业产出水平继续提高的主要推动因素。表 10-13 列出部分农业生产的技术条件，中部地区农药使用量达到 620009 吨，有效灌溉面积占农作物播种面积的比率已达到 38.69%，每公顷农机总动力达 6.93 千瓦，每公顷化肥施用量为 0.39 吨，每公顷水库供水量为 5829 米³，地膜覆盖面积 333.00 万公顷。

表 10-13　2014 年全国和中部地区农业生产的技术条件

地区	农药使用量/吨	灌溉面积比率/%	农机动力/千瓦·公顷⁻¹	化肥施用量/吨·公顷⁻¹	水库供水量/米³·公顷⁻¹	地膜覆盖面积/万公顷
全国	1806919	39.59	6.71	0.36	5157	1814.03
山西	31029	38.76	8.89	0.31	1836	58.51
安徽	113974	49.16	7.35	0.38	3632	43.07
江西	94764	36.33	4.05	0.26	5488	12.85
河南	129866	36.11	8.11	0.49	2904	107.67
湖北	126099	36.45	5.62	0.42	16083	39.19
湖南	124277	35.71	6.76	0.28	5696	71.71
中部	620009	38.69	6.93	0.39	5829	333.00

资料来源：中国统计出版社出版的《中国农村统计年鉴 2015》《中国统计年鉴 2016》。

（三）各种农机具拥有量及机械化水平

我国政府一直注重农业机械化水平的提高，政府通过补贴支持农户和农业企业购置农业机械。如表 10-14 所示，截至 2014 年，中部地区拥有大中型拖拉机 985400 台，与其配套的机具 1968800 台。小型拖拉机 7680900 台，占全国的 44.40%；与其配套的机具 15022900 台，占全国的 49.19%。占全国比重超过 30% 的农机还有，联合收割机、农用水泵、节水灌溉类机械和农用排灌柴油机。2014 年，中部地区机播面积 2123.4 万公顷，机收面积 2540.23 万公顷，机耕面积 3481.01 万公顷，节水灌溉面积 433.96 万公顷。农机在农业生产各环节的广泛使用，是农村劳动力大规模转向非农产业后依然能够持续提高产出水平的基础和关键措施。

表 10-14　2014 年中部地区主要农机数量及占全国比重

主要农机	数量	占全国比重/%	主要农机	数量	占全国比重/%
大中型拖拉机/台	985400	17.35	小型拖拉机/台	7680900	44.40
大中型拖拉机配套机具/台	1968800	22.13	小型拖拉机配套机具/台	15022900	49.19
农用排灌柴油机/台	2905400	31.04	农用水泵/台	8005000	35.98
联合收割机/台	651600	41.12	机动脱粒机/台	2678800	25.54
节水灌溉类机械/套	695000	32.98	机耕面积/万公顷	3481.01	29.64
机播面积/万公顷	2123.4	25.29	机收面积/万公顷	2540.23	30.15

资料来源:国家统计局.中国农村统计年鉴 2015[M].北京:中国统计出版社,2015.

第三节　中部地区农村发展的基本现状

一、中部地区农村居民可支配收入持续增长

改革开放以来,中部地区农村发展面貌得到显著改善,农村居民可支配收入大幅度增长,农民消费水平显著提高,居民家庭的小汽车等高层次耐用消费品的拥有量持续增加,农民居住条件显著改善。在国家政策支持下,中部地区农村的公共服务设施逐步完善,基本适应了农村居民文化生活的需要。

（一）人均可支配收入持续增长

改革开放以来,中部地区各省农村居民人均可支配收入获得持续较快的增长。如表 10-15 所示,在 1978—2015 年,山西省农民人均可支配收入由 102元增加到 9454 元,年均增长率达 13.10%,安徽、河南、湖北的农民人均可支配收入年均增长率分别为 13.12%、13.35%、13.45%,四省的农民人均可支配收入增长率都超过全国均值。其中,湖北的农村居民人均可支配收入,在1978 年只有全国均值的 82.84%,2015 年则超过全国的平均值。山西、安徽、河南三省显著缩小了与全国平均水平的差距。江西、湖南的农民人均可支配收入年均增长率,略低于全国的平均值,但仍然分别高达12.53%和12.45%。从整体而言,中部地区农村居民人均可支配收入的年均增长率,高于全国的平均水平。

表 10-15 1978—2015 年主要年份全国和中部地区农村居民可支配收入及增长率

地区	1978 年/元	1990 年/元	1998 年/元	2005 年/元	2015 年/元	1978—2015 年 年均增长率/%
全国	134	686	2162	3255	11422	12.76
山西	102	604	1859	2891	9454	13.10
安徽	113	539	1863	2641	10821	13.12
江西	141	670	2048	3266	11139	12.53
河南	105	527	1864	2871	10853	13.35
湖北	111	671	2172	3099	11840	13.45
湖南	143	664	2065	3117	10993	12.45

资料来源:国家统计局. 中国统计年鉴 2006[M]. 北京:中国统计出版社,2006.

国家统计局. 中国统计年鉴 2016[M]. 北京:中国统计出版社,2016.

(二)农村居民收入来源及其变化

一般把农村居民收入来源分为工资性收入、经营性收入、财产收入和转移性收入。如表 10-16 所示,中部地区各省自 1998 年以来,农村居民收入来源发生了很大变化。总的来讲,经营收入在收入结构中持续减少,这是中部地区各省的共同特征,比如,山西省农民的经营收入由 1998 年的占比 64.5% 下降到 2015 年的 27.8%。而工资性收入和转移性收入在收入结构中增加幅度较大,同样以山西省为例,1998 年工资性收入占总收入的比重为 31.9%,到 2015 年增加到 52.1%。财产收入在收入结构占比中比重略有增加,比如,山西省农民的财产收入 1998 年占比为 1.3%,2015 年仅增加到 1.5%。

分阶段看,在 1998—2005 年,农民收入结构变化的主要特点是工资性收入占比增加和经营收入占比减少,而财产收入和转移性收入占比略有增加。以山西为例,工资性收入占比增加了 8.8 百分点,经营收入占比则减少了 10.4 百分点,财产收入和转移性收入仅分别增加了 0.8 百分点。在 2005—2015 年,农业收入结构变化的主要特征是,经营收入占比继续下降,而转移性收入占比显著增加,这是中部地区各省的共同特征。以山西省为例,经营收入占比由 2005 年的 54.1% 下降到 2015 年的 27.8%,而转移性收入则由 2005 年的 3.1% 迅速增加到 2015 年的 18.6%。这一时期农民转移性收入大幅度增加是国家各种惠农政策支持的结果。

表 10-16　1998、2015、2015 年全国和中部地区各省农民人均可支配收入的来源变化

单位:%

地区	工资性收入			经营收入			财产收入			转移性收入		
	1998 年	2005 年	2015 年	1998 年	2005 年	2015 年	1998 年	2005 年	2015 年	1998 年	2005 年	2015 年
全国	26.5	36.1	40.3	67.8	56.7	39.4	1.4	2.7	2.2	4.3	4.5	18.1
山西	31.9	40.7	52.1	64.5	54.1	27.8	1.3	2.1	1.5	2.3	3.1	18.6
安徽	24.5	38.2	36.8	70.4	56.8	38.9	1.0	1.7	1.5	4.1	3.3	22.8
江西	24.7	40.4	39.4	70.1	55.8	39.8	0.9	1.0	1.7	4.3	2.8	19.1
河南	18.5	29.7	34.4	77.2	66.7	41.1	1.2	1.3	1.4	3.1	2.3	23.1
湖北	18.2	30.4	31.1	76.1	66.1	44.6	0.6	0.6	1.4	5.1	2.9	22.9
湖南	29.7	39.4	41.1	67.0	54.9	35.9	0.6	1.4	1.6	2.7	4.3	21.7

资料来源:国家统计局.中国统计年鉴 1999[M].北京:中国统计出版社,1999;
　　　　　国家统计局.中国统计年鉴 2006[M].北京:中国统计出版社,2006;
　　　　　国家统计局.中国统计年鉴 2016[M].北京:中国统计出版社,2016.

再从经营收入结构看,农业收入占比大幅度减少,而第一产业中的林牧渔业和第二、第三产业收入占比都有一定程度的升幅。以江西省为例,2005 年农业收入 1194.9 元,占农民人均总收入的 65.6%,到 2015 年农业收入为 3266.9 元,但占比则下降到 42.9%,共下降了 22.7 百分点。第一产业中的林牧渔业占比分别由 2005 年的 3.6%、11.8%、2.2%,增加到 2015 年的 3.9%、16.3%、9.2%,牧渔业占比升幅较大。第二、第三产业收入占比分别由 2005 年的 2.2% 和 10.6% 增加到 2015 年的 9.2% 和 21.2%。由此可见,第二、第三产业收入的增加是农民经营收入增加的主要源泉。

二、农民消费水平不断提高

(一)农民消费支出持续增加

随着中部地区各省农村居民可支配收入的快速增长,人们的消费支持也持续增加,生活水平不断提高。如表 10-17 所示,在 1978—2015 年,山西省农民人均消费支出由 91 元增加到 7421 元,年均增长率达 12.63%,安徽、江西、河南、湖北的农民人均消费支出年均增长率分别为 12.89%、12.72%、13.14%、12.98%,五省的农民人均消费支出增长率都超过全国均值。1978 年,湖南省农民人均消费支出显著高于全国的均值,在此期间的年均增长率低于全国的均值,但 2015 年,湖南的农民人均可支配收入达 9691 元,高于全国 9223 元的平均值。1978 年,湖北的农村居民人均消费支出为 107 元,略低于全国 116 元的平均值,2015 年增加到 9803 元,位居中部地区各省之首,并高

于全国的人均水平。从整体而言,中部地区农村居民人均消费支出的年均增长率,高于全国的平均水平,与全国平均水平的差距明显缩小。

表 10-17 1978—2015 年主要年份全国和中部地区农村居民消费支出及增长率

地区	1978 年/元	1990 年/元	1998 年/元	2005 年/元	2015 年/元	1978—2015 年年均增长率/%
全国	116	585	1590	2555	9223	12.55
山西	91	488	1056	1878	7421	12.63
安徽	101	515	1333	2196	8975	12.89
江西	101	577	1538	2484	8486	12.72
河南	82	438	1240	1892	7887	13.14
湖北	107	608	1699	2430	9803	12.98
湖南	161	656	1889	2756	9691	11.71

资料来源:国家统计局.中国统计年鉴 2006[M].北京:中国统计出版社,2006;
　　　　　国家统计局.中国统计年鉴 2016[M].北京:中国统计出版社,2016.

(二)主要耐用消费品拥有量

随着农村居民收入和消费水平的提高,家庭耐用消费品的种类和数量持续增加。根据国家统计局发布的《第三次全国农业普查主要数据公报(第四号)》,如表 10-18 所示,2016 年,中部地区农村居民每百户拥有小汽车 22.4 辆,在四大地区中位居第二,仅次于东部地区;每百户拥有摩托车、电瓶车 106.6 辆,在四大地区中仅次于东部地区,也高于全国 101.9 辆的均值。每百户拥有淋浴热水器、空调、电冰箱、彩色电视机、电脑和手机分别为 59.4 台、58.5 台、87.1 台、115.3 台、31.1 台和 247.4 部,这些耐用消费品的拥有量在四大地区中都仅次于东部地区,位居第二位,基本都高于全国的平均水平。

表 10-18 2016 年全国和东部、中部、西部、东北地区主要耐用消费品拥有量

种类	单位	全国	东部	中部	西部	东北
小汽车	辆/百户	24.8	33.7	22.4	18.8	17.6
摩托车、电瓶车	辆/百户	101.9	131.9	106.6	72.9	63.0
淋浴热水器	台/百户	57.2	77.2	59.4	42.5	10.3
空调	台/百户	52.8	86.8	58.5	20.5	2.2
电冰箱	台/百户	85.9	94.9	87.1	75.1	86.2
彩色电视机	台/百户	115.2	128.6	115.3	102.6	106.6

种类	单位	全国	东部	中部	西部	东北
电脑	台/百户	32.2	50.3	31.1	15.9	23.5
手机	部/百户	244.3	247.9	247.4	243.1	214.0

资料来源:国家统计局.第三次全国农业普查主要数据公报(第四号)[EB/OL].(2016-12-31).http://www.hnrb.hinews.cn.

(三)恩格尔系数变化

恩格尔系数,指的是食品支出占消费支出的比重,是反映社会富裕程度的重要指标,一般来讲,随着收入和消费水平的提高,恩格尔系数呈下降趋势。反过来,恩格尔系数的变化,在一定程度上也反映收入和消费水平的提高程度。表 10-19 显示,中部地区各省的农村居民和全国其他地区的农村居民一样,1978 年的恩格尔系数都比较高,最高的安徽高达 75.02%,较低的湖南也达 60.83%。随着农民收入的提高,以及由此引起的收入水平的提高,恩格尔系数也在持续下降,到 2015 年,最低的山西省已下降到 28.97%,最高的江西省也只有 36.20%。从 1978 年以来恩格尔系数的下降幅度看,最高的湖北省下降了 43.52 百分点,最低的湖南省也有 27.93 百分点。在 1978 年,中部地区各省中,安徽、湖北的恩格尔系数分别为 75.02% 和 73.64%,分别高出全国平均值的 7.32 和 5.94 百分点,而到 2015 年,恩格尔系数较高的江西和安徽,也只高于全国均值的 3.15 和 2.74 百分点。从整体上看,自 1978 年以来,中部地区各省恩格尔系数的下降幅度高于全国的均值,2015 年中部地区农民的恩格尔系数接近全国的均值。

表 10-19   1978—2015 年主要年份全国和中部地区农村居民恩格尔系数变化

地区	1978 年/%	1990 年/%	1998 年/%	2005 年/%	2015 年/%	2015 年相比 1978 年减少百分点
全国	67.70	58.81	53.42	45.48	33.05	34.65
山西	67.32	52.88	56.05	44.23	28.97	38.35
安徽	75.02	57.89	54.92	45.52	35.79	39.23
江西	68.32	63.88	58.47	49.14	36.20	32.12
河南	60.74	53.74	56.50	45.41	29.17	31.57
湖北	73.64	61.14	53.38	49.01	30.12	43.54
湖南	60.83	59.60	58.60	51.99	32.90	27.93

资料来源:国家统计局.中国统计年鉴 2006[M].北京:中国统计出版社,2006;

国家统计局.中国统计年鉴 2016[M].北京:中国统计出版社,2016.

（四）农民住房条件显著改善

住房条件改善是人们生活水平提高的重要标志之一，因此中部地区各省农民的消费结构中，居住支出一直仅次于食品位居第二位，但在收入持续提高的过程中，食品占比下降，而居住支出在提高。如表 10-20 所示，在 2002—2012 年，中部地区各省农民居住支出占比都有一定幅度提高，增幅最高的山西由 2002 年的 7.96% 提高到 2012 年的 17.97%，增幅最低的江西也由 11.39% 提高到 13.16%。住房投入的持续增加，使得中部地区各省农民的住房条件得到大幅改善。从住房面积看，中部地区各省人均水平都有明显增加，增幅最低的山西也由 2002 年人均 22.7 米² 增加到 2012 年的 30.6 米²，增幅最大的江西人均住房面积由 2002 年的 29.2 米² 增加到 2012 年的 46.9 米²。从住房质量看，钢筋混凝土结构的房屋是这一时期所建住房的主要类型，比如，江西省钢筋混凝土结构房屋的人均住房面积由 13.4 米² 增加到 37.9 米²。

表 10-20　2002、2012 年全国和中部地区各省农民人均住房变化

地区	人均居住支出占比/%		2002 年/米²		2012 年/米²	
	2002 年	2012 年	人均住房面积	钢筋混凝土结构房屋面积	人均住房面积	钢筋混凝土结构房屋面积
全国	12.12	13.72	26.5	7.7	37.1	17.1
山西	7.96	17.97	22.7	4.0	30.6	8.3
安徽	12.54	15.92	24.3	9.5	35.3	21.8
江西	11.39	13.16	29.2	13.4	46.9	37.9
河南	11.87	14.10	25.1	7.2	37.9	20.1
湖北	9.64	15.36	31.5	12.7	45.0	26.7
湖南	11.31	13.55	34.0	10.9	46.5	20.6

资料来源：中华人民共和国统计局网站．[EB/OL]．(2017-09-01)．http://data.stats.gov.cn.

三、中部地区农村非农产业发展

（一）非农产业是我国农村经济的重要组成部分

根据传统的城乡分工理论，农村主要从事农业生产，城市则以非农产业为主。农村即使发展非农产业，也以满足农业和农民需求的服务业为主。然而，二战后，在发展中国家实现经济起飞和工业化过程中，工业活动并非完全集中在城市，农村工业得到迅速发展。这一特征在东南亚和南亚一些人口密集且经济发展较快的国家表现得更为显著。其实，长三角和珠三角等经济发达地

区,在经济快速崛起过程中,农村非农产业都做出了巨大贡献。

我国的改革开放首先从农业和农村开始。农业上,联产承包责任制的推行,调动了农民的生产积极性,大幅度提高了各种农产品产量,并提高了农民的收入水平,在一定程度上缩小了长期存在的城乡居民的收入差距。与此同时,鼓励农村积极发展非农产业,试图通过"离土不离乡"的方式,推进农村工业化和农民就地向第二、三产业转移。农村非农产业经过改革开放以来30多年的发展,对于吸收农村农业剩余劳动力起到非常重要的作用。2010年,乡镇企业就业人数已达15893万人,农村私营企业和个体企业就业人数分别达到3347万人和2540万人。

(二)中部地区农村非农产业发展

中部地区农村非农产业发展也主要起步于改革开放初期,和全国一样,也经历过一个较快发展的时期,但近几年在我国城镇化加快的背景下,发展速度放慢。从就业人数看,以安徽省为例,到2009年为止(以后年份缺乏乡镇企业统计数据),乡镇企业就业人数达668.3万人,乡村私人企业和个体经营者就业人数分别达104.6万人和78.5万人。其实,安徽乡村私人企业和个体经营者的就业人数自2006年之后就开始下降,分别由2006年的119.5万人和162.6万人下降到2015年的102.0万人和56.9万人。再以山西省为例,1978年在乡镇企业就业的人数只有46.0万人,到2005年则高达417.0万人;此后山西省的乡村非农产业发展缓慢,到2014年就业人数仅增加到498.0万人。

到2015年,中部地区各省的农村私营企业和个体经营者的就业人数为1842.1万人,其中在制造业就业人数为302.8万人;批发零售业就业人数最多,高达731.1万人;建筑业、交通仓储业就业人数分别为55.9万人和52.3万人;住宿和餐饮业、租赁和商务服务业的就业人数分别为105.7万人和69.1万人;居民服务、修理和其他服务业就业人数为101.1万人。

四、中部地区农村基础设施建设和基本社会服务

(一)中部地区农村的交通条件

我国政府十分重视乡村道路建设,包括通村公路和村内主要道路建设都得到政府资金的大力支持。据第三次全国农业普查主要数据公报,截至2016年年末,中部地区通公路的村占到99.5%,略高于全国99.3%的平均水平,其中水泥路面和柏油路面分别占86.1%和12.3%。在村内主要道路中,水泥路面占86.1%,有路灯的村占到59.8%。政府在干线公路、铁路和水运线路建

设规划中,尽可能把更多的乡镇纳入运输网络,中部地区有高速公路出入口的乡镇占到 22.6%,略高于全国 21.5%的平均水平;有码头的乡镇占8.5%,略高于全国 7.7%的平均水平;有火车站的乡镇占 8.3%,略低于全国 8.6%的平均水平。

(二)中部地区农村的能源和通信条件

我国政府十分重视农村通电建设和天然气等清洁能源的使用,据第三次全国农业普查主要数据公报,截至 2016 年年末,中部地区通电的村占到 99.9%,略高于全国 99.7%的平均水平;通天然气的村占 8.4%,明显低于全国 11.9%的平均水平。政府也支持农村通信设施建设,中部农村安装了有线电视的村占 82.9%,仅略高于全国 82.8%的均值;通宽带互联网的村占 92.7%,高于全国 89.9%的均值;有电子商务配送站点的村占 22.9%,低于全国 25.1%的均值。

(三)中部地区农村的环境卫生设施

我国政府在农村小康社会建设中,十分重视环境卫生设施建设,据第三次全国农业普查主要数据公报,截至 2016 年年末,中部地区集中或部分集中供水的乡镇占 93.1%,高于全国 91.3%的均值。农户饮水中经过净化处理的自来水占 43.9%,低于全国 47.7%的均值;受保护的井水和泉水占 42.8%。生活垃圾集中处理或部分集中处理的乡镇占 92.8%,高于全国 90.8%的均值;生活垃圾集中处理或部分集中处理的村占 69.7%,低于全国 73.9%的均值;生活污水集中处理或部分集中处理的村占 12.5%,明显低于全国 17.4%的均值。农户完成或部分完成改厕的村占 49.1%,低于全国 53.5%的均值,其中水冲式卫生厕所占 29.2%,水冲式非卫生厕所占 4.1%,卫生旱厕占 13.6%,普通旱厕占 52.2%。

(四)中部地区农村的教育文化设施

农村教育文化建设近年来得到恢复和发展。从教育设施看,据第三次全国农业普查主要数据公报,截至 2016 年年末,中部地区有幼儿园、托儿所的乡镇占98.3%,高于全国 96.5%的均值;有幼儿园、托儿所的村占 36.5%,高于全国 32.3%的均值;有小学的乡镇占 99.5%,高于全国 98.0%的均值。从文化设施看,中部地区有图书馆、文化站的乡镇占 98.0%,高于全国 96.8%的均值;有剧场、影剧院的乡镇占 14.4%,高于全国 11.9%的均值;有体育场馆的乡镇占 19.4%,高于全国 16.6%的均值;有公园及休闲健身广场的乡镇占73.9%,高于全国 70.6%的均值;有体育健身场所的村占 55.5%,低于全国 59.2%的均值;有农民业余文化组织的村占 40.8%,略低于全国 41.3%的均值。

（五）中部地区农村的医疗和社会福利机构

我国政府一直重视农村医疗和社会服务建设,据第三次全国农业普查主要数据公报,截至 2016 年年末,中部地区有医疗卫生机构的乡镇占 100.0%,而全国的均值为 99.9%;有卫生室的村占 89.3%,高于全国 81.9%的均值;有执业(助理)医师的乡镇占 99.8%,高于全国 98.4%的均值;有执业(助理)医师的村占 66.7%,明显高于全国 54.9%的均值;有社会福利收养性单位的乡镇占 87.7%,明显高于全国 66.8%的均值;有本级政府创办的敬老院的乡镇占78.0%,明显高于全国 56.4%的均值。

第四节 促进中部地区农业现代化
和乡村振兴的战略举措

促进农业现代化和农村改革发展是我国政府既定的发展目标。习近平总书记在十九大报告中提出的"乡村振兴"战略,为加快农业和农村发展提供了新的机遇。中部地区要按照中央乡村振兴战略的指导方针,根据本地实际制定切实可行的乡村振兴方案,促进中部地区农业和农村快速发展。

一、继续加强农业基础设施建设,改善农业生产条件

我国农业之所以在耕地资源相对不足的背景下取得巨大成就,其基本经验之一就是,政府一直重视基础设施建设。由于基础设施建设投资不受WTO 规则的约束,属于"绿箱"政策,因此国家应在财政许可范围内逐步增加农业基础设施建设投资。不仅中央财政要加大对农业基础设施建设的投入,而且要鼓励地方政府和经营主体对农业基础设施的投入。

中央财政在地区投资分配时应向中部主要粮棉油生产基地倾斜。这主要是因为,东部地区自身财政能力较强,而且其粮棉油的生产还不能满足自身的需求,因此农业基础设施建设的投资应主要由各省市解决。而中部地区的粮棉油生产承担着向区外输出的任务,其投入具有明显的外部性,即最终收益中的相当一部分由东部地区获得。更重要的是,中部地区各省的地方财政能力较弱,尤其是主要农业生产地区,如果要求地方政府配套投入,将加重地方财政的困难。因此中部地区主要粮棉油生产基地的基础设施建设投资应主要由国家承担。

根据"谁受益,谁投资"的原则,要鼓励经营主体加大对农业基础设施的投

资。改革开放以来,在以联产承包责任制为主体的农业基本经营制度下,经营主体缺乏农业基础设施投资的动力和能力。随着我国土地制度的变革,特别是承包权和经营权的分离,土地的规模化经营成为主导趋势,家庭农场、农业专业化经营组织等新的农业经营主体逐渐成为农业经营的主体形态,这种新的农业经营主体具有改善农业基础设施的动力,政府应当采取措施鼓励和支持其参与农业基础设施建设的投入。

二、继续支持农业生产基地建设

(一)粮棉油生产基地建设

粮棉油生产基地建设是 1949 年以来我国政府在农业发展中长期采取的政策。国家根据各地区的自然地理条件、土地资源状况、农作物的种植历史和技术、农产品的商品率等因素,在全国范围内选择综合因素优越的地区作为农作物的商品生产基地,并给予各方面的支持。这一政策的实施,对于确保我国粮棉油的可持续增长及稳定市场价格起到不可替代的作用。中部地区作为三大地带中粮棉油的集中产区,形成了许多具有全国或者区域意义的粮棉油生产基地。在东部地区一些具有全国意义的商品生产基地由于工业化、城市化和农业产业结构调整逐渐丧失向外提供农产品功能的背景下,稳定中部地区粮棉油生产基地,对于确保国内市场供给具有重要的作用。

为此,应采取以下几个措施:一是国家加大对具有全国意义的粮棉油生产基地的投资,主要用于基础设施建设;二是进一步完善农业社会化服务体系,为生产基地提供优质高效的产前、产中和产后服务;三是支持农产品加工业的发展,并根据各地区实际,有步骤地推进规模经营;四是各地区积极探索在现行土地使用制度下,稳定粮棉油生产基地的播种面积的途径;五是为粮棉油生产基地提供必要的金融支持,并稳步推进农业保险的发展。

(二)建立各具特色的省内农业生产基地

中部地区各省在支持具有全国意义的粮棉油生产基地建设的同时,要依据省内各地区的自然地理条件、社会经济基础,以及现有农作物集中分布的态势,进行农业区划。在政策支持下,合理调整各地区农业生产结构,引导农作物集中布局和地区专业化生产,以利于农业产业化和农产品加工工业发展。

地区生产专业化是现代农业发展的基本方向。只有专业化生产和集中布局,才能形成足够的市场需求,以促进社会化服务业的发展,并降低服务成本。反过来,社会化服务业的发展,又进一步促进区域专业化生产的形成和农业的集中布局。在地区专业化形成过程中,尤其在初始阶段,地方政府的引导和支持是必不可少的。但应当注意的是,在市场经济条件下,农民是农业生产的主体,作为投入主体和风险承担者,农民具有选择种植农作物的权利。从理论上讲,按照农业区划确定的各地区农业专业化发展方向,应当是具有比较优势和市场竞争优势的,政府的作用仅仅是,为专业化生产提供产前、产中和产后服务。

三、大力发展绿色农业

农业科学技术的发展,大幅度提高了单位面积农产品产量,从而使主要农产品产量的增长速度快于人口的增长速度,人类社会并未出现罗马俱乐部预期的粮食危机。科学技术在提高农作物产量的同时,也带来了一些安全隐患,如农产品残留农药问题,转基因产品的安全问题等。随着收入水平的提高,人们愈来愈关注自身的健康和安全,对绿色食品的需求越来越大。从国内市场看,在大中城市,尤其是收入水平较高的城市,对绿色食品的需求日益增长,绿色食品的价格明显高于普通食品。在国际市场上,绿色食品的需求量更大。据专家预测,绿色食品将成为农产品贸易的主流,绿色食品相关产业市场,在21世纪初将形成超过1万亿美元的规模。

中部地区作为全国主要农产品的集中生产地区,在农业结构调整过程中,为了提高农民的收入水平,进一步发挥农业生产中自然条件和劳动力优势,应大力发展绿色农业。为此,各地区首先要加强农产品质量安全关键控制技术和综合配套技术的研究,尽快建立健全农药残留监测体系,强化农药残留检验手段。其次,要大力推广高效低残留农药、生物有机肥料和生态农业技术,加强生物防治技术的引进和开发。第三,要建立农产品质量安全信息服务体系,及时向农产品的生产、加工,以及经营者提供质量、安全、标准、市场等方面的信息。

四、积极实施"乡村振兴"战略

党的十九大报告对我国社会主要矛盾做出新的调整,由"人民日益增长的物质文化需要同落后的社会生产之间的矛盾"调整为"人民日益增长的美好生活需要和不平衡不充分的发展之间的矛盾"。很显然,城乡发展不平衡就是这一矛盾的主要体现,为促进这一矛盾循序渐进地得以解决,党的十九大报告中提出了"乡村振兴战略"。2017年年末举行的中央农村工作会议对乡村振兴战略进行了全面安排,实施乡村振兴战略的目标任务是,到2020年,乡村振兴取得重要进展,制度框架和政策体系基本形成;到2035年,乡村振兴取得决定性进展,农业农村现代化基本实现;到2050年,乡村全面振兴,农业强、农村美、农民富全面实现。

　　中部地区与东部地区相比,乡村发展更为落后,而地方财政能力相对不足,中央在实施乡村振兴战略的政策安排和资金分配中应更多地向中部地区倾斜。在实施乡村振兴战略中,中部地区各省首先要制定乡村居民点整合规划,现有的农村居民点是农业社会形成的产物。在城市化过程中,许多自然条件较差,远离交通干道的居民点会出现萧条甚至消亡的情况,在乡村振兴战略实施过程中不是挽救这些乡村,而是顺应这种趋势,通过土地整合、耕地置换等方式促进乡村整合。第二,要加大对乡村公共产品的供给,改善乡村的生活环境和生活条件,缩小城乡在基本医疗设施、幼教和基础教育等方面的差距。第三,中部地区应当开拓乡村发展思路,更多地通过制度改革释放乡村资源对资本的吸引力,借助外力发展乡村经济。第四,中部地区是在城市化强力推进的过程中实施乡村振兴战略的,通过制度创新,有效发挥城乡各自优势,能够实现城乡一体化和城乡融合的最终目标。

第十一章 中部地区及各省崛起的路径选择

第一节 中部地区崛起的路径选择

中部地区在实现经济崛起过程中,要充分发挥自身优势,积极利用国内外有利的因素,吸引外资和承接东部地区产业转移;对接《中国制造 2025》发展规划,大力发展战略性新兴产业,提升工业化水平和质量;大力推进城市化进程,促进生产要素向增长极和增长轴线集聚,实现生产力合理布局;坚持生态文明建设,提高可持续发展能力,实现人和自然的和谐发展;以乡村振兴战略实施为契机,促进城乡协调发展。

一、发挥"后发优势",促进经济快速增长

欠发达经济体可以利用后发优势缩小与发达经济体之间的发展差距,在现代经济发展史中,已经有许多成功的案例。其实,中国改革开放以来经济的快速增长,在很大程度上就得益于充分发挥了后发优势。新古典增长模型的一个重要推论就是,人均收入较低的地区可以获得较快的经济增长,从理论上推导出后发优势的存在。后发优势只是表明欠发达经济体存在着实现经济较快增长的可能性,这种优势只是一种潜在的优势,把这种潜在优势显性化,需要欠发达经济体通过体制创新和制度创新,激活经济发展中有利的因素,并克服不利的因素。

自中部地区崛起战略实施以来,中部地区的工业和经济增长都步入快车道,增长速度明显快于全国的平均水平,不仅使中部地区与东部地区的发展差距持续扩大的趋势得到彻底扭转,而且使发展差距显著缩小。导致这种变化的核心因素是,中部地区充分发挥了"后发优势"。但应当充分认识到,中部地区和东部地区仍然存在较大的发展差距,从更大范围思考,和发达经济体相比,差距更大。中部地区各省乃至省内各级地方政府,要积极改善交通运输设施等物质形态投资环境,更要消除体制机制中存在的一切妨碍投资的制约因素,结合本地资源、区位、发展水平和优势产业,充分利用后发优势,向发达省

份学习成功的发展经验,制定符合本地区情的发展战略和发展路径,吸引国内外资本进入本地区投资,实现经济快速增长。

二、努力改善投资环境,积极承接产业转移

改革开放以来,长三角和珠三角地区工业和经济的快速增长,在很大程度上得益于承接产业转移,积极参与国际分工。但东部发达地区已经出现劳动力的相对短缺,特别是从事劳动密集型产业的一般劳动力。在我国农村劳动力还存在大量剩余的背景下,沿海地区的农民工出现供给短缺。这表明长期以压低农民工工资为代价的劳动密集型产业已经不适应东部地区经济发展的需要,这些产业必然向更适合其发展的地区转移。

中部地区在接受东部地区产业转移中具有明显优势,主要包括:区位优势,丰富而素质较高的劳动力、资源优势和产业基础。为承接东部地区产业转移,各级地方政府应当积极改善投资环境,努力提高政府的服务水平。

中部地区在承接产业中,要充分利用现有工业园区,切莫大规模建立新的园区,以节省宝贵的耕地资源。同时,还要进行合理分工,省会城市和制造业发达的城市,主要承接技术密集型产业,以提升本地区工业增长的质量和水平,而一般组装和加工工业主要集中在经济欠发达的城市。

三、推进城市化进程,促进生产要素向增长极和经济轴线集聚

集聚是空间经济的基本特征,因而在中部地区崛起中应当规划增长极和重点发展轴线。从东部地区经济增长的空间特征看,广东经济高度集聚在珠江三角洲,福建的经济高度集中在东南沿海的福州和厦漳泉三角地区,浙江和江苏的经济高度集中在以上海为核心的长江三角洲地区,山东的经济高度集中在以青岛为核心的胶济线。

中部地区在长期的发展中已经初步形成了能带动经济发展和崛起的增长极。以郑州为核心的中原城市群和长江中游城市群有可能成长为具有更大地域范围的增长极。河南是我国人口最多的省份,近几年经济发展很快,河南所具有的资源、人力资本、区位等优势,可以形成以郑州为中心的增长极。武汉在我国地理和区域经济中的特殊位置,以及在长期发展中奠定的经济、科技实力,有可能与长沙和南昌一起推动长江中游地区的优先崛起。中部地区各省在积极参与跨省区合作的同时,应积极推进省内增长极建设。目前的现实是,各省的省会城市都成为本省的经济中心和经济集聚程度最高的地区,在我国特殊的体制和省会城市所具有的各种优势下,积极发展以省会城市为核心的增长极和城市群,是实现本省经济崛起的必然路径之一。

具有全国意义的长江经济带、京广线经济带和陇海线经济带都穿越中部

地区,沿这些经济带的省份应充分利用轴线开发带来的成长机遇,促进沿线城市和地区的快速发展。同时要注重京九经济带的开发和北同蒲—太焦—焦枝经济带开发,通过轴线开发带动相关地区的经济发展。

中部地区的城市化与全国一样,都落后于工业化进程,加快城市化进程将成为推动工业发展和实现经济崛起的必然选择。然而,中部地区在推进城市化进程中,要正确处理好与工业化的关系,使城市建设适应本区工业化的需要。同时,要认识到城市集群和城市带在带动本省经济发展中的作用,努力构建各具特色的城市群或城市带。

四、坚持人口、资源、环境协调发展,提高可持续发展能力

中部地区在促进经济快速发展中,必须坚持人口、资源和环境协调发展。从人口政策看,各级政府必须加大对教育的投入,尤其要重视现有劳动力的职业培训,提高劳动力的素质和技能,以适应经济发展、产业结构升级和承接产业转移的需要。更为重要的是,要通过体制创新和创造良好的条件,吸引本地区流出的劳动力和接受高层次教育人才的回流。

中部作为煤炭和其他矿产资源丰富且开采规模较大的地区,在资源开发和初加工过程中,造成严重的资源浪费和破坏,以及严重的环境污染问题。部分资源富集地区经过长期开发,资源趋于枯竭,生态、环境和经济发展都陷入困境。因此,中部地区各级政府应以科学发展观为指导,在资源开发和利用等各个环节均严格执行国家的相关法律法规,并采取措施积极治理资源富集地区的环境和生态问题。

在实现中部地区崛起中,要严格执行国家的土地政策,不能以工业发展和城市建设为借口,违规占用耕地。实现耕地资源可持续利用的主要对策是,因地制宜地调整土地利用结构,保护耕地资源,严格控制非农业用地,通过小流域治理,改善生态环境,遏制水土流失。节能减排事关全人类的生存,中部地区要采取一切有效措施实施节能减排目标。

五、以《中国制造2025》为指导,提高工业发展质量

在推进中部地区工业化过程中,既要重视数量的增长,更要促进质量的提高。中国制造业规模已居世界第一,但制造业发展水平仍然较低,从参与全球分工看,主要位于价值链的低端,产品的附加价值较低。基于此,国务院制定了《中国制造2025》,旨在推进我国制造业"由大变强",进一步强化我国制造业在全球的地位。中部地区要按照《中国制造2025》提出的"创新驱动、质量为先、绿色发展、结构优先、人才为本"的基本方针,在制造业发展中,要完善有利于创新的制度环境,提高企业的创新能力。要强化质量监管,营造诚信经营

的市场环境,全面提高制造业的增加值率和全员劳动生产率。加强节能环保技术应用,大力发展循环经济,努力完成节能减排目标。大力发展先进制造业和战略性新兴产业,改造提升传统产业,推进制造业结构升级。加快培养和引进制造业发展需要的专业技术人才、经营管理人才、技能人才。

中部地区要通过发展先进制造业和战略新兴产业,实现工业的"跨越式发展"。加快推动新一代信息技术与制造技术融合发展,着力发展智能装备和智能产品,推进生产过程智能化。加强工业互联网基础设施建设,努力建成低时延、高可靠、广覆盖的工业互联网。中部地区在发展先进制造业中,要进一步巩固在轨道交通装备、航空航天装备、采掘设备、电力设备等行业的优势;深度参与节能与新能源汽车的发展;积极发展光电子通信、卫星导航、机器人装备、生物医药、新材料等产业;支持人工智能、基因测序、3D打印、无人机、石墨烯利用等技术产业化。

六、加快推进产业结构优化调整,促进各产业协调发展

在中部地区推进工业化过程中,产业结构也发生了巨大变化。第一产业在经济中的比重显著下降,而第二、三产业,尤其是工业在经济中的比重大幅度上升。在第一产业中,种植业在农业结构中所占比重明显下降,而林牧渔业,特别是牧业在农业结构中的比重上升幅度较大。在工业结构演变中,虽然制造业,包括交通运输制造、通用和专用设备制造、电子计算机和通信设备制造、电气机械及器材制造业都得到迅速发展,但能源、原材料工业的优势仍然很突出。

第一产业结构调整的基本方向是,在确保主要农产品产量的基础上,提高产品质量和农民的收入水平,大力发展牧渔业,以适应人民生活水平提高和农民增收的需要。工业结构调整的基本思路是,进一步提高优势产业的竞争能力,积极发展深加工产业和劳动密集型产业,大力发展县级制造业和高技术产业。为适应中部地区崛起的需要,第三产业要努力发展高铁、航空等现代交通运输业、商贸流通业、旅游业,积极发展科技研发、互联网服务和金融保险业,大力发展现代服务业。通过不断优化产业结构,促进各产业协调发展,推动中部地区经济持续快速增长。

七、实施乡村振兴战略,实现城乡协调发展

中部地区在大力推进城市化的同时,要按照中央的统一安排和部署,积极实施乡村振兴战略。中部地区实施乡村振兴战略,不能走东部发达地区以发展工业为主导的老路,更不能发展污染环境的落后制造业,而是要回归支撑乡村生存的农业。中部地区在我国农业发展中的突出优势,决定了中部地区必须

巩固农业的基础地位,因此中部地区实施乡村振兴战略,必须促进农业现代化,并且围绕农业发展产前、产中和产后的相关服务业。同时要加大对乡村公共产品的供给,改善乡村的生活环境和生活条件,缩小城乡在基本医疗设施、幼教和基础教育等方面的差距。着力提高农村居民的收入水平,逐步缩小城乡收入差距,促进城乡协调发展。努力实现农业强、农村美、农民富的发展目标。

第二节　山西省崛起的路径选择

一、能源工业与山西省经济崛起

山西省丰富的煤炭资源和优越的地理位置,使其能源工业长期在经济中具有支配地位。在未来山西省经济发展中,能源工业依然会在经济中发挥重要作用,但与此同时,要以承接产业转移和大力发展战略性新兴产业及其他非能源产业为突破口,减轻经济对能源工业的依赖,形成合理的工业结构。山西省要充分利用旅游资源,大力发展旅游业,并以此带动相关产业快速发展。

（一）山西省能源工业发展的独特优势

1.资源优势

国家之所以把山西省确定为我国能源建设基地,最主要的原因是,山西省具有丰富的煤炭资源,而且地区分布广泛,煤种齐全。山西省是我国煤炭资源最为丰富的省份,据国家统计年鉴（2016）提供的数据,山西省煤炭储量为921.3亿吨,占全国的37.8％。山西省煤炭资源的另一个特点是,地区分布广泛,山西省11个地市行政单位和80％的县级行政单位都有煤炭资源,而且均得到开发。此外,山西省的煤种齐全,动力煤、无烟煤、各种炼焦煤应有尽有,能够满足国民经济各部门的不同需求。

2.区位优势

山西省具有区位优势。相对于陕西和内蒙古而言,山西省更接近能源缺乏的东部地区。所谓更接近有两层含义:一是从地理位置看,山西省位于陕西的东部和内蒙古的南部;二是山西省的主要煤炭基地都与煤炭消费区建成了相应的交通运输线路。还有一点是,我国煤炭运输要由铁路转为沿海水运,山西的区位优势更为显著。其实,在山西省对外交通运输布局中,国家已经充分考虑到陕西和内蒙古煤炭资源的开发,比如,侯西—侯月线建设,大秦线向准格尔的延伸等。

（二）煤炭、发电量、焦炭等产量大幅度增长

能源工业投资一直在山西省工业投资中占较大比重。"六五"时期,能源工业总投资 57.9 亿元,占全部工业投资的 65.0%;"七五"时期投资增加到 130.6 亿元,占工业总投资的 73.6%;"八五"时期,投资 233.7 亿元,占工业投资的 66.7%;"九五"时期,投资 515.2 亿元,占工业投资总量的 84.7%;"十五"时期,投资 1033.3 亿元,占工业投资的 66.9%;"十一五"时期累计投资达 5311.7 亿元,占工业投资的 58.2%,比"十五"时期有所下降;2011—2014 年,能源工业投资 7104.3 亿元,占工业投资比重进一步下降到 41.3%。通过 30 多年来的建设,原煤产量由 1980 年的 0.12 亿吨增加到 2015 年的 9.67 亿吨;发电量由 1980 年的 120.24 亿千瓦时增加到 2015 年的 2449.27 亿千瓦时。2015 年,焦炭产量 8039.88 万吨,占全国总产量的 17.94%。

（三）能源工业对山西省经济发展的影响

1. 形成了以能源工业为支柱的工业结构

能源工业的发展,使山西省的工业结构始终以重工业为主导,而且在重工业中,主要是以煤炭采选业、炼焦业、电力工业、冶金工业为主。2014 年,山西省轻、重工业的比例分别为 6.68% 和 93.32%,重工业所占比重远超过其他省份。在工业结构中,煤炭占 51.75%,焦炭占 4.32%,电力工业占 10.01%,冶金工业占 9.67%,四个产业合计占全部工业增加值的 75.75%。

2. 形成了以煤炭运输干线为主导的交通运输网

在山西省交通网络构建中,煤炭运输始终占有主导地位。自改革开放以来,先后建成了大秦铁路和朔黄铁路等煤炭运输干线,使山西省交通运输线路和运输能力获得较大幅度增长。到 2013 年年末,山西省铁路营业里程 3786 千米,公路 139434 千米,高速公路 5011 千米。货运量由 1980 年的 18080 万吨增加到 2013 年的 156048 万吨;货物周转量由 1980 年的 225.3 亿吨/千米增加到 2013 年的 3592.4 亿吨/千米。

二、山西省经济增长的特点

以能源工业为主导的山西经济,自改革开放以来在全国的位次持续下降。如表 11-1 所示,1980 年,山西省人均 GDP 为全国的 95.46%,在各省区市中位居第 12 名。1980—1985 年,山西省的经济增长率为 11.56%,高于全国 10.76% 的平均水平,1985 年,山西省人均 GDP 占全国的比重提高到 97.66%。1985—1990 年,山西省的经济增长率为 5.93%,明显低于全国

7.87%的平均水平,1990年的人均GDP占全国的比重降低到92.94%。1990—1995年,山西省的经济增长率为10.35%,低于全国11.82%的平均水平,1995年,山西省人均GDP占全国的比重进一步降低到69.65%,人均GDP在各省区市的位次也下滑到第16名。1995—2000年,山西省的经济增长率为9.91%,高于全国9.71%的平均水平,2000年,山西省的人均GDP占全国的比重回升到72.82%,但人均GDP在全国的位次继续下降到第19名。2000—2005年,山西省的经济增长率为13.11%,显著高于全国9.91%的平均水平,2005年,山西省的人均GDP占全国的比重提高到88.99%,人均GDP在各省区市的位次回升到第15名。2005—2010年,山西省的经济增长率为11.26%,略低于全国11.37%的平均水平,2010年,山西省的人均GDP占全国的比重下降到85.01%,人均GDP在各省区市的位次下降到第18名。2010—2015年,山西省的经济增长率为7.92%,略高于全国7.87%的平均水平,但按当年价计算,2015年,山西省的人均GDP占全国的比重下降到69.85%,人均GDP在各省区市的位次下降到第27名。

纵观1980年以来山西省的经济增长,增长率的波动幅度明显超过全国的平均水平,致使山西省经济占全国的比重发生明显波动。虽然人均GDP在全国的位次也发生波动,但总体呈现明显下降趋势,特别是2014年和2015年,经济增长率分别为4.9%和3.1%,位居全国各省区市的末位,并显著低于该年全国7.3%和6.9%的平均水平,从而使山西省的人均GDP按当年价计算只有全国的69.85%,人均GDP也随之滑落到全国的第27位。表明山西省这种以能源工业为主导的经济结构已难以承担起实现山西省经济崛起的重任,经济结构必须进行战略性调整。

表11-1 1980—2015年山西省GDP及占全国的比重

年份	GDP占全国比重/%	人均GDP占全国比重/%	人均GDP在全国位次	时间段	山西年均经济增长率/%	全国年均经济增长率/%
1980	2.41	95.46	12	1980—1985	11.56	10.76
1985	2.44	97.66	12	1985—1990	5.93	7.87
1990	2.31	92.94	13	1990—1995	10.35	11.82
1995	1.77	69.65	16	1995—2000	9.91	9.71
2000	1.83	72.82	19	2000—2005	13.11	9.91
2005	2.26	88.99	15	2005—2010	11.26	11.37
2010	2.23	85.01	18	2010—2015	7.92	7.87
2015	1.87	69.85	27			

资料来源:中国统计出版社1999年出版的《新中国五十年统计资料汇编》;中国统计出版社出版的《中国统计年鉴2006》《中国统计年鉴2016》《山西统计年鉴2006》《山西统计年鉴2016》。

三、山西省崛起的路径选择

(一)大力发展非煤能源,促进能源深加工

煤炭工业在山西省经济发展中仍然具有重要地位,但煤炭产业的发展应当向清洁低碳型、集约高效型、生态环保型转变,以适应山西省经济可持续发展的需要。进一步强化晋北、晋中、晋东大型煤电基地建设,发展大容量、高参数、超临界燃煤发电机组,加快燃煤发电升级与改造,推进燃煤发电机组超低排放改造,进一步提升煤电高效清洁发展水平。充分发挥煤层气的资源优势,大力推进煤层气开发与井下瓦斯抽采,实现煤矿瓦斯抽采全覆盖工程。依托风能、太阳能等资源优势,大力培育风电、光伏发电和生物质发电等新能源产业,加快新能源开发利用的产业化进程。稳步推进现代煤化工产业发展,构建具有山西特色的煤化工产业体系,把煤化工产业建设成为重要的支柱产业。

(二)大力发展装备制造业,提升工业化质量

以《中国制造 2025》为契机,依托现有产业和重点企业,积极发展轨道交通设备制造业,努力建设太原、大同、运城三大轨道交通装备制造基地。依托山西省煤炭开采和煤气层开发形成的巨大需求,大力发展煤机装备和煤气层装备。通过技术引进和技术创新,不断提高煤机系统集成能力和技术创新能力,全面提升煤机制造水平。积极承接国际国内产业转移,努力实现煤层气勘探开采、生产加工、输送利用工艺环节装备全覆盖,重点发展高精尖勘探装备、智能化排采成套装备、煤层气发电装备等。积极发展电力装备、煤化工装备和节能环保装备,以及重型机械,纺织机械,汽车部件,通用航空,电子智能,精密铸件、锻件基础工艺,液压配件组件,材料深加工,特色军工民品,农业机械等装备制造。通过装备制造业发展,改善山西省重工业内部结构,提升工业化质量。

(三)加快发展轻工业,改善轻重工业结构

重工业过重,轻工业过轻是山西省工业结构的最主要特征。2014 年山西省轻、重工业的比例分别为 6.68% 和 93.32%,加快发展轻纺工业有助于改善这种畸形的工业结构。轻纺工业的发展的重点是,以汾酒、老陈醋等名优产品为龙头,全面振兴酿酒饮料产业;以小杂粮加工、肉禽加工、干鲜果蔬加工、功能食品、食用油等行业为重点,积极开发科技含量高、附加值高、精加工的特色食品;挖掘山西特色面食产品文化内涵和品牌资源,用现代技术改造传统面食产业,实现由初加工向深加工的转变,做大山西面食产业;依托祁县、闻喜的日用玻璃和朔州、晋城、阳泉的日用陶瓷等产业优势,通过技术创新、产品创新和

品牌建设,使其成为具有全国意义的日用玻璃、日用陶瓷生产基地;加快纺织业的技术创新和智能化改造,提升棉纺、染整、服装和丝麻等产业的竞争优势。

（四）以旅游业为龙头,带动第三产业发展

我国经济增长正由第二产业为主导向第三产业为主导转变,近几年第三产业的快速增长,已经使得第三产业成为三次产业结构中规模最大的产业,2014年在全国三次产业结构中,第三产业占比48.1%,明显超过第二产业的42.7%。包括山西在内的中部地区各省,第二产业目前仍为三次产业中占比最高的产业,比如,2014年山西省第二产业占比49.3%,超过第三产业占比44.5%的水平。这种结构上的差距,也为第三产业快速成长提供了较大的需求空间。

在山西省第三产业发展中,旅游业具备成为支柱产业的条件和基础。山西省具有丰富的旅游资源,这些旅游资源不仅是得天独厚的,而且可以持续利用。在山西省的多次规划中都把旅游业列为重要产业,也取得了明显成效。2015年,全省商业住宿设施接待入境过夜游客59.4万人次,接待国内旅游者3.6亿人次,同比分别增长5.1%和20.2%;旅游外汇收入3.0亿美元,增长5.8%;国内旅游收入3428.9亿元,同比增长21.2%;旅游总收入3447.5亿元,同比增长21.1%。

（五）积极承接产业转移,加强区域经济合作

基于山西省经济发展水平,以及强化制造业发展的实际需要,应当积极承接国际、国内产业转移。承接国际产业转移是东部地区经济实现快速发展的成功经验,山西省在经济崛起中也要借鉴这条成功的发展路径,利用自身的优势,积极吸引外资,扩大对外开放。山西省不仅要承接国际产业转移,还要充分利用东部发达地区产业升级带来的产业转移机会,积极创造条件,吸引东部地区投资和产业转移。

山西省要充分利用历史人文、特色产品和产业优势,使其成为对接"一带一路"重要载体和对外开放新名片,推动与沿线省份和国家全面交流与合作。主动融入京津冀协同发展,加强清洁能源开发利用合作,完善能源输送网络,打造京津冀一体化清洁能源生产供应基地。积极参与环渤海区域合作机制,强化重大基础设施、能源、生态环境等方面的合作,促进区域内各省间建立更紧密的经济合作关系。运城、晋城、长治等南部地区面向中原经济区,把晋东南地区打造成为"煤、电、气、化"综合能源产业基地和新型现代制造业基地。积极开展与相邻省份的经济合作,促进省界相邻地区的经济发展。

（六）推动资源型城市转型发展，提升城市竞争力

大同、朔州、阳泉、晋城、介休等诸多城市都是全国重要的煤炭城市，煤炭工业以及与煤炭相关的产业在城市经济中发挥主导作用。在我国能源利用结构向清洁能源转型的背景下，煤炭供求下降是必然趋势，因此促进这些城市转型对山西省经济崛起至关重要。资源型城市实现转型的关键是，根据各自的发展条件和产业基础培育替代产业，推进单一的资源型经济向多元经济转变。加强资源型城市主城区与工矿区融合发展，推动城区市政公用设施与矿区对接，促进资源开发与城市发展良性互动。强化城市环境保护、生态治理和矿山地质环境修复，加大采煤沉陷区治理力度，加强非煤矿山地质灾害防治及生态修复，促进资源型城市的可持续发展。

第三节　安徽省崛起的路径选择

一、安徽省崛起的主要优势

安徽省在促进经济崛起的过程中，要通过技术创新、制度创新等举措进一步提升现有优势产业的竞争力。同时，促进生产要素向沿江地区转移和集聚，积极融入长三角经济发展，承接东部地区产业转移。充分利用省内的科技优势，大力发展战略性新兴产业，提升工业和经济发展质量。

（一）区位优势

安徽在中部六省中最接近我国经济发展水平最高的长三角地区。长江水运，合宁、宁马、芜杭高速公路，杭黄高铁，以及 205、318 国道，已经把安徽经济相对发达的中部地区、沿江地区与长三角地区密切联系在一起。

沿江地区，是本省经济发展水平最高地区，芜湖、铜陵、贵池、安庆、马鞍山等沿江城市都已建成能停靠大型船舶的大型内河港口。通过这些港口和长江航道，安徽可以和沿海地区一样，实现直接出海和远洋运输。芜湖和铜陵港已批准为对外籍轮船开放港口，远洋运输可直通日本和新加坡等国和我国的香港等地区。长江水运还可以方便地把本省与中部的江西、湖北、湖南联系在一起。本省的京九铁路，不仅成为连接河南、江西的一条大通道，而且向北与环渤海地区相连，向南连接珠江三角洲，从而进一步强化了本省的区位优势。

（二）资源优势

安徽省虽然缺乏具有绝对优势的矿产资源,但具有相对优势和综合优势。从具体资源看,煤炭资源、铁矿资源、铜矿资源和硫铁矿、明矾石等非金属矿产资源都比较丰富。而对于严重缺乏这些资源且资源需求规模较大的长三角地区,安徽省的这些资源就显示出了相对优势。从矿产资源的综合性看,煤炭可发电,相关资源的开发和加工,既需要煤炭的支持,也需要电能的支持。这些资源的良好组合,有利于资源的综合利用和进一步的深加工。

（三）形成了一批具有竞争优势的产业

安徽省在发展中形成了一批具有竞争优势的产业。主要包括煤炭采选业、黑色金属采选和冶炼、有色金属冶炼、农副产品加工业、食品制造业、烟草制造业、木材加工业、橡胶制品业、塑料制品业、交通设备制造业、电器及器材制造业、电力工业。由此可以看出,安徽省的优势产业数量较多,但分布比较分散。仔细分析,不难看出,安徽省的优势产业,一方面建立在优势资源基础上。比如,由煤炭采选业到电力工业;由农业资源到农副产品加工、食品工业、烟草工业;由金属矿资源到冶金工业等。另一方面,安徽省在我国消费结构发生较大变化,从而导致相关产业迅速扩张中,也形成了一些具有竞争优势的产业,比如,电器及器材制造业、交通设备制造业等。电器及器材制造业是我国20世纪80年代中后期在全国各省区市普遍发展的产业,在其后的竞争中明显向沿海地区集中,而安徽仍能保持该产业的竞争优势。交通设备制造业是21世纪才迅速发展的产业,安徽的制造业基础相对薄弱,能在激烈的竞争中得到迅速发展,显示出安徽省制造业的综合竞争优势。

二、安徽省经济增长的特点

（一）安徽省原有经济发展水平较低

在实施中部地区崛起战略之前,安徽省经济发展水平较低。主要表现在以下几个方面。首先,人均国民收入较低,2005年,人均GDP为8675元,在中部六省中最低,位居全国各省区市中的倒数第四位,仅为全国平均水平的61.8%。其次,工业化水平低,2005年,人均工业增加值为2974.2元,仅相当于全国平均水平5887.9元的50.51%;就业人员占全国的4.59%,而工业就业人员仅占全国的2.53%。第三,城乡居民收入水平较低,2005年,城镇居民人均可支配收入8470.7元,在中部六省中最低,相当于全国平均水平的80.72%,;农村居民人均可支配收入2641.0元,在中部六省中也是最低,仅相当于全国平均水平的 81.13%。

（二）中部地区崛起战略实施以来经济增长较快

中部地区崛起战略实施以来，安徽省充分发挥其优势，获得了较快的经济增长速度，城乡居民收入大幅度增长，与全国的平均收入差距明显缩小。在 2005—2014 年，安徽省人均 GDP 占全国的比重由 61.8% 提高到 72.9%；城镇居民可支配收入由 2005 年的 8470.7 元增加到 2014 年的 24838.5 元，占全国的比重也由 2005 年的 80.72% 提高到 2014 年的 84.54%；农村居民可支配收入由 2005 年的 2641.0 元提高到 2014 年的 9916.4 元，占全国的比重也由 2005 年的 81.13% 提高到 2014 年的 100.25%。安徽省经济较快增长主要来源于工业的快速崛起，按当年价计算，在 2005—2014 年，全国的工业增加值增长速度为 10.23%，而安徽省高达 17.33%，并位居中部六省之首；工业增加值占全国的比重由 2005 年的 2.15% 提高到 2014 年的 3.35%。

三、安徽省崛起的路径选择

（一）区域经济发展重点向沿江地区转移

据前所述，经济发展的空间布局基本规律是，先集聚，后扩散。安徽省作为经济欠发达地区，在区域经济发展中不能采取撒胡椒面式的均衡发展战略，而是要选择能带动全省实现经济起飞和崛起的增长极。各省在选择增长极时，一般都强调省会城市在经济发展中的核心作用，但事实上，省会城市不一定具有经济增长中心的必需条件。以我国东部快速增长的省份为例，江苏经济增长主要依赖苏锡常，而不是南京；浙江经济增长主要依赖宁波和各类集群，而不是杭州；珠三角的增长主要依赖深圳、东莞、中山等新兴城市，而不是广州；山东的增长中心是青岛而不是省会城市济南。在安徽的经济发展中，当然离不开合肥的作用，尤其是要发挥合肥在人才培养和科技创新中的独特作用，但沿江地区在促进安徽经济崛起中的综合优势是显而易见的，特别是国家正在实施沿长江开发战略，使长江的沿江地区在我国未来的区域发展战略布局中占有更重要的地位，因此，安徽应当把区域经济发展重点转向沿江地区。

（二）积极承接长三角产业转移

长三角地区是我国制造业最发达的地区，制造业的集聚程度较高。长三角地区不仅集聚了全国重要的先进制造业，更多的还是传统制造业。这些传统制造业，面临着土地供给缺乏、环境污染严重、劳动力价格上升等一系列问题，已经并将继续丧失其发展优势和竞争优势。在此背景下，长三角地区发展的唯一出路是产业结构升级，与此同时必然伴随着能源消耗大、环境影响较大和劳动密集型产业向外转移。

安徽省和全国其他省份相比，在资源供给、劳动力价格和素质、区位条件、环境容量等方面都具有独特的优势。但应当注意的是，在我国目前的体制下，长三角各省市还是倾向于把这些产业由经济密集区和发达地区向经济稀疏和欠发达地区转移，因此，安徽省应当积极改善投资环境，尤其是转变政府管理职能，为吸引产业转移创造条件。

（三）加强交通运输建设

安徽省是我国农业大省，也是能源、原材料生产基地，产品外运量较大。虽然交通运输业为满足经济发展对客货运输的需要也获得较快发展，但总体而言，交通运输仍然不能适应经济崛起的需要。在中部六省中，安徽省的铁路营业里程居末位；公路运输里程居第四位，高速公路里程居第五位，一级公路里程居末位，交通运输建设落后于中部地区的平均水平。

以客运专线和城际铁路建设为重点，提升改造既有普通铁路，建成以合肥为中心，连接省内主要城市的快速客运铁路网，加快建设皖江、皖北城际铁路网。加快高速公路网络化建设，有序推进繁忙路段扩容改造，提高通行能力，建成"四纵八横"高速公路主骨架，实现所有县城联通高速；以加强省际、市际公路建设为重点，加快国省干线公路升级改造，优化路网结构，提高技术等级，提升综合运输能力。积极实施长江、淮河干流整治，推进引江济淮航运工程建设，构建"一纵两横"高等级航道主骨架。

（四）积极培育战略性新兴产业

安徽省在经济发展过程中，已经形成了一批具有比较优势的产业，在促进经济崛起过程中，要通过技术创新提升这些产业的竞争优势。同时，利用中国科学技术大学、合肥工业大学、安徽大学的原创技术能力和人才优势，通过体制创新与现有的企业、产业相结合，培育战略性新兴产业。根据安徽省"十三五"规划，将着力推动电子信息、智能装备、新材料等一批战略性新兴产业加速发展成为主导产业，引领带动产业转型升级。同时，大力发展新一代信息技术、智能装备、先进轨道交通装备、海洋工程装备和高端船舶、航空航天装备、节能和新能源汽车、新材料、新能源、节能环保、生物医药和高端医疗器械、现代农业机械等先进制造业。

（五）大力发展现代农业

安徽省是中部地区乃至全国重要的农业生产基地。继续强化农业发展，既是国家粮食安全和民生保障的需要,也是本省经济崛起的重要组成部分。农业发展必须以农业现代化为基本目标,积极构建现代农业产业体系、生产体系和经营体系。坚持最严格的耕地保护制度,坚守耕地红线,全面划定永久基本农田和口粮田,实施藏粮于地战略。在保口粮、保谷物的基础上,逐步构建粮饲兼顾、农牧结合、稻鱼共生、循环发展的新型种养结构。建立政府主导下的农业服务体系,促进农业的适度规模经营和专业化生产。通过产品质量安全工程、科技创新工程、耕地质量提升工程,发展绿色农业,满足城乡居民对农产品的需要。

第四节　江西省崛起的路径选择

一、江西省崛起的主要优势

江西省在经济崛起的过程中,要深入挖掘和充分利用沿江经济带建设和"长珠闽"发达地区带来的发展机遇,积极承接发达地区产业转移,全方位开展与发达地区的经济合作。同时,要通过创新提升骨干企业和优势产业的竞争能力,结合自身优势,积极发展战略性新兴产业,提高经济增长质量。

（一）区位条件

江西省比邻长三角、珠三角和福建东南沿海地区。这三个地区是改革开放以来我国经济增长最快的地区,目前都面临产业结构升级和产业转移,因此江西省所处的特殊地理位置使其在接受产业转移中具有独特优势。江西与这三个地区分别通过浙赣铁路、京九铁路、鹰厦铁路相连接,并且沿着三条铁路线都建设了高速公路,为相互间的物流、人流提供了十分便利的条件。

（二）相对的资源优势

江西省的有色金属资源相对比较丰富,储量居全国首位的矿产有 13 种,储量居第二位的有 7 种,铜、钨、银矿的储量在全国各省区市中也位居前列。作为革命圣地,井冈山、瑞金都是优质的红色旅游资源,而高达 60％的森林覆盖率和良好的生态环境也是具有潜在开发价值的旅游资源。江西省的水资源十分丰富,土地资源开发成本较低,这些都构成吸引投资的良好条件。

（三）劳动力资源优势

江西省作为欠发达地区,劳动力资源相对丰富,各种劳动力价格都相对较低。尤其是,江西省的职业教育比较发达,劳动力接受培训的比例相对较高。综合这些因素,江西省在发展劳动密集型产业中具有明显优势。在临近发达省份劳动密集型产业向外转移的背景下,江西省的劳动力优势对于承接这些产业转移更具有吸引力。

二、江西省经济发展战略的回顾与反思

(一)发展战略的回顾

改革开放后,江西省根据省情制定了长期发展战略,在《江西省 1980—2000 年发展战略纲要》中提出,要充分发挥资源优势,全面振兴江西经济。江西的资源优势包括:一是农业资源优势,把江西省建成商品粮基地和食品工业基地;二是有色金属和非金属矿产资源优势,把江西省建成有色金属工业基地和建材基地。1990 年制定的"八五"计划,继续把农业置于重要位置,提出的发展战略为"把江西经济大厦建立在现代农业基础上,打好农业开发总体战,加强基础工业和基础设施建设,推进农业工业化"。

在"九五"计划中,江西省确定了新的发展战略,继续坚持把经济大厦建立在农业基础上,同时要以京九铁路贯通为契机并利用沿江开发开放带来的机遇,开创大开放格局。要加强农业,主攻工业,繁荣第三产业,推进基础设施建设,加快县域经济发展,加速工业化和城镇化进程。

进入 21 世纪后,江西省在反思以往的发展战略基础上,确立了以加快推进工业化为目标,以"对接长珠闽,融入全球化"为途径,促进江西经济崛起的战略思路。在"十一五"规划中进一步提出,要大力推进农业和农村现代化、新型工业化、新型城镇化、经济国际化和市场化,建设创新创业江西、绿色生态江西、和谐平安江西,提升发展质量和层次,增强经济社会综合实力。在"十二五"规划中,提出了高速经济增长目标,全省生产总值年均增长率在 11% 以上,按当年价格计算,到 2015 年达到 18000 亿元,在执行中力争达到 20000 亿元。在产业结构调整中,要超常规发展新兴产业,并加快发展现代服务业。

(二)发展战略的反思及其对经济发展的影响

改革开放初期,江西省制定的"充分发挥资源优势,全面振兴江西经济"的战略思路一直影响着该省的经济发展。从全国范围看,江西省并非是资源大省,以矿产资源为例,江西省的有色金属资源的确较为丰富,但优势并不突出,更主要的是,有色金属不像煤炭、石油等矿产资源那样能对国民经济产生显著影响。因此,有色金属资源的开发,无论其产值还是对国民经济的影响和带动作用都十分有限。从农业资源看,江西省的优势就更不明显了,无论是人均耕

地面积还是耕地质量都难以显示出江西省的优势。

这一时期的发展战略最值得反思的是,没有把推进工业化作为实现经济起飞的核心。在江西省的发展战略中,始终重视农业的发展,比如,要"把江西的经济大厦建立在稳固的现代农业基础上",再比如,要"立足农业,主攻工业"。当然,在我国再怎么强调农业的重要性都不过分,尤其是现在。但改革开放后至 20 世纪 90 年代,我国各种主要农产品都能够满足国内的需要,甚至一度出现"卖粮难"的情况,从而各级政府强调调整农业结构。因此,过度强调农业的基础地位而相对忽视工业在经济发展中的核心地位对江西省的经济发展产生了重要影响。1978 年,江西省人均 GDP 为 276 元,相当于全国平均水平的 72.8%,在中部六省中居第 4 位;1998 年,江西省人均 GDP 为 4484 元,相当于全国的 70.1%,在中部地区排名下降到第 6 位。

进入 21 世纪后,江西省调整了经济发展战略,突出了工业的重要地位,尤其是寻找出推进工业化的实现途径,这就是"对接长珠闽",并取得显著的经济发展成效。2005 年,江西省 GDP 为 4070 亿元,占中部地区 10.95%,高于 2001 年的 10.10%,表明"十五"期间江西省的经济增长速度高于中部地区的平均水平。同年,江西省人均 GDP 为 9440 元,超过安徽省,上升到中部地区的第 5 位。应当看到,"十五"时期,我国煤炭、钢铁需求量大幅度增长,且价格上涨幅度较大,从而有利于具有优势的山西、安徽、河南、湖北等省的经济发展。因此,在这种背景下,江西省能取得较快经济增长是十分难得的。

三、江西省崛起的路径选择

(一)大力推进工业化

工业化是实现经济崛起的必然选择。江西省已经确立了"以工业化为核心、以大开放为主战略"的发展思路,在促进江西经济崛起中,要始终围绕加快推进工业化这一主线。在推进江西工业化中,而能否加快工业化的关键是要选择能够带动经济发展的主要产业。江西省的工业发展不能依赖矿产资源,但也不能脱离矿产资源。有色金属是江西省的优势资源,2005 年,有色冶金工业增加值占全部工业的 10.39%,如果加上有色金属采矿,增加值可以增加到 12.93%,在全国各省区市中,这一比重是最高的。发挥资源优势,并不仅仅是把资源转化为产品,把潜在价值转化为现实价值,而是要通过深加工和再加工,提高输出产品的附加价值。2003 年,江西省铜的产量占全国的 19.95%,但铜加工只占全国的 1.91%,也就是说,江西省主要向外输出的是铜,而把提高附加价值的环节送给了其他地区,因此江西省要把铜加工产业作为新兴产业予以支持。

医药制造业是江西省一直具有优势的产业,而且这一产业具有良好的发展前景。江西省应当继续支持医药工业的发展,提高在全国医药工业中的竞争优势,关键是要增强医药企业的研发能力和提高新产品研制水平。江西省在交通设备制造业和部分装备制造业的发展中也积累了一定经验,要充分利用我国支持这两类产业发展的机遇,将其做大变强。

(二)积极承接"长珠闽"的产业转移

进入 21 世纪以来,长江三角洲、珠江三角洲和闽南地区,经过长期以劳动密集型产业、加工贸易产业为主导的快速发展,经济增长模式越来越受到劳动力价格攀升、土地供给紧张、环境污染加剧等问题的困扰,产业结构升级和产业转移迫在眉睫。江西省比邻这三个地区,和中部地区其他省份相比,接受产业转移的地理位置最为优越,因此产业转移取得显著成效。以纺织业为例,2001 年增加值占全国的 0.76%,2003 年提高到 0.94%,2005 年提高到 1.09%,2015 年则提高到 2.79%。由此可见,自 2005 年以来,江西省承接发达地区产业转移的速度明显加快。江西省在承接"长珠闽"产业转移中也会遇到激烈的竞争,从区位上看,在吸引长三角地区产业中,安徽省的竞争优势更为明显,在吸引珠三角地区产业转移中,会遇到湖南、广西等省区市的竞争。因此,在对接"长珠闽"中,要综合分析省内各地区的优势,并根据地理特点、现有的运输通道、配套产业等,选择合适的地区分别对接长三角、珠三角和闽南三角洲地区,以期通过承接产业转移获得最大的增长效应。

(三)推进重点开发轴线和增长极建设

京九铁路纵贯江西省南北,从九江过南昌、吉安到赣州,是该省最重要的交通干线。该铁路线通过的地区,南昌人均 GDP 最高,2015 年为 75879 元,是全省人均 GDP 的 2 倍;九江的人均 GDP 略高于全省人均水平,为 39505 元;吉安、赣州的人均 GDP 分别只有 27168 元和 23148 元,位居全省地级市的倒数第三和倒数第一位。基于此,江西省仍然要以京九线为重点开发轴线,带动沿线地区经济发展,缩小沿线地区与其他地区的经济发展差距。

浙赣—湘赣线是横穿本省东西的铁路干线。以南昌为枢纽,浙赣线从浙江进入江西的上饶,在鹰潭与鹰厦线连接,到达南昌。在沿途的上饶、鹰潭两个城市中,鹰潭经济较为发达,而上饶经济较为落后。湘赣线从湖南进入本省的萍乡,通过宜春和新余到达南昌。在沿途城市中,萍乡、新余较为发达,而宜春相对落后。浙赣—湘赣线穿越本省六个地区,而且总体经济相对发达,在江西经济崛起中仍然发挥主导作用。

在江西省增长极选择中,南昌作为本省省会城市应当发挥核心作用。但根据本省的发展战略,在推进工业化中,更应当以地级市为核心建立次级增长极。九江应当利用沿江开发、开放带来的发展机遇,通过沿江港口的优势对接长三角地区的江苏和上海。赣州通过京九线与珠三角连接,可以把赣州打造为对接珠三角地区的主要地区。上饶是最接近浙江的地区,而浙江民营经济发达,对外投资活跃,应当积极创造条件,通过吸引浙商投资,实现经济起飞。鹰潭交通地理位置优越,经济基础较好,应进一步创造条件,承接闽南地区的产业转移。

第五节 河南省崛起的路径选择

一、河南省崛起的主要优势

河南省在促进经济崛起的过程中,要充分发挥其综合优势。积极利用农业和其他资源优势,强化初级产品的加工和再加工,通过延伸产业链获得更多的经济利益。依托制度创新和体制创新,为现有企业创造更好的发展环境,提升优势企业和产业的竞争能力。大力发展战略性新兴产业,提高工业发展质量和水平。以城市化和城市群建设为重点,促进生产要素向增长极和增长轴线集聚。

(一)区位和交通条件

河南省地处我国腹地,古称为中原地区,是中华文明的主要发源地之一。作为我国地理意义上的中部,具有承东启西、连接南北的区位特点。在我国地区分工日趋强化的背景下,这种特殊的区位条件,将成为东西南北货物的流经之地。因此,在我国早期的铁路规划中,主要承担南北、东西客货运输的京广铁路和陇海铁路都穿越河南省,目前这两条铁路大动脉仍然在我国南北、东西客货运输中发挥主干道作用。京广铁路把河南省与经济发达的环渤海地区、珠江三角洲地区连接在一起,陇海铁路可以使河南省直接通向东部港口——连云港,向西通往西安、兰州、乌鲁木齐等西部经济中心,并通过这座欧亚大陆桥进入中亚和欧洲地区。流经本省的主要交通干线还有:京九铁路、宁西铁路、太焦—焦枝铁路,以及京珠、连霍高速公路。这些连接全国东西南北的主要交通干线,可以使本省与全国各地区形成便利的经济联系。

(二)资源丰富

1.农业资源

河南省的农业资源丰富,2015年,耕地面积810.59万公顷,位居全国各省区市的第三位;草原面积 443.38 万公顷;园地面积 22.06 万公顷。其中耕地资源利用程度最高,农作物播种面积 1442.50 万公顷,居全国第一位,表明河南省耕地质量优良。丰富的耕地资源使河南省成为我国诸多农产品的生产和输出基地。2015 年,粮食产量 6067.1 万吨、油料产量 599.7 万吨,都居全国第一位;水果产量 2665.1 万吨,仅次于山东省,位居全国第二位;烟叶产量 28.8 万吨,次于云南和贵州,位居全国第三位。巨大的需求和丰富的农业资源,也使河南的肉类产量和禽蛋产量居全国第二位。

2.矿产资源

河南省是全国少有的各种矿产资源都比较丰富的省份。在已发现的 154 种矿产中,探明储量的有 77 种,居全国前 10 位的有 47 种。河南的煤炭资源、石油和天然气资源都有一定储量,2015 年,煤炭资源储量达 86.0 亿吨,石油和天然气储量分别为 4631.1 万吨和 72.2 亿米^3;原煤产量 1.36 亿吨,原油产量和天然气产量分别为 412.05 万吨和 4.99 亿米^3。在有色金属方面,铝土资源储量 14514.9 万吨,仅次于贵州,居全国第二位,此外还有铜、铅、锌等矿产。2015 年,氧化铝产量 1295.1 万吨,占全国 21.95%;电解铝产量 325.9 万吨,占全国的 10.37%;十种有色金属产量 521.3 万吨,占全国的 10.11%。

3.旅游资源

河南省作为中华文明的主要发祥地之一,而且长期是我国的政治和文化中心,积累了大量反映古代文明特色的文物古迹,被称为"中国历史自然博物馆"。河南省的地下文物数量居全国第一,地上文物数量居全国第二,拥有世界历史和地质遗产保护区 4 处,国家地质公园 6 个,生态示范区 22 个,自然保护区 8 个。总之,河南省是我国旅游资源最丰富的省份之一,旅游业具有良好的发展前景。

二、河南省经济发展取得的主要成就

(一)经济增长较快

河南省是我国农业大省,因此长期以来是以农业,特别是粮棉油等主要农产品参与全国地区分工的,工业发展较少受到国家政策的扶持,但改革开放后,河南省依托自身具有的各种优势,使经济获得较快增长。具体表现为河南省 GDP 占全国的比重有所提高。1978 年,河南 GDP 占全国的比重为 4.42%,2000 年上升到 5.04%,2015 年进一步提高到 5.40%。

(二)产业结构发生显著变化

改革开放后,在经济增长和需求结构变化的影响下,河南省的产业结构发生了巨大变化。第一产业,虽然也取得较快发展,主要农产品产量大幅度增长,但在 GDP 的构成中仍然大幅度下降。如表 11-2 所示,第一产业占国民经济的比重由 1978 年的 39.8％下降到 2005 年的 17.9％,2015 年进一步下降到 11.4％。第二产业占比呈现出先上升后下降的变动轨迹,在 1978—2005年,第二产业占 GDP 比重总体上处于上升趋势,由 42.6％提高到 52.1％;2005 年以来出现明显下降,到 2015 年下降到 48.4％。进一步分析会发现,第二产业这种变化轨迹主要受到工业占比的变化的影响,而建筑业占比变化没有出现有规律的变动趋势。第三产业占比变化,虽然交替出现上升和下降的现象,但总体趋势是上升的,由 1978 年的 17.6％上升到 2015 年的 40.2％。从 2005 年以来产业结构的变动趋势看,推动经济增长的主要动力已经由第二产业转向第三产业。

表 11-2　改革开放后主要年份河南省产业结构

单位:％

年份	第一产业	第二产业	第二产业中的工业	第二产业中的建筑业	第三产业
1978	39.8	42.6	36.3	6.3	17.6
1985	38.4	37.6	31.9	5.7	24.0
1990	34.9	35.5	30.9	4.6	29.6
1995	25.5	46.7	42.1	4.6	27.8
2000	23.0	45.4	39.6	5.8	31.6
2001	22.3	45.4	39.5	5.8	32.3
2002	21.3	45.9	40.0	5.9	32.8
2003	17.5	48.2	41.9	6.3	34.3
2004	19.3	48.9	42.6	6.3	31.8
2005	17.9	52.1	46.3	5.8	30.0
2015	11.4	48.4	42.8	5.6	40.2

资料来源:河南统计局.河南统计年鉴 2016[M].北京:中国统计出版社,2016.

(三)具有较强的经济实力和一批优势产业

河南省属于我国经济欠发达地区,虽然人均 GDP 不高,2015 年为 39123元,仅为全国平均水平的 78.26％,但人口规模居全国第一,因而总体经济实力较强。2015 年,生产总值为 37002.16 亿元,在全国居第五位。

河南省在长期经济发展中,充分发挥省内的各种优势,并形成诸多具有较强竞争力的产业。除农业外,在工业领域也形成了一批具有竞争优势的产业,

2014年,河南省工业主营业务收入占全国的6.14%,而煤炭采选业占全国的9.09%、有色金属矿开采和冶炼分别占全国的42.43%和9.26%、农副产品加工业占全国的8.77%、食品制造业占全国的11.37%、非金属矿开采和制品业分别占全国的8.35%和13.45%。这些产业都具有较高的区位商,不仅支撑着河南省的快速经济增长,而且也是参与全国地区分工的主要产业。

三、河南省崛起的路径选择

(一)巩固粮棉油生产

河南省是我国最重要的农业生产基地,特别是粮棉油生产,对稳定全国的供给和价格都具有不可替代的作用。但巩固粮棉油等重要农产品在我国的战略地位,还面临着诸多挑战。其中最主要是农业基础设施落后。由于长期投入不足,河南和全国其他省区一样,新增的基础设施不足,原有的设施年久失修,使用效率低。粮棉油等农业生产,对我国13亿人口的大国来讲,始终占有特殊地位,这些农产品具有准公共产品的特质,而我国主要粮棉油生产基地主要位于欠发达省份,农民和地方政府缺乏投入的经济能力,中央政府应当成为农业基础设施投入的主要承担者。

(二)加快工业化进程

河南省目前城市化水平低,“三农”问题突出,解决这些问题的根本途径是加快工业化进程。在长期的发展中,河南省的工业已经具有一定的经济实力,并形成了诸多主要建立在自愿基础上的支柱产业。一方面,河南省未来的工业化不能脱离所具有的资源优势,也不能过度依赖资源密集型产业,重点是对资源性产品进行加工和再加工,通过延伸产业链,以获得更多的附加价值。另一方面,要充分利用本省具有的产业基础、区位优势、劳动力优势,在东部地区产业转移中获得更多的份额。河南省在工业化中,最主要的优势,就是劳动力优势,目前本省的劳动力优势在发达地区转化为生产力,而对本省经济的贡献不足。要把资源优势、劳动力优势和东部地区产业转移带来的机遇结合起来,使其成为推进本省工业化的主要动力,同时这也是解决“三农”问题的根本途径。

河南省工业化必须借助外力,事实上,东部沿海地区的快速发展,在很大程度上受惠于外资和对外贸易。目前,不仅东部地区丧失比较优势的产业要向中西部地区转移,而且外资在我国也有向东部以外地区投资的趋向。在这种背景下,河南省应当发挥自身具有的综合优势,并努力改善投资环境,提高政府服务水平和效率,为省外企业投资创造良好条件。

（三）构建以郑州为核心的经济增长极

河南是我国人口最多的省份，蕴藏着丰富的人力资源。2015年，劳动力总量6636.0万人，占我国就业人数的8.56%；职业中学和普通高等学校在校学生分别有39.80万人和176.69万人。丰富的人力资源是河南省经济增长最具潜力的生产要素和优势。另外，河南省也是各种资源丰富的省份，这些资源优势的充分发挥，使河南经济近年来增长很快，明显高于全国的平均水平。2005年，GDP总量首次超过1万亿元；2015年，GDP总量则超过3万亿元。以郑州为核心的河南中北部地区，已经形成城市密集分布且经济集聚程度较高的增长极，通过发达的高速运输网络，把洛阳、开封、新乡、焦作、许昌、漯河、平顶山、济源等次级经济中心连接在一起。河南中北部地区面积占全省的35.1%，2015年，人口、GDP分别占全省的45.1%和58.4%，城镇化水平和人均GDP分别高出全省8百分点和30百分点。该地区在长期的发展中已经形成机械、纺织、农副产品加工、能源、有色金属冶炼等具有优势的产业。

郑州是我国最重要的铁路枢纽之一，我国最重要的南北向铁路京广线和东西向铁路陇海线在此交汇。通过陇海线这条亚欧大陆桥，河南省可以便捷地参与国际分工，其产品既可以通过陆路进入中亚乃至欧洲地区，也可以通过连云港进入世界其他地区。这一增长极在中部地区通过太焦线连接以太原为核心的晋中增长极；通过京广线与武汉、长沙相连。因而在中部地区崛起和我国区域经济空间布局中具有较为优越的地理位置。

第六节　湖北省崛起的路径选择

一、湖北省崛起的主要优势

湖北省在实现经济崛起的过程中，要大力推进长江城市群建设和沿江经济带建设，促进生产要素向增长极和经济带集聚。充分利用省内的科技和教育优势，大力发展战略性新兴产业，促进科技优势转化为经济优势。以科技创新、制度创新为动力，促进现有骨干企业和优势产业的持续发展。

（一）区位优势和交通条件

湖北自古就有九省通衢之称，标志着湖北在我国的区位和交通优势。长江作为我国空间经济布局的主要开发轴线，从西向东分别流经本省的宜昌、荆州、武汉、黄冈、黄石等较为发达地区，使这些地区可以通过长江运输大通道便利地与省内外其他地区,特别是长江沿线地区进行经济联系。京广铁路是流经本省的国家主要干线铁路,从北向南流经本省的孝感、武汉、咸宁地区,使这些地区便利地与中部的长株潭经济中心、郑州经济中心发生经济联系,并可南至珠三角地区、北通京津冀地区。省内已建成以武汉为中心连接主要次级经济中心的高速公路,部分已与省外高速公路连接,增加了与其他省份发生经济联系的干线通道。

（二）具有良好的产业基础

湖北历来就是我国的农业生产基地,同时也是我国现代工业发展较早的省份。在长期的发展中,形成了诸多在全国具有显著影响的产业。湖北省形成了以汽车制造业、农副产品加工业、化学工业、非金属矿制品、黑色金属冶炼为主的工业结构,2014 年上述产业分别占工业产值的 12.48%、10.56%、9.04%、6.99%、5.95%,在全国地区分工中具有显著优势。

（三）科教资源相对丰富

湖北省是我国高等院校、研究机构和国有企业较集中的省份,科教资源十分丰富。2015 年,湖北省人口占全国的 4.26%。其中,高校毕业生 38.86 万人,占全国的 5.70%;高校在校学生 140.87 万人,占全国的 5.36%;高校专任教师 8.34 万人,占全国的 5.30%;科技活动人员 37.88 万人,占全国的 5.01%;科学家和工程师共 14.67 万人,占全国的 5.73%。丰富的科教资源,不仅能够为经济社会发展培养高素质的专业人才和劳动力,为经济发展提供技术支持,而且有助于高新技术产业的发展。

二、湖北省崛起的路径选择

（一）加快武汉城市圈发展

武汉市位于京广铁路和长江的交汇处,地理位置十分优越。武汉及其附近的大冶是我国最早的工业基地,1949 年后这一地区发展工业的优势得到进一步发挥,形成了钢铁、有色金属冶炼、机械、纺织、化工等一批有竞争优势的产业部门。武汉的科技和高等教育发达,是华中地区的科教中心。在武汉的扩散作用下,周边地区经济得到迅速发展,从而形成以武汉为核心,包括黄石、黄冈、咸宁、仙桃和孝感等地区的经济密集区。2014 年,该经济密集区人口达 2756.77 万人,占全省的 47.40%;GDP 总量为 15636.43 亿元,占全省的 54.42%,人均 GDP 是全省平均水平的 120%。总体而言,以武汉为核心的增长极已基本形成。该经济密集区的经济发展水平和综合经济实力显著高于省内其他地区,并具有带动全省实现崛起的现实基础和潜力。

（二）大力发展先进制造业

湖北省具有发展高新技术产业的人才优势,武汉是我国高校最为集中的地区之一,科研人员数量较多,素质较高,成果突出。在我国实现工业大国向工业强国转变过程中,高新技术产业将发挥突出作用。虽然湖北省的工业仍然处于规模扩张阶段,但通过发展高新技术产业实现规模扩张将显著提高工业的竞争力和持续发展能力。以武汉为例,2005年,高新技术产业增加值为292.0亿元,到2015年则增加到2185.1亿元,年均增长率高达22.29%。在电子信息、先进制造、新材料、生物医药和医疗器材等产业形成明显优势,2015年,这些产业增加值分别为462.2亿元、835.8亿元、167.2亿元和67.7亿元。其中规模以上高新技术产业增加值1575.3亿元,占全部规模以上工业增加值的44.9%。正因为高新技术产业的高速成长,从而带动武汉乃至湖北省工业的高速增长。

（三）促进区域经济协调发展

湖北省区域发展差距较大,2015年,武汉的人均GDP为105973.98元,分别是黄冈、荆州、孝感的4.11倍、3.75倍、3.47倍。全省人均GDP为50808.44元,高于全省均值的只有武汉、宜昌、鄂州、襄阳,四地人口合计占全省人口的36.56%。当然,湖北目前还处于经济发展水平较低阶段,生产要素的集聚过程还没有结束。即使将来经济发展水平达到较高阶段,也仍然会存在区域发展差距问题,但我国目前的行政管理体制,会造成生产要素过度向发达地区特别是省会城市集聚。湖北各地区具有的区位特点、资源优势、支柱产业等都存在明显差异,要以合理分工和发挥各自优势为前提,促进区域经济协调发展。

第七节　湖南省崛起的路径选择

一、湖南省崛起的主要优势

湖南省在实现经济崛起的过程中,要继续支持铁路设备制造业、专用设备制造业,以及其他优势产业的发展,促进行业内的龙头企业做大做强,为本省经济发展做出更大贡献。大力发展长株潭城市群,促进优质生产要素持续向城市群集聚。充分利用区位优势,积极承接珠三角产业转移。

（一）独特的区位优势和交通条件

湖南省位于中部六省的南端,靠近珠江三角洲。我国南北向大动脉——京广铁路,通过湖南进入广东境内和珠三角地区相连,正在建设的武汉—广州客运专线,更拉近了湖南与珠三角的距离。在泛珠江三角洲的省区合作中,湖南毫无疑问成为香港和珠三角地区向外辐射和扩散的优先选择地区。目前,珠三角是沿海三大经济圈中向外转移产业趋向最明显的地区,从而为湖南的经济崛起提供了难得的发展机遇。

除京广铁路外,流经本省的铁路还有湘赣铁路、湘黔铁路和穿越本省西部的枝柳铁路。2015年,境内铁路营业里程4521千米,位居各省区前列。省内公路线路里程236886千米,其中等级公路213512千米,高速公路5653千米,一级和二级公路合计13898千米。以长株潭为中心连接省内主要城市的公路体系已初步形成,并与江西、湖北、广东的高速公路连接,增强了与省外联系的便利程度。省内内河航运里程11968千米,居全国第三位,居中部地区第一位,2015年完成货运量和货物周转量214130万吨和4149.45亿吨/千米。

（二）形成一批具有较强竞争优势的产业

湖南省素有"鱼米之乡"的美称,稻谷产量一直位居各省区市首位,2015年,产量达2849.83万吨,占全国的13.69%,是我国最大的大米输出地区。淡水产品产量261.32万吨,位居全国第五位。肉类产量540.1万吨,居各省区市第四位,人均产量79.6公斤,是全国人均的1.27倍,因而也是肉类产品的主要输出省份。

在丰富的农林资源和农林产品基础上,湖南省的农副产品加工业、食品制造业、木材加工、造纸业也都具有一定的竞争优势。2015年,这四个产业的销售产值合计占全省工业产值的17.97%。湖南省的有色金属资源、非金属矿产资源都比较丰富。在有色金属矿产开采的基础上,形成了有竞争力的有色金属冶炼工业,2015年,有色金属矿开采和冶炼的销售产值分别占全省工业的1.03%和7.73%。在非金属矿产资源开发的基础上,非金属矿制品业、化学工业都形成具有优势的产业,2015年,非金属矿制品和化学工业的销售产值分别占全部工业的7.61%和8.08%。湖南省的烟草制品业具有显著的优势,2015年,产值占全国的9.36%。专用设备制造业也具有较强的竞争优势,2015年,销售产值占全部工业的7.43%。

二、湖南省经济增长的特点

(一)2005 年之前经济增长率相对较低,投资不足

改革开放以来,湖南省的经济增长率也比较高,在 1978—2005 年,年均经济增长率达 9.05%。较高的经济增长率,显著提高了经济实力和城乡居民的生活水平。但和全国以及中部其他省份相比,湖南省的经济增长率却相对较低,在此期间,全国的经济增长率达 9.65%,而中部其他五省的经济增长率由高到依次为:安徽 10.23%、湖北 10.11%、河南 10.00%、山西 9.82%、江西 9.81%。

经济增长率较低的原因主要来源于投资不足。1985 年,湖南省 GDP 占全国的 3.90%、中部地区的 17.89%,而投资占全国的 3.28%、中部地区的 15.76%;1990 年湖南省 GDP 占全国的 4.01%、中部地区的 18.51%,而投资占全国的 2.75%、中部地区的 15.69%;1995 年,湖南省 GDP 占全国的 3.75%、中部地区的 18.40%,而投资占全国的 2.71%、中部地区的 16.58%;2000 年,湖南省 GDP 占全国的 3.79%、中部地区的 18.65%,而投资占全国的 3.07%、中部地区的 18.08%;2005 年,湖南省 GDP 占全国的 3.29%、中部地区的 17.47%,而投资占全国的 2.86%、中部地区的 15.47%。由此可以看出,在所列出的主要年份中,湖南省的投资占全国及中部地区的比重都低于 GDP 所占比重,正是投资相对不足,导致经济增长率相对较低。

工业化是实现经济崛起的关键,我国沿海地区的发展经验已经证明了这一点,中部地区也不能例外。在 1978—2005 年,湖南省工业化取得巨大进展,工业增长速度高达 11.52%,明显高于 9.05% 的经济增长速度。但工业增长速度低于全国平均水平,工业占全国的比重明显下降。1978 年,GDP 占全国的比重为 4.03%,而工业仅占 3.22%;1985 年,GDP 占全国的比重为 3.90%,而工业占 3.19%;1990 年,GDP 占全国的比重为 4.01%,而工业占 3.64%;1995 年,GDP 占全国的比重为 3.75%,而工业占 2.63%;2000 年,GDP 占全国的比重为 3.79%,而工业占 2.73%;2005 年,GDP 占全国的比重为 3.29%,而工业仅占 2.84%。以上所列数据,不仅传递出这样的信息,湖南省工业发展落后于全国平均水平,而且也表明,湖南经济增长对工业增长的依赖性。当工业占全国比重下降时,GDP 占全国的比重也下降,即工业发展滞后事实上是导致湖南经济难以快速增长的主要原因。

(二)2005 年之后经济增长速度较快

自实施中部地区崛起战略以来,湖南省的经济增长速度明显加快。在

2005—2015 年,湖南省的 GDP 增速高达 13.38%,大幅度超过全国9.61%的平均水平,从而与全国的发展差距显著缩小。2005 年湖南省人均 GDP 只有全国的 74.23%,到 2015 年则提高到 85.52%。

湖南省在 2005 年之后经济增长速度较快,在很大程度上依赖于较快的投资增长速度,以 2011—2015 年这五年为例,2011 年、2012 年、2013 年、2014 年、2015 年的固定资产投资增长速度分别为 27.9%、25.0%、26.1%、19.4%、18.2%;而这五年全国的投资增速分别为 23.8%、20.3%、19.1%、15.2%、9.6%,湖南的固定资产投资增长速度明显高于全国的平均水平,因此湖南的投资总额占全国的比重持续增加,2005 年占全国的比重为 3.33%,2010 年提高到 3.90%,2015 年,提高到 4.61%。

自 2005 年以来,湖南省的工业增长速度高达 15.2%,是带动经济加速成长的主导因素,并且工业增速大幅超过全国 9.8%的均值,从而使湖南的工业增加值占全国的比重持续增加。2005 年占全国比重为 2.84%,2015 年提高到 4.65%。

三、湖南省崛起的路径选择

(一)加快城市化进程

工业化和城市化存在密切的互动关系,工业化是城市化的基础和动力源泉,而城市作为工业的载体并为工业的发展提供所需要的各种服务。我国城市化水平本来就滞后于工业化水平,城市化滞后制约了工业化的健康推进,而湖南省的城市化又明显落后全国的平均水平,2015 年,湖南省的城市化水平为 50.89%,明显落后全国 56.1%的平均水平。加快城市化进程,不仅可以为推进工业化提供更好的载体和吸引省外投资创造良好的条件,而且可以带动基础产业和诸多相关产业的发展,为工业发展提供需求。同时,从本质上讲,城市化就是农村人口向城市迁移的过程,因此通过加快城市化进程,使更多的农民从农村进入城市,从农业转入非农产业,减轻农业资源的人口承载力,是解决"三农"问题的根本途径。

(二)全面融入珠三角经济圈

据前所述,珠三角地区是我国改革开放以来成长最快的地区之一,目前在劳动力价格、土地供给和环境压力下,需要向外转移丧失比较优势的产业。湖南省相对于其他省份来讲,在承接珠三角产业转移中具有相对优势,但比邻珠三角的江西、广西也具有相似的优势。因此,在承接珠三角产业转移中,不能"等",要争取。在争取更多的产业转移份额中,不仅仅是政府官员带头招商引资,还要改善投资环境。应当认识到,珠三角地区转移的产业,大部分是外向型产业,而且和流出地的企业存在某种程度的投入产出关系,因此要选择比邻珠三角的边界地区城镇作为吸引投资的重点地区,同时要增加与珠三角地区实现快速联系的交通通道,减少运输成本。更重要的是,改变政府管理职能,提高服务水平,降低企业与政府之间的交易成本。

湖南和珠三角地区之间存在诸多互补关系,湖南省在促进经济崛起中要充分利用这种互补性带来的发展机遇,把珠三角的市场、资金、管理、技术与本省具有的资源、劳动力等优势相结合,力求建立更密切的经济关系。

(三)构建经济崛起的支柱产业

湖南省在快速增长中已经建立了能体现其竞争优势的支柱产业,从工业领域看,主要是烟草制品业、农副产品加工业、有色金属冶炼、专用设备制造业、交通设备制造业等。这些优势产业经过长期的发展积累了技术优势、市场竞争力,以及具有核心竞争力的重要企业,比如,专用设备制造业中的三一重工股份有限公司、中联重科股份有限公司,交通设备制造业中的中车株洲电力机车有限公司等。

在已有的支柱产业中,由于我国高铁和地铁投资持续增加,以及汽车需求持续增加,湖南的交通设备制造业在2010—2015年获得高达19.93%的年均增长率,农副产品加工业的增长率也高达23.94%。表明这两个产业处于快速增长周期,在湖南省未来的工业成长中仍将发挥重要作用。但受制于行业发展环境的变化,或者行业景气周期的变化,其他支柱产业的成长受到一定制约。比如,烟草制品业的增长率为10.71%,有色金属冶炼增长率为10.84%,专用设备制造业增长率为12.99%。湖南省的这三个重要支柱产业在2010—2015年的增长率都低于全省工业14.10%的年均增长率,超过10%的增长率依然表明这些产业具有明显的竞争优势,但低于全省工业的增长速度,也表明这些产业对工业增长速度的贡献率明显下降。

确定新的支柱产业的主要依据是成长速度,在2010—2015年,食品制造业的年均增长速度达18.91%,占工业产值的比重也提高到2.82%;计算机、通信和其他电子设备制造业年均增长率高达42.48%,占工业产值的比重也提高到5.01%;电气机械和器材制造业年均增长率为17.96%,占工业产值的比重提高到4.65%。由此可见,食品制造业、计算机、通信和其他电子设备制造业、电气机械和器材制造业的增长速度都高于全省工业的增长速度,具有成为支柱产业的潜力。

（四）提升长株潭经济增长极的发展质量

长株潭增长极，包括长沙、株洲、湘潭三个城市的市区，以及所辖的长沙县、望城县、浏阳市、宁乡市、株洲县、攸县、醴陵市、茶陵县、炎陵县、湘潭县、湘乡市和韶山市。2015 年，长株潭增长极的人口总数为 1425.6 万人，占全省的21.0％，GDP 总量 12548.34 亿元，占全省的 41.2％，人均 GDP 为 88543 元，是全省平均水平的 1.96 倍。规模以上企业工业总产值占全省的 44.8％；地方财政收入占全省的 40.9％。该地区集中了湖南省的高等学校、科研机构和大型国有企业，科技人才和工程技术专业人才丰富，是本省科技创新基地。由此可以看出，该增长极的发展水平明显高于全省的平均水平，是全省经济发展的精华所在，对于支撑湖南省经济崛起具有不可替代的作用。湖南省要充分发挥长株潭的综合优势，提高其工业和经济发展的水平和质量。

参考文献

安徽省统计局. 安徽统计年鉴 2006[M]. 北京：中国统计出版社, 2006.

安徽省统计局. 安徽统计年鉴 2016[M]. 北京：中国统计出版社, 2016.

安徽省统计局. 安徽统计年鉴 2015[M]. 北京：中国统计出版社, 2015.

毕世杰. 发展经济学[M]. 北京：高等教育出版社, 2005.

陈计旺. 地域分工与区域经济协调发展[M]. 北京：经济管理出版社, 2002.

陈计旺. 东部地区产业转移与中部地区经济发展[J]. 山西师范大学学报, 2003(3).

陈计旺. 影响东部地区产业转移的主要因素分析[J]. 生产力研究, 2007(5).

陈建军. 中国现阶段产业区域转移的证实研究[J]. 管理世界, 2002(6).

国家统计局. 中国统计年鉴 2006[M]. 北京：中国统计出版社, 2006.

国家统计局. 中国统计年鉴 2016[M]. 北京：中国统计出版社, 2016.

国务院办公厅. 中共中央国务院关于促进中部地区崛起的若干意见[EB/OL]. (2006-05-19)[2016-06-21]. http://www. gov. cn/zhengce/content/2008-03/28/content_1984. htm.

国务院办公厅. 国务院关于中西部地区承接产业转移的指导意见[EB/OL]. (2010-08-31)[2016-10-11]. http://www. gov. cn/gongbao/content/2010/content_1702211. htm.

国务院办公厅. 国务院关于大力实施促进中部地区崛起战略的若干意见[EB/OL]. (2012-08-27)[2016-09-11]. http://www. gov. cn/gongbao/content/2012/content_2218027. htm.

国家发改委. 我委印发《促进中部地区崛起“十三五”规划》[EB/OL]. (2016-12-23)[2017-10-21]. http://www. ndrc. gov. cn/gzdt/201612/t20161223_832460. html.

国家统计局. 中国统计年鉴 2015[M]. 北京：中国统计出版社, 2015.

国家统计局国民经济综合统计司. 新中国五十年统计资料汇编 1999[M]. 北京：中国统计出版社, 1999.

国家统计局. 中国工业经济统计年鉴 2004[M]. 北京：中国统计出版

社,2004.

工业和信息化部.工信部发布《产业转移指导目录(2012)年本》[J].中国军转民,2012(9).

国家发改委.发展改革委印发长江中游城市群发展规划[A/OL].(2015-04-16)[2017-04-18]. http://www. gov. cn/xinwen/2015/04/16/content_2848120. htm.

国家发改委.发展改革委关于印发中原城市群发展规划的通知[EB/OL].(2017-01-15)[2017-09-17]. http://www. gov. cn/xinwen/2017-01/05/content_5156816. htm.

国家统计局.中国统计年鉴1999[M].北京:中国统计出版社,1999.

国家统计局.中国工业经济统计年鉴1991[M].北京:中国统计出版社,1991.

国务院办公厅.国务院关于印发《中国制造2025》的通知[EB/OL].(2015-05-08)[2017-07-19]. http://www. gov. cn/gongbao/content/2015/content_2873744. htm.

国家统计局.中国工业经济统计年鉴1998[M].北京:中国统计出版社,1998.

[美]W. W. 罗斯托.经济增长的阶段[M].郭熙保,王松茂,译.北京:中国社会科学出版社,2001.

国务院发展研究中心中部六省政府发展研究中心.中部崛起:战略与对策[M].北京:经济科学出版社,2006.

国务院研究室课题组.中国农民工调研报告[M].北京:中国言实出版社,2006.

国家发改委.国家发展改革委关于印发促进中部地区崛起规划实施意见的通知[EB/OL].(2010-08-12)[2016-11-18]. http://www. gov. cn/gongbao/content/2010/content_1765284. htm.

国务院办公厅.国务院关于依托黄金水道推动长江经济带发展的指导意见[EB/OL].(2014-09-12)[2016-10-17]. http://www. gov. cn/gongbao/content/2014/content_2758494. htm.

河南省统计局.河南统计年鉴2006[M].北京:中国统计出版社,2006.
湖北省统计局.湖北统计年鉴2006[M].北京:中国统计出版社,2006.
湖南省统计局.湖南统计年鉴2006[M].北京:中国统计出版社,2006.
河南省统计局.河南统计年鉴2016[M].北京:中国统计出版社,2016.
湖北省统计局.湖北统计年鉴2016[M].北京:中国统计出版社,2016.
湖南省统计局.湖南统计年鉴2016[M].北京:中国统计出版社,2016.

河南省统计局. 河南统计年鉴 2015[M]. 北京:中国统计出版社,2015.

湖北省统计局. 湖北统计年鉴 2015[M]. 北京:中国统计出版社,2015.

湖南省统计局. 湖南统计年鉴 2015[M]. 北京:中国统计出版社,2015.

江西省统计局. 江西统计年鉴 2006[M]. 北京:中国统计出版社,2006.

江西省统计局. 江西统计年鉴 2016[M]. 北京:中国统计出版社,2016.

江西省统计局. 江西统计年鉴 2015[M]. 北京:中国统计出版社,2015.

陆大道. 中国区域发展的理论与实践[M]. 北京:科学出版社,2003.

陆大道. 中国工业布局的理论与时间[M]. 北京:科学出版社,1990.

李小建. 经济地理学[M]. 北京:高等教育出版社,2006.

李国平,范红忠. 生产集中、人口分布与地区经济差异[J]. 经济研究,2003(11).

林毅夫,刘培林. 中国的经济发展战略与地区收入差距[J]. 经济研究,2003(3).

潘文卿. 中国区域经济差异与收敛[J]. 中国社会科学,2010(1).

山西省统计局. 山西统计年鉴 2006[M]. 北京:中国统计出版社,2006.

山西省统计局. 山西统计年鉴 2016[M]. 北京:中国统计出版社,2016.

山西省统计局. 山西统计年鉴 2015[M]. 北京:中国统计出版社,2015.

孙海鸣,赵晓雷. 2007 中国区域经济发展报告:中部塌陷与中部崛起[M]. 上海:上海人民出版社,2007.

沙安文,沈春丽,邹恒甫. 中国地区差异的经济分析[M]. 北京:人民出版社,2006.

覃成林,李二玲. 中国南北区域经济差异研究[J]. 地理与地理信息科学,2002,18(4).

魏后凯. 现代区域经济学[M]. 北京:经济管理出版社,2011.

魏后凯. 中国地区经济增长及其收敛性[J]. 中国工业经济,1997(3).

许召元,李善同. 近年来中国地区差距的变化趋势[J]. 经济研究,2006(7).

徐鸿. 中部地区经济发展的战略选择. 江西在中部地区崛起的经济学分析[M]. 北京:中国经济出版社,2015.

杨开忠. 中国区域经济差异变动研究[J]. 经济研究,1994(12).

袁志刚,范剑勇. 1978 年以来中国的工业化进程及其地区差异分析[J]. 管理世界,2003(7).

中华人民共和国国民经济和社会发展第十一个五年规划纲要[EB/OL]. (2006-03-14)[2016-11-11]. http://www. gov. cn/gongbao/content/2006/content_268766. htm.

中国科学院可持续发展战略研究组. 2006 中国可持续发展战略报告

［M］.北京:科学出版社,2006.

赵德馨.中国近现代经济史(1949—1991)［M］.郑州：河南人民出版社,2003.

周绍森,陈栋生.中部崛起论［M］.北京:经济科学出版社,2006.

索　引

图书在版编目（CIP）数据

中部地区崛起的路径选择 / 陈计旺著. —杭州：
浙江大学出版社，2018.10
ISBN 978-7-308-18232-4

Ⅰ．①中… Ⅱ．①陈… Ⅲ．①区域经济发展－研究－
中国 Ⅳ．①F127

中国版本图书馆 CIP 数据核字（2018）第 099782 号

中部地区崛起的路径选择

陈计旺　著

策划编辑	阮海潮（ruanhc@zju.edu.cn）
责任编辑	杨利军
文字编辑	韦丽娟
责任校对	陈静毅　戴依依
封面设计	春天书装
出版发行	浙江大学出版社
	（杭州市天目山路 148 号　邮政编码 310007）
	（网址：http://www.zjupress.com）
排　　版	杭州好友排版工作室
印　　刷	虎彩印艺股份有限公司
开　　本	710mm×1000mm　1/16
印　　张	16.5
字　　数	303 千
版 印 次	2018 年 10 月第 1 版　2018 年 10 月第 1 次印刷
书　　号	ISBN 978-7-308-18232-4
定　　价	50.00 元